地处长沙，山环水重深深锁，女校修明，应推现今周南我。毁家兴学，蒙难开基，造出文明母。

到如今三湘七泽有蜚声，郁郁莘莘，芬芳馥馥如花朵。同学们尽心学业，尽心学业，发皇我

历史之荣光，效忠祖国，效忠祖国，永护着光荣果。地处长沙，山环水重深深锁，

女校修明，应推现今周南我。毁家兴学，蒙难开基，造出文明母。到如今三湘七泽有蜚声，

郁郁莘莘，芬芳馥馥如花朵。同学们尽心学业，尽心学业，发皇我历史之荣光，

效忠祖国，效忠祖国，永护着光荣果。

毛泽东与周南中学

翁光龙 主编

湖南人民出版社
PUBLISHING & MEDIA

总 序

春秋易逝，岁月峥嵘；薪火不息，弦歌常鸣。历史的脚步总是匆匆，然而记忆却将永恒。在这永恒里，浩气如虹，长存心间。

教育，是一个民族的未来。教育的本质，何止教书育人，更是民族血脉之传承，国家精魂之弘扬，家庭福祉之牵系，个人成功之砥砺。教育的根本形态，是在传承中构建人类优秀文化基因的过程。

古人云：以史为鉴，可以知兴替。怀着崇敬之心，回望历史长河奔涌而来，滔滔如画，滚滚如歌，竟是这般令人心潮澎湃，唏嘘不已。自著名革命家、教育家朱剑凡先生毁家办学，周南就如一粒顽强的种子，扎根三湘沃土，不惧风雷霜雪，跨越一个多世纪的沧海桑田，如今枝繁叶茂，荫泽着一代又一代湖湘人民。

周南，创造的何止是梦想，更是奇迹。

"周南"从《诗经·国风》中走出，如一位娉婷优雅的女子，美丽、善良、勤劳、坚忍、乐观、宽容、忠贞……对未来充满着美好的向往。周南如斯，无出其右者！

在血雨腥风的战乱年代，周南历经曲折、饱尝磨难，在颠沛流离中始终走大道、行大义，宁为玉碎，不为瓦全，以血与火的考验，成就了一段中国教育史上的传奇。毛泽东曾把周南作为早期革命活动的"营地"，因为"周南是安全的，也是热情的"。

在风云变幻中，周南挺起自己的脊梁，担起自己的责任，发出自己的声音，传递自己的影响，为国家和民族培养出多少有胆、有识、有志、有才之士，为中国革命书写了浓墨重彩的一页。

这是周南的"立校之魂",是最宝贵的财富,也是周南生生不息、继往开来的力量之源。周南正是流淌着这样的民族血脉,以罕见的定力和执着,探索教育真谛,铸造教育范本,开创教育先河,为湖湘教育树起一面大旗。

教育是"人业",一切以人的全面发展为本。进入新世纪,周南"不走平常路",以"不让学生输在终点线上"为终极追求,以"三心"为办学理念:有"自治心",则走得更远;有"公共心",则走得更稳;有"进取心",则走得更快。可以说,"三心"即周南之"心",亦即教育之"密码"。

今日,"名校之花"花开数瓣,形成以周南中学为主体,以周南实验中学、周南梅溪湖中学、周南雨花中学、周南秀峰学校、周南中学国际课程交流中心、周南中学新疆部、空军青少年航空学校长沙周南中学为联合体的"1+7"多元办学格局。周南正在打开大门,在"互联网+"环境下,向着教育国际化、现代化、品牌化开进。

振奋与欣喜之余,掩卷深思,感受更多的是责任与担当。与人民群众的期盼相比,与教育人的卓越理想相比,周南还有很长的路要走。

可喜的是,我们从未止步不前。

教育是理想者的事业!坚守理想就是坚守教育人的忠诚与良知,更是坚守教育的使命与责任。理想的教育,不仅应具有效率与效益,更应充满大爱与忠诚,同时应具有坚定而明确的阶段性价值追求。当前周南的价值追求,就是在教育理想的驱动下,意志空前统一,思想持续活跃,学术不断繁荣,特色持久显现。

为理想而奋斗是快乐而富有诗意的。当我们目标在前、理想在心、责任在肩时,一切困难都将被我们踩在脚下。"空谈误国,实干兴邦",实现理想的道路虽然曲折、漫长,但只要我们在教育理想的激励下,脚踏实地,昂扬向前,就一定能够抵达彼岸。

古人讲:善谋事者,必先谋其势。在奋斗前行的道路上,回头望与向前看同等重要。在周南中学110周年校庆之际,学校编辑出版了这套"纪念周南中学 110 周年校庆丛书"。丛书共八本，其中《毛泽东与周南中学》《百十周南》是对周南校史的回顾与梳理，《梦里周南》《桃园诗社文集精选本》《捧着一颗心来》《思源》是周南校友、诗社、师生的文集汇编，《周南绽放雪莲花》是周南新疆班纪念文集，《诗画周南》则以精彩瞬间"画说周南"。

这套厚重而安静的周南 110 周年校庆文丛，是我们前行道路上的一面镜子、一块里程碑，激励着我们一路向前，一路高歌！

是为序。

翁光龙

2015 年 8 月

序

"携来百侣曾游，忆往昔峥嵘岁月稠。"

每次读到毛泽东词作《沁园春·长沙》时，这两句我总要咀嚼良久。遥望橘子洲头，我常想，青年毛泽东回忆的会是往昔的哪段峥嵘岁月呢？他畅游橘子洲时携来的又是哪些友人呢？

直到我履职周南中学，开始了解周南的百年历史时，我突然发现：毛泽东往昔的"峥嵘岁月"，竟然与周南大有关联！我开始到学校校史馆寻找资料，到新华书店买来《毛泽东年谱》《毛泽东传》《恰同学少年》等书籍，频繁地出入韶山、清水塘、刘家台子、湖南一师等与毛泽东有关的纪念馆。了解越深入，毛泽东与周南的交集越凸显。毛泽东的老师徐特立、杨昌济、杨树达，毛泽东的同学周世钊，毛泽东在新民学会的同志陈书农、陶毅、蔡畅、向警予等，毛泽东的妻子杨开慧，毛泽东后来的保健医生朱仲丽，还有魏璧、劳君展、周敦祥，等等，这些名字无一例外地拥有一个共同的联系——周南！于是，一页被历史尘封的往事慢慢浮出水面，一条与青年毛泽东有关联的线索在历史迷雾中逐渐清晰。

作为周南人，我开始兴奋起来，为自己挖到了一座周南百年历史中的富矿而激动不已。2015 年，恰逢周南建校 110 周年；2016 年，正是毛泽东冥诞 40 周年。作为周南人，我应该为此做点什么。于是便有了钩沉史实，编撰《毛泽东与周南中学》一书的构想，这一构想也迅速得到了周南同仁的认可与支持。

毛泽东是我一生敬仰的伟人，而周南是我正在为之奋斗的生命舞台。面对这两者之间被湮没在历史风云中的"峥嵘岁月"，我不敢说我们在做一件惊天动地的大事，我只是以一个崇拜者和热爱者的身份，得其门而入，挤进历史的庭院，窥见千古伟人与百年名校的一段密切交往，感受到

青年毛泽东与其同学少年中流击水的豪气，激动莫名；然后战战兢兢地提起笔来，将我的景仰，我的热爱，我的惊叹，我的敬佩，匆匆融入文字，纳入笔端。

世人都知道伟人毛泽东的故事，也听说过名校周南的传奇，但从没有人将这位历史伟人与这所百年名校如此紧密地联系过。史学家没有，文学家没有，教育家也没有。今天的周南人自己动手，朝花夕拾，将历史遗落在尘土中的周南往事一段段整理出来，演绎出来，做一番前无古人的事业，也算是对历史的一个回应。

这是一段特殊的历史，也是一个精彩的故事。

故事发生在近百年前。青年毛泽东指点江山，激扬文字，将他对中国革命的认识不遗余力地传播开来。在湖南一师，在周南女校，留下了他组织新民学会活动的身影；在《大公报》上，在《女界钟》上，留下了他对时事的精准分析和对妇女解放的呼吁。一个进步青年，一所新兴女校，偶然而又必然地产生了交集；而这一交集所迸发的光辉，一百年后，依然如此的夺目。

如果我们足够细心，可能会惊讶地发现，历史在这里给了毛泽东领导中国革命一次精彩的前戏，一份足够分量的铺垫。书中有一章，叫"湘水余波"，出自清代湖南学者王闿运的一副对联：吾道南来，原是濂溪一脉；大江东去，无非湘水余波。如果认真考察青年毛泽东与周南的关系始末，再来看毛泽东思想的形成，"湘水余波"竟也非常贴切。

周南在特定的历史时期，参与并见证了毛泽东的早期革命活动，毛泽东则给周南人留下了前进的动力和指南，这是值得周南人永远珍惜和传承的精神财富。周南建校已百有十年，伟人事业需传承发扬。

《毛泽东与周南中学》这本书的撰写，绝不是为装潢门面，也不只是钩沉历史，而是激励周南人要回头看，朝前走，再铸辉煌！

此为序。

翁光龙

2015 年 7 月 8 日于长沙

目录

第四章

海国图志

第五章

师友情缘

第六章

湘水余波

第一章 蜕园惊艳

长沙湘江东岸通泰街有一片苏州园林风格的园子，面积不大但名气不小，它留给中国文化、教育的痕迹与影响，足以载入千秋青史。它的名号叫"蜕园"。应当可以这样认定，蜕园在中国南方外省——湖南的历史上，先后两次破了天荒。

破天荒

（一）

公元六世纪末到七世纪初，隋王朝为选拔官吏和加强对知识分子的控制，创立了科举制。在当时的历史条件下，科举制具有一定的进步意义，它使中国的知识分子从门第与血统的先天桎梏中解脱出来，即便是寒门士子乃至社会最底层人群，只要潜心读书，便有一举成名并一飞冲天的机会。当每一个社会成员的命运都不再成为定数时，这个时代便会充满生机活力。客观地说，科举制对引导民众读书和提升官吏队伍文化素质，都有着较为重要的积极作用。

史载唐太宗看到参加京试的举子们鱼贯而入考场时，兴奋地说了句："天下英雄尽入吾彀中矣！"此语精炼地概括了中国统治阶级与科举制之间的本质关系。但唐太宗所指的"天下英雄"，却不够严谨。因为自隋王朝到初唐及盛唐，得以脱颖而出的科场举子，基本上都来自中国北方，尤以黄河流域各府州为主。夏商以来，中国政治、经济、文化的中心，一直都在黄河流域，长江以南的广大地区，长期处于蛮荒状态。虽然自汉魏隋唐以来，南方不断地受到文明的浸润，但相对北方而言，其政治意识的开化和文化教育的普及，仍处于相当滞后的状态。因此，南方的大量人才，因政治和教育开发的不足，往往未能因缘时会。所以，唐太宗未免不自觉地缩减了自己的"天下"。

科举制经唐高祖、唐太宗、武则天到唐玄宗几代君王的沿革打磨，形成了以进士科为主体的格局。一旦荣登进士，即有望成为国家栋梁之材。而这一机遇，在隋唐三百年间，一直只是湖南士子的奢望，湖南也因此被人讥称为"天荒"之地。

（二）

公元 850 年（唐宣宗大中四年），长沙书生刘蜕进士及第，人称"破天荒"。魏国公崔铉镇守荆南（辖湖南大部），特赠"破天荒"钱七十万，刘蜕不受，回复说："五十年来自是人废，一千里外，岂曰天荒？"既维护了自身的尊严，也捍卫了湖南的声誉。

刘蜕性情刚直，仕途当然坎坷。做官做到左拾遗这样一个闲职，便因得罪权贵而被贬为华阴令。但他无怨无悔，因为他的人生追求在文学，每自称："饮食不忘于文，晦暝不忘于文，疾病嬉游，群居行役，未尝不以文之为怀也。"《艺概》的作者刘熙载评价他"学《楚辞》尤有深致……颇得九歌遗意。"《四库提要》更认为他"亦可谓特立者矣"。

他住在今长沙通泰街泰安里，宅号"蜕园"。人去园空之后，蜕园几经兴废，虽也曾作为文人士子诗酒之会的场所，聊破寂寥之境，但数百年间，一直没有遇到它真正的主人。

直到一位真正的王孙——周家纯（朱剑凡）的出现。

周家纯的家世，颇具传奇色彩。先祖为明太祖朱元璋。明朝第六帝明英宗将其七王子朱见浚封为吉王，就藩长沙。明亡后，吉王后人为躲避清廷追杀，改姓周，迁至湖南宁乡，从此过着寻常百姓家的生活。

十九世纪中期，太平天国运动席卷南方。湘乡曾国藩受命组建地方团练，创建湘军。湖南巡抚骆秉章四处招募丁勇。宁乡挖煤工周达武弃镐从戎，以军功受知见赏于骆秉章、左宗棠，历官四川提督、贵州提督、陕甘提督加一品尚书衔。曾随左宗棠参加收复新疆的战事，后被任命为新疆巡抚，1894 年在赴任途中病故。

周达武生前做了两件事与后面的故事有重大关联。一是斥巨资购得蜕园，重建楼台，广植花木，作退隐林泉之用；二是纳四川姚姓女子为妾，以续香火（原配戴氏不能生育），姚氏生子家纯。

周达武病故后，戴、姚二氏回到长沙，分蜕园而居。此前（1890年），湘抚陈宝箴的孙儿陈寅恪在蜕园诞生，陈寅恪后来在致友人书信中谈到蜕园时有这样一语："此地风水不恶。"

此地风水，果然不恶，很快，园子的主人又要破一次天荒了。

千秋惊艳

（一）

周家纯 17 岁（公元 1900 年）时，娶两江总督魏光焘之女魏湘若为妻，可谓门当户对，珠联璧合。显赫的家世，丰厚的家产，又是周家唯一合法的家产继承人，周家纯完全可以像众多官二代一样，在锦衣玉食、声色犬马中进行着平庸而惬意的人生之旅。但是他做不到，因为他有心灵。生活与精神上的三份经历，交叉地对他进行着折磨、净化与激励：首先是母亲所受的屈辱，带给他情感上的刺激：姚氏虽嫁入豪门，却只有妾的身份及地位，长期过着以泪洗面的生活，这在童年周家纯的心里投下了浓厚的阴影。但这份阴影与刺激，也启发和促进了周家纯对中国妇女悲情人生的抗议及探索，在心理上埋下了日后创办女学的草蛇灰线。其次，少年周家纯酷爱读书。这一点，应该说部分地来自于他父亲周达武。周达武本为一介武夫，但他从军以后，受骆秉章、左宗棠等儒将的影响和点拨，发愤读书，终于博通文史，工诗善书。但周家纯却伤心人别有怀抱，他的阅读花园除儒家正统功课外，读得更多更深的是乡贤王船山、魏源、谭嗣同等人的著作，湖湘文化中的经世致用理念和朴素的人文情怀深深地激荡着他。再次，也是最重要的一点，是他置身于一个水深火热的艰难时世。政治的黑暗，官吏的腐败，民生的凋敝，社会的落后，与国家民族的屈辱浇铸而成一支支利箭，扎在他纯洁而敏感的心灵上。

于是，他重新选择了自己的人生。就像后来的诗人、革命者殷夫那样："一心想做个普罗米修斯，偷给人间以光明。"

于是，他放弃了温暖安逸的家庭生活，抛妻别子，远赴日本求学。在日本弘文学院速成师范班的两年学习期间，他逐渐认识到教育对一个民族的重大意义，从而，基本形成了教育救国的信念。同时，他更结交了一批肝胆相照的朋友，其中有辛亥革命元勋黄兴、周震鳞，有长沙职业教育的先驱和巨子陈润霖，有毛泽东的老师杨昌济，有创办明德中学的教育家胡元倓等，这份湖海情缘，既为他日后创办周南学校提供了重要的人力和财力帮助，更为他民主革命信仰的初步形成提供了催化剂。

1904 年，周家纯学成回国，应周震鳞先生之聘，到宁乡速成师范学堂任教，为期半年。在这里，他遇到了一个特殊的学生——来自长沙五美乡的徐特立。徐特立这样的学生，是所有优秀的老师都会梦寐以求但又很可能终身难遇的学生，一个可以在同一精神层面跟老师进行交流的学生，一个可以在关键时刻为老师排忧解难的学生，一个可以为老师的人生既添锦上之花又送雪中之炭的学生。有了这样的学生，春蚕何惜丝尽，红烛何惜成灰！

（二）

1905 年，周家纯为自己 22 岁生日献上了一份大礼——创办了湖南最早的、终成规模和气候的私立女子学校：周氏家塾。胡元倓、黄兴、周震鳞、杨昌济、徐特立、陈润霖等一代人杰，共同襄赞了这一盛举。

这一年，中国这块辽阔而坚硬的冻土，已经有了悄悄的裂变：袁世凯主持的"新政"，正在如火如荼地进行；朝廷宣布废除持续了一千三百多年的科举制；朝廷派出五大臣出洋考察科技、教育和军事；朝廷有了中国实行"宪政"的意向；第一条真正的中国铁路——京张铁路全线通车；中国第一个全国规模的资产阶级革命政党——中国同盟会宣告成立；"民族、民权、民生"的革命纲领，在民主革命的阵营里开始传播……

朱剑凡像

从后来所产生的历史影响来看，这一年诞生的周氏家塾，无疑也是加速冻土裂变的一缕春风。中国人会永远记住 1905 年，周南人更其如此。

周氏家塾的开办，是非常艰难的。一是经费问题，周家纯虽有家产，财权却由母亲姚氏掌握。姚氏为生活经历和眼界所拘，无法理解儿子的事业和理想，因而拒绝为办学提供财力上的支持。周家纯只能以自己能力所及的微薄财力和良好的人缘及辛勤的劳动来打开局面。周氏家塾的教师都没有薪水，只有一日三餐的酬谢；周家纯为开辟生源，走街串巷，挨门逐户地做劝学动员，终于得以开学。二是朝廷明令禁办女学，若公开招收女生，后果将不堪设想，所以周家纯才利用朝廷不禁家塾的政策空子，将学校定名为"周氏家塾"。但这也在很大程度上限制了学校的发展规模和对外宣传。尤其是封建守旧势力的虎视眈眈。学校开班后，各种流言蜚语蜂拥而至，蜕园被称为"大观园"，朱剑凡（原名周家纯）被称为"贾宝玉"，而"男女之大防"，更是成为顽固派士绅及无知市民的火力焦点。于是，周氏家塾的课堂上，出现了一道奇特的风景线——男教师跟女学生之间，悬起了一道帘子，师生之间，只闻其声，不见其人。这种"垂帘授课"，在当时的中国，恐怕只此一家，此中当可窥见周家纯坚定的办学决心和敏捷的应对机智。这在周南的校史上，或可称为佳话，但于中国的历

史与教育，则令人难免笑中带泪。

1907 年朝廷迫于形势，取消女学禁令，办女学的大气候已经到来。周家纯便取《诗经·周南》义旨，将周氏家塾改名周南女学堂，先后设师范、中学、小学及幼稚园。不久，母亲姚氏病逝，周家纯掌握了家产的支配权，便将田地、果园和茶林等产业变卖，用于购置教学仪器、用具和体育设施，"蜕园"内的亭台池榭，也大多改建成了教室和师生宿舍，其夫人魏湘若也毅然捐出自己的嫁妆与珍藏的玩好，作为对丈夫办学的财力支持。

这是真正意义上的毁家兴学！这也是救亡图存心结的全面开释，更是千秋家国梦的升华。周家纯以前的那个家，从形式到本质，都已发生了深刻而巨大的变化，蜕园无复旧池台了，但周家纯无悔无怨，他坚定而快乐地毁了过去的家，是为了营建一个更大更有意义的家，这个家就是周南。也许，这块土地当初取名"蜕园"，便已蕴含了某种天机的意味。

扩建后的周南女学堂，设施较为齐全，环境十分优美，花树葱茂，楼台精雅，小桥流水，曲折回环。弦歌声里，一代又一代桃李，在这里孕育、成长，为此去的人生打下或独善其身或兼济天下的坚实基础。

一代传奇

（一）

一所学校在教育事业上的兴衰优劣，推其根本，当系于办学者的头脑、眼光与胸怀，而将它们付诸实施使之开花结果的则是一支优秀的教师队伍。

辛亥革命后，周家纯恢复朱姓，改名剑帆，后定名剑凡。周南则随着时局和湖南教育格局的变化数易其名，民国元年（1912）改名私立周南女子师范学校，民国六年（1917）师范部停办，更名湖南私立周南女子中学，民国七年（1918），湘督谭延闿指令周南为"湖南女子代用中学"，似有民立官助之意。民国八年（1919）复名湖南私立周南女子中学，从此定位定名，直到中华人民共和国成立。

周南虽校名屡更，但办学宗旨和主要目标始终如一。

朱剑凡的办学目标既深远又简洁——教书和育人。围绕这两个目标，首先，两次确立校训，分别为"诚""朴""勇"和"自治心""公共心""进取心"。接着，在课堂设置上，注重文化科学知识与生产生活技能并重，充分体现教育为社会、为人生服务的办学思想，鲜明地呈现出格物致知、经世致用的湖湘文化理念。学校所开设的主要课程有：国文、数学、英语、教育、师范、心理、物理、化学、历史、地理、公民、生物、音乐、美术、体育、军事、生理卫生及哲学和中国古代经史等，另外还开设了缝纫、刺绣、种植、手工劳作等课，学生在这样的教学教育环境里，完全可以因能力、性格和志趣而异，自觉、自主地选择适合自己发展的方向。

就像好的食材需要好的厨师来烹调一样，好的课程，需要好的教师来执教。朱剑凡延聘教师，有三大显著特点：一是严格审慎。要成为周南的教师，不仅要学业有专攻，而且要有高尚的职业道德和为人师表的风范，并须有贤达人士推荐，试教合格后方发给聘书。二是求贤若渴，礼贤下士。当时，湖南英文教师奇缺，朱剑凡不惜重金，远聘浙江名师谢仲仁。一个学期后，谢老师因故辞职回乡，朱剑凡再三挽留未果，于是长跪不起。谢仲仁为其精诚所感，终于慨然留任。为了办好幼稚园和幼稚师范班，朱剑凡以重金从日本聘来佐藤操子和松山雪子教授游戏课与体操课；三是不拘一格，只要确实才品兼优，朱剑凡不问出身，不问学历，大胆起用。因此，缝纫课堂上有成衣店的师傅，刺绣课堂上，有长斋礼佛的尼姑，教务处内有校园工友，他们都得到了全校师生的认可。

因此，周南名师荟萃，绝非偶然。

校长朱剑凡，便是名副其实的名师。他不仅要主持学校大计，担当学校建设与发展的大任，还担任了公民课、生理课、心理课、师范课及中国文学史的教学；此外，他还兼任了省立第一师范学校的校长，参与了湖南

大学的组建筹备工作，20 世纪 20 年代，曾三次代表湖南教育界赴北京参加全国性教育会议，时任国务总理的范源濂欲以教育总长一职相聘，被他婉言谢绝。

辛亥革命的重要领袖黄兴，军事才能卓越，文化修养深厚，担任周南校董，执教博物课，曾捐银千两以补周南办学财力之不足。

近代著名革命家、教育家徐特立，被毛泽东尊为老师和"延安五老"之一，他于 1906 年就受聘到周氏家塾协助朱剑凡办学，先后担任师范部教导主任和小学部主事，并兼授国文、数学、历史、地理等多门课程，他于 1910 年创办的《周南教育》，成为湖南最早的教育刊物。

在周南担任过教席的名师数不胜数：著名教育家周震鳞，被毛泽东尊称为"太老师"，直接参与明德、周南两大名校的创建；湖湘文化学者李肖聃，汉语言文字的一代宗师杨树达，文武全才的大才子唐梅村，音乐大师黎锦晖，全国著名诗人吴芳吉，驰誉湖湘的英语名师陈剑秋、杨笔钧，出身名门的体育专家尹楠、杨仁，湖南文坛领袖傅熊湘，广益校长任邦柱，长郡校长鲁立刚，含光女中创办人田伯刚，雅礼副校长应开识，与陈天华、杨伯笙并称为"新化三杰"的陈润霖（曾创办楚怡小学和楚怡工业学校），毕业于清华大学历史系的易仁荄（易中天伯父），化学家郭德垂，革命家张唯一、熊瑾玎，红军高级领导人周以栗……特别是毛泽东的少年同学周世钊，湖南国文七才子之一，渊博审慎而温文儒雅，长期执教周南女校的国文课，并长时间担任周南女校的教务主任，桃李遍及海内外，为周南的建设和教育事业的发展，做出了不可替代的贡献。

名师之所以为名师，并不在头衔的耀眼，更不在政府的扶持和媒体的炒作。真正的名师，是那种有学养、有情怀、有敬业精神和创业才能的教师，是名师成就了名校，是名师成就了英才。

（二）

名师们都是蜕园的园丁，学子们则是蜕园的花朵，蜕园之花，红嫣姹紫，美不胜收。

以革命人才而论，聊举数例：杨开慧，著名学者杨昌济先生之女，勤学敏思，娴雅贞正，后与毛泽东结为革命伴侣，投身革命而英勇就义；向警予，务实求真而志存高远，曾投入反对袁世凯复辟、兴办教育、五四爱国运动，发起组织"湖南女子赴法勤工俭学会"并亲身赴法勤工俭学，出席中国共产党"二大""三大""四大"，为中共中央妇女部首任部长，后英勇就义；蔡畅，既是周南的学子，也是周南的体育教员，首批参加毛泽东创建的新民学会，投身五四爱国运动，与向警予一同发起、组织并首批参加湖南女子赴法勤工俭学，曾参加红军长征，中共"七大"会上当选中央委员，中华人民共和国成立后，先后任中共中央妇委第一书记和全国妇联主席及全国人大常委会副委员长，1985年为母校周南题写"诚朴、健美、笃学、奋进"的校训；帅孟奇，曾任中共江苏省委妇女部长，中共湖南省委秘书长，中共中央妇委代理书记，中华人民共和国成立后，先后担任全国妇联组织部长、中共中央组织部副部长、全国人大常委、全国政协常委等职；刘昂，延安抗日军政大学指导员，担任周恩来秘书达20年之久，中华人民共和国成立后，任总理办公厅副主任，后调任机械工业部一机部部长。

周南名师

以文化教育人才而论，更是蔚为大观。直接受业于朱剑凡先生的劳君展，先后任教于广州中山大学、上海暨南大学、北平女子文理学院，中华人民共和国成立后，任中国人民大学教授，并担任九三学社中央常委和教育部参事；著名作家丁玲，以《莎菲女士的日记》轰动文坛，主编"左联"机关刊物《北斗》和《解放日报》文艺副刊，长篇小说《太阳照在

桑干河上》获斯大林文学奖，中华人民共和国成立后，历任中央文学研究所所长、中共中央宣传部文艺处处长，《人民文学》主编，她在多年后回母校探望时有一段真情告白："我在周南是一个启蒙阶段，周南培养了我的革命方向，孕育了我的文学爱好。"在延安时，毛泽东曾赋《临江仙》词赠她，中有"昔时文小姐，今日武将军"之句，当年传为佳话；美术大师徐悲鸿先生的夫人廖静文，在校时担任学生自治会主席，学业优异，于语言文学方面尤为突出，后受业于徐悲鸿，长期从事文学和美术工作；中国第一位女法官钟期荣，在香港创办树仁大学，与夫君胡鸿烈先生双双获评 2007 年感动中国十大人物，国际天文学界以他们夫妻的姓名命名新发现的两颗行星，可谓流光溢彩；中国地球物理勘探工作的第一个女性工作者唐光后，中央大学物理系地球物理专业高才生，现为中国地球物理学会地球物理技术委员会委员、中国科协地矿分会理事会常务理事；著名书法家周昭怡，曾任周南、艺芳中学校长，书法作品风格遒劲厚重，蜚声海内外，长期担任中国书法家协会湖南省分会主席……

　　湖南省教育界的权威刊物《教育杂志》1913 年第 12 期曾经评述周南学生的作业，提到展览的作文中，有纵论时事者，有专论政党问题者，有讨论女子参政问题者，文思活跃，颇有见地，文字功夫亦佳，"男校中如此程度亦不可多得"。1915 年，湖南省政府奖授朱剑凡"兴学育才"匾额；1917 年，教育部以周南女校教育宗旨纯正、成绩斐然授"教明四行"匾额；1924 年周南女校获教育部"训教合度，设置有方"嘉奖；1933 年，湖南省教育厅嘉奖周南女校"校风宁静"。周南如此驰誉杏坛，自然令诸多名门闺秀慕名负笈而来，赵元任先生的爱女赵如兰（哈佛大学音乐终身教授），茅盾先生的千金沈亚男（延安才女），鲁浙巡抚陈士杰的曾孙女陈灏，杨昌济先生的女儿杨开慧、孙女杨展，湘督谭延闿的两个女儿谭淑、谭祥，湖南省长赵恒惕的夫人童锡瀚，湖南省长、名将陈嘉佑的妹妹陈嘉钧、儿媳钟英，朱镕基总理的夫人劳安，都曾在这块"风水不恶"的园地留下过青春的记忆……

　　以朱剑凡为核心的名师团队，与万千灵秀女儿，在蜕园的沃土上共同谱写了湖湘杏坛乃至中国教育的一代传奇。

英雄相惜

（一）

人生的际遇有时会很奇妙，一次偶尔的不期而遇，竟然可以给人带来终其一生的影响甚至是决定性的道路转折。中外历史上这样的故事多得数不胜数，而朱剑凡与毛泽东的相遇，应该称得上此类故事的经典，一个令人荡气回肠的传奇经典。

毛泽东在认识朱剑凡之前，已跟周南女校有较为密切的联系。1915年，在第一师范读书的毛泽东写征友启事，分别寄到长沙各个学校，包括周南女校。次年，通过蔡和森的妹妹蔡畅，结识了一批周南女校的进步教员和学生。1918年4月14日，毛泽东、蔡和森、萧子升创立新民学会，以"改造中国和世界"为宗旨。周南女校成为物色、发展会员的重点。周南教员陶毅（斯咏）和学生魏璧、周敦祥、劳君展成为新民学会最早的女会员，后来陆续入会的周南师生有：熊季光、周世钊、陈书农、李云杭、向警予、蔡畅、熊叔彬、吴家瑛、贺延祜、吴毓珍、戴毓本、周毓明等师生。在70多名新民学会会员中，周南人将近1/4。

1918年6月，毛泽东就赴法勤工俭学一事致信陈润霖、朱剑凡等人，请求支持。朱剑凡热情支持，成立了湖南法华分会，在周南办起赴法培训班，还联络地方政府给赴法学生发放路费，并亲自担任筹款委员会主任。

1919年6月15日，陈润霖、朱剑凡、徐特立等教育界名流发起成立健学会，以哲学、教育学、心理学、伦理学、文学、美学、社会学、政治学和经济学为大体研究范围，目的在对国际国内新思潮"采用正确健全之学说，而为彻底之研究"。7月21日，毛泽东在《湘江评论》临时增刊第1号上署名泽东发表《健学会之成立及进行》一文，对健学会的成立及其目标给予高度赞扬："在女性纤纤暮气沉沉的湖南，有此一举，颇足

出幽囚而破烦闷，东方的曙光，空谷的足音，我们正应拍掌欢迎，希望他可做改造湖南的张本……"

同年，为扩大毛泽东《民众的大联合》一文的影响，朱剑凡在健学会发表《排除己见、团结一致、服从真理》的演讲，推介毛泽东的见解，毛泽东也在《湘江评论》上转发了朱剑凡《论中国人"生的观念"与"死的观念"的谬误》一文。

两人虽未谋面，但在精神上早已不是陌生人了。

朱剑凡的长子朱伯深说："先父和杨昌济有留日同学的友谊。早在袁世凯称帝期间就知道了毛泽东同志。当时我还是小学生，杨老在省立第一师范执教时，常来访先父，我有时陪侍吃饭，曾不止一次听杨老谈毛泽东同志在一师学习的情况。"这就是说，朱剑凡未见毛泽东其人已久闻其名。

毛泽东在"驱张"运动胜利后因事北上，1920年7月回到长沙，但已没有职业，真个是心忧天下而身无分文。直到10月，旧日老师易培基接任一师校长，聘毛泽东为一师附小主事。就在经济收入处于真空状态的这两三个月，毛泽东认识了朱剑凡。

一个是穷学生，一个是名校长，两人却结下了深厚的友谊。一个是过去时代的王孙，一个是后来新时代的开创者，这份传奇色彩，浓得化不开。

朱剑凡的后人回忆说，朱剑凡虽年长毛泽东十余岁，却相当佩服毛泽东，认为此人学识不凡，心胸开阔，必为安邦济世之才……两人惺惺相惜，每逢相聚，必登长沙岳麓山，吟诗作文，抒发胸际豪情。夜晚则在灯下谈论时政古今，每每至东方破晓。

这种以文会友，纵论天下与人生的英雄情境，几人能有？

（二）

有个别有意趣的小故事，从中可以窥见青年毛泽东的风华意气及与朱家的关系。

朱剑凡的长子朱伯深曾回忆说："我当时还是一个17岁而又腼腆的青

年，没有和他交谈。有一天，我独坐书房内温习功课，听见房外大厅里有人打电话刚完，又听见打破瓷器的声音，并有向外疾走的脚步声。从带湘乡语尾的湘潭话来判断，我已知道打电话的是毛泽东同志。我正在纳闷，传达室的苏树藩师傅进来，手拿铜钱20枚对我说：'住在学校里的毛先生要我找个补碗匠将打破的痰盂铜好。'我才知道，毛泽东同志打电话时，失手将电话机下面的瓷痰盂打破了。"

朱剑凡的"可靠"，周南的"安全"和"热情"，使毛泽东在朱剑凡家里宾至如归。因此，他向蔡和森建议，将赴法勤工俭学组织的中心设在周南；因此，他在周南发展了新民学会第二批会员，并在周南召开了新民学会年会，留下一张罕见而且珍贵的照片。

对于这份情谊，毛泽东没有忘记。抗战时期，毛泽东在延安时对朱仲丽说："你爸爸是一个思想进步的人士，和我们一起创办新民学会。我年轻时，穷得没有饭吃，是你爸爸叫我住在周南女校校园内，吃饭不叫出钱，一天还吃三顿。"朱伯深也回忆说："1920年夏，毛泽东同志作为先父的客人，住在我家后面周南校园。在校园里，他时常闲步，凝目四望，若有所思……在毛泽东同志的影响下，先父自觉地支持了五四运动后湖南的历次进步学生活动……还参加了毛泽东同志和蔡和森同志领导的新民学会。"还有一次，毛泽东叹息地对朱仲丽说："唉！你爸爸死得太早，要不，就当上我们的教育部长了，可惜。"

确实可惜。可以推想，毛泽东的这一声叹息里，既有对杰出人物英年早逝的惋惜，更有对流年往事的追怀：毛泽东在"蜕园"里与朱剑凡秉烛长谈，在周南宣传革命思想、发展新民学会，在周南学生刊物《女界钟》上发表文章《赵五贞之死》以抨击包办婚姻，在《湘江评论》上与朱剑凡声应气求，在朱剑凡的生活圈子里有自己的恩师、战友、情侣……而朱剑凡视富贵如浮云，以教育为己任，提供"风水不恶"的蜕园给毛泽东做赴法勤工俭学运动的中心基地，鼓励周南师生参加新民学会，资助毛泽东、陶斯咏等创办文化书社，领导周南师生积极投入五四爱国运动和反对湖南军阀张敬尧的"驱张"运动，特别是把自己八个子女中的六个

送上革命道路……

往事的丰繁说明情缘的深厚。朱剑凡与毛泽东的这段情缘，使千秋惊艳的蜕园在新的时代里更其活色生香、流光溢彩，也使无数人对长沙这座古老而青春常在的城市，平添了一份绵邈的情思。

1953 年，经中央批准，朱剑凡的遗骸移葬八宝山与魏湘若合墓，徐特立亲撰墓碑，张唯一亲撰墓铭，熊瑾玎亲书。墓铭曰："树植女校，肇公之业；拥护革命，竟公之节。全公业者有夫人之懿德，成公志者寄期望于嗣哲。物化歇墟，魂绕新国，公之精神其不灭。"

公之精神其不灭。在蜕园（今周南实验中学）朱剑凡先生塑像的座碑上，镌有《念奴娇·缅怀朱剑凡先生》一词：

苍凉时世，听湖湘，女学先声激越。民智民权为己任，敢惜祖传家业。铸就英才，养成浩气，好补苍天缺，弦歌声里，百年薪火相接。

更喜新局弘开，杏坛青史，再写辉煌页。人本人文新理念，课改科研潮叠。劲旅频挥，雄关屡度，捷报飞如雪。蜕园春暖，年年桃李英发。

公之精神不灭，蜕园作证。

今日蜕园

第二章　女界洪钟

有研究者指出："要研究中国的教育，而不研究中国的女学，那将是极不完整的；要研究中国的女学，如果忘记了周南中学，则将是一个严重的缺失。"① 的确，作为湖湘女学的先导，周南的名字与湖南新式教育乃至近代中国女子教育密不可分。

《女界钟》是周南学子1919年创办的第一份女学专门刊物，毛泽东就曾在这本刊物上发表过许多文章。我们知道，关于妇女解放的理论，已成为毛泽东思想的重要组成部分。毛泽东当时在《女界钟》上提出的"经济各自独立"和"儿童公育"，以及后来提出的"时代不同了，男女都一样""妇女能顶半边天"这些著名论述不仅影响着中国几代妇女，在世界范围内也产生了很大影响，常被国外的女权主义者引用。

吹响男女平权的号角

妇女问题在近代中国是任何政治派别及其代表人物必须认真对待的。无论在近代中国的思想界还是教育界，"男女平等"都是被热切关注的焦点问题。清末以来，不少思想界的学者、大家纷纷提出了男女平等的主张，在禁锢妇女的封建旧时代的黑暗铁笼中，不断发出冲破桎梏的呐喊。

---

① 周南中学：《百年薪火——周南百年奋进史（1905—2005）》（内部印刷），第1页。

不断涌现的一代又一代女权捍卫者，前仆后继地进行这样一场由黑夜到黎明的艰难探索。

（一）

在五四运动前期的中国妇女，仍然受着"三纲五常"等封建宗法伦理的禁锢，不仅在政治上没有地位，经济上也不能独立，且蓄婢、纳妾、为娼、缠足等封建陋习也严重地摧残着她们的人格和精神。

女权进入主流话语并不是一蹴而就的，历经了循序渐进的过程。鸦片战争后，女权观念被西方传教士裹挟而来；戊戌变法时期，"男女平等"或"男女平权"思想初步形成；进入20世纪，"女权"一词被越来越频繁地使用，表现出晚清学者对妇女应得权利的强调以及将理论付诸行动的迫切要求。在这一过程中，维新人士和新式知识女性共同参与并推动"女权"主流化。

中国人中最早接触并吸收"天赋人权"观的是康有为、王韬等维新人士，他们以此观察和分析妇女问题，产生了初具理性色彩的男女平等思想。康有为在《妇女之苦总论》中列举了妇女所遭受的8种不平等："不得仕宦、不得科举、不得充议员、不得为公民、不得预公事、不得自立、不得为学者和不得自由"，提出"女子亦人也"，侵犯女子的权利即侵犯"天权"，"即在大地统一之世，尚有天赋人权之义，女子亦当在天民之列，平等并立，以其才选共预公议，岂况国乎"；为论证女子拥有人权的正当性，他批判男子凭体力上的优势剥夺女子的人权："徒以形中微有阴阳凹凸之小异，而男子挟其强力以凌弱质，收为私属，不齿平人，习久成常，视为义理……"认为这是违背天理的。还主张有才识的女子应被选入政界，"窃以谓女子之有才识者，当一律选举之，以大昭公道，以无失人才焉，此为太平世之大义也"。显然，康有为呼吁女权，甚至把女子"人权"提升到"天权"高度，其立论基点仍是孔子的儒学。王韬的观点亦不例外："孔子而生于今日中国，有提出男女平等之问题者，孔子必与于名誉成员之列，而不否决之也。"

此前，学者大家们多是从中国古代思想家处寻得捍卫追求女权的武器，颇具讽刺意味的是，我们知道儒学恰恰是男女不平等的罪魁祸首。

之所以要真正认识到男女平等，必须要让民主、自由、平等思想被国民接受，而最先开始用西方资本主义思想捍卫男女平等主张的要属孙中山。

同盟会刚成立，他就注意吸收女会员，支持她们参与政治活动。何香凝、秋瑾就是在他的亲自介绍下最早加入同盟会，后来成为杰出的妇女运动领袖。他曾让何香凝在日本留学生中"物色有志之士，广为结交"，并提出"只要愿意参加同盟会，不论厨子、丫鬟、老妈，我们一律接受"。

在参政问题上，孙中山也一直坚持把女子享有与男子一样的参政权作为一项原则在党内颁行。同盟会总章"主张男女平权"，号召男女同心协力，推翻清朝，建立民国。在同盟会的军政府宣言中，孙中山明确提出"凡为国民皆平等而有参政权"。中华民国成立后，他又表示："承认男女原应一例平等参政。"渴望"男女两界均应协力同心，以全副精神，组成一伟大之中华民国"。"中国革命之后，不要女子来争，便给女子参政权。"正是孙中山认识到了女子参政是历史发展的必然趋势，才始终不渝地走在前面，其女子参政思想之高远远超过同时代的其他人。1912 年 1 月，"女子参政同志会"派代表林宗素到南京要求女子参政时，孙中山不仅亲自接见，鼓励她们学习参政知识，了解平等自由的理论，还毫不犹豫地表示"国会成立女子有完全参政权"，"可代表全国女同胞要求"。

甲午战后，随着留学救国思潮的兴起，中国人纷纷到日本"寻医问药"，掀起了晚清留学日本的高潮。一批又一批满怀救国抱负的中国人东渡日本，当时留日的人数之多是相当惊人的，最多时竟达八千左右。1902 年，即周南女校创办前夕，19 岁的朱剑凡怀抱着革命志向，东渡日本留学去了。留学期间，他曾投考士官学校，但因为近视未被录取，随后才考入弘文学院学师范。在弘文学院同学中，朱剑凡不仅结识了一批湖南留学生，如胡元倓、陈润霖、杨昌济、李士元等。而且结识了黄兴、陈天华等一批著名的革命者，并积极参加了留日学生的革命活动。费正清曾这样概

括："在 20 世纪的最初 10 年中，中国学生前往日本留学的活动很可能是到目前为止的世界史上最大规模的学生出洋运动。"

接下来看看"男女平等观"在教育领域的争取。

最直观最直接地争取男女平等还是体现在于教育领域。正如孙中山所说："提倡教育，使女界知识普及，力量乃宏，然后始可与男子争权，则必能得胜也。"

中国新式女子教育开始于清末新政时期，自办女学发端于 1901 年清政府"新政"中"推广新式学堂"一项，在清廷颁布的女子小学、女子师范章程中，明确规定以"不悖中国懿媺之礼教，不染末俗放纵之僻习"，教以"为女、为妇、为母之道"为宗旨①。

1905 年中国学部成立后将女子教育纳入家庭教育范畴，翌年列入学部职掌，1907 年正式承认女子教育合法地位。女子教育合法化进程之顺利，与资产阶级革命派力倡妇女解放，并把男女平等教育权视为其首要条件分不开。而于同年创办的湖南长沙周南女校就是其中最著名的女学堂之一。周南女校曾奉令改名，称"湖南私立周南女子师范学校（简称周南女校）"，学生来源由湖南一省扩展到鄂、闽、鲁、晋及南洋各地，数量由百余人增到 400 多人。

辛亥革命以后，在封建的教育宗旨被否定、新式教育宗旨正式确立的转换过程中，女子教育的范围更加扩大，"男女同校"的禁忌松动，更多的女性摆脱家庭的羁绊进入学校。

1912 年 2 月，南京临时政府教育总长蔡元培发表《对于新教育之意见》，从共和政体和民主自由的理念出发，公开否定以"忠君"和"尊孔"为核心的封建教育宗旨。当时任中华民国临时大总统的孙中山，支持教育总长蔡元培改革学制，首次实行了初小的男女同校制度，开创了中国人自办学校中男女同校的先例。9 月以后，"壬子癸丑学制"逐步形成并开始实施。新学制改变了女子教育修业年限短于同类男子教育的规定，

---

① 何震：《女子解放问题》，《天义报》1907 年第 7 ~ 10 期。

减少了"女红"课程内容，增加了近代科学知识的课时。

孙中山先生的妇女观内容丰富，其核心思想就是男女平等，强调"天赋人权，男女本非悬殊，平等大公，心向此理"。

在女子教育上，他强调是否重视女子教育，是区别于封建教育的关键，竭力主张多设学校，建议"每户百家，设男女蒙馆各一所"，用来普及教育，以使"妇儒（孺）亦皆晓诗书"。孙中山还把女子教育提到了国民教育的重要位置，认为"现在中国是民国，是要人人都有教育的"。而"当中的国民有四万万……四万万人之中有二万万是女人"。因此，1912年5月，孙中山在广东女子师范第二校发表的演说中，主张从教育开始回复自主的人格，因此必须以"提倡女子教育为首要之事"，而女子师范尤为重要"。同时，他还认为女子不仅自身要接受教育，为自求解放提供基础，还要担负起教育人的义务，为社会造就一大批革命和建设人才，强调"欲四万万人皆得受教育，必倚重师范，此师范学校所宜急办也。而女子师范尤为重要"。此外，孙中山还把女子受教育看成是男女平权的基础和前提。"提倡教育，使女界知识普及，力量乃宏，然后始可与男子争权，则必能得胜也"。教育既兴，"女界平权，然后可成此共和民国"①。

此外，当"神州女界共和协济社"因上海务本女塾经费缺乏，向孙中山请求帮助时，他从临时政府本不充足的资金中拨出1万元予以支援。他还派得力助手廖仲恺接办广东女子师范学校，自己也在百忙中亲赴该校讲演女子教育的重要性。

当然，这一时期中国妇女解放运动存在的不足也是比较明显的。

一是思想领域的不足。

中国近代以来，有部分女性为男女平等进行过探索。例如创办并担任主编及主笔的近代中国的第一份女报《女学报》的陈撷芬②，在该报首次公开亮出男女平等的主张的王春林，鉴于中国所面临亡国灭种的民族危

① 程薇：《试论孙中山的女权思想》，《淮北职业技术学院学报》2007年第4期。
② 陈撷芬：《独立篇》，《女学报》第1期。

第二章 女界洪钟

机，在《敬告中国二万万女同胞》中痛心疾首地呼唤女子自立的秋瑾。但是，这些先知先觉先为的杰出女性，依然只是凤毛麟角。而且她们的呼声经常会被更响亮的男声淹没并覆盖。我们看到，中国早期的妇女解放主要是由男性主导的，无论是清末的康有为，还是民初的孙中山。也就是说，其实还是真正拥有话语权的精英男性在倡导女权中充当了急先锋。但理论只有为行为主体所掌握并成为思想武器时，才能显示其真正价值①。

所以在此过程中，部分女性先觉者，甚至将男性呼吁女权的这种现象视为女性的耻辱。为《女界钟》作序的林宗素和黄菱舫便是此中代表。林宗素就强调："自鞭策我二万万之女子，使之由学问竞争，进而为权利竞争，先具其资格，而后奋起夺得之，乃能保护享受于永久。"② 言下之意是，只有通过女子"竞争"而获得的权利才能保持久远。黄菱舫则从女性自己放弃权利的角度，批判女界现状："以今日女界卑贱鄙汙、奴隶玩物种种惨恶之现象。岂男子举手投足区区压制之能为力哉？"这些对女性自身弱点的抨击，较之男子，更为严厉。但这一自我批判的精神，对于思想先进的留日女学生中"朝闻倡平权，视其人，则曰伟丈夫；夕闻言平权，问其人，则曰非巾帼"的状况，无异于一剂清醒剂。

学者龚圆常也指出，男子单方面的赠予并不能使女性真正与男子享有同等权利，"夫既有待于赠，则女子已全失自由民之资格，而长戴此提倡女权者为恩人，其身家则仍属于男子"③。这些言说看似不情之论，却恰好显示出论者意识的前卫性与深刻性。

二是教育领域的不足。

在教育领域，尽管我们看到不少专家学者提出女子应平等享受教育权，但存在着的女子教育基本上处于小学阶段，男女同校仅限于初等小学，中学及师范学校为数也并不很多，大学则完全将女性拒之门外等诸多局限。

即便如此，我们也应当承认教育宗旨的转换和教育内容的革新毕竟带

---

① 潘漪：《论女学报难处和中外女子相助的理法》，《女学报》第3期。
② 安如：《论女界之前途》，《女子世界》第13期。
③ 龚圆常：《男女平权说》，《江苏》第4期。

动了女子教育范围的扩充，增加了女子受教育的机会，也在改变知识结构的同时强化着女性自觉意识，从而为女性走向更广阔的教育空间奠定了基础。

（二）

在新文化运动"民主与科学"观念的启发下，1919 年 5 月 4 日一场青年运动打响了，如暗夜里的一声鸡啼，妇女改革的旗号也从暗处逐渐走向社会。中国妇女迎来了黎明前的曙光。

首先要说的是，辛亥革命十年间，一批新式知识女性群体的崛起。所谓新式知识女性，特指在 20 世纪初的女权启蒙中涌现和成长起来的中国第一代现代意义上的新女性，在五四运动前，她们一般都受过新式学校教育，包括在校女学生、职业妇女以及部分受过新式教育的家庭主妇，主要来自教会女学、女子留学和国内各种民立、官立女学堂。这一知识女性群体是特殊时代的产物，因为 20 世纪初的中国出现了介绍西方资产阶级民主学说的热潮，包括女权主义理论；紧接着，国内有关妇女问题的新学说被纷纷提出，如《女界钟》对女权的疾呼，无政府主义者对"毁家革命说"的宣传，等等。因此，知识女性群体一经诞生，就融入了中国思想解放潮流之中，成为中国妇女中最先觉醒并具强烈主体意识的群体。正是这群新式知识女性，掀起了新一轮的传播女权思想的热潮，较之前更为迅猛和热烈。因为与精英男性不同的是，她们对"女权"的倡扬不仅仅停留在言论上，而是深层次思考妇女受压迫的根源。

她们以行动来谋求自身解放。在男性精英为女权鸣锣开道之际，她们通过自办女报、组织妇女团体等活动，自觉地把自己的声音汇入其中。据统计，五四运动前后，妇女所办报纸约有 40 种，发起组织的各种妇女团体约有 35 个，这些报刊和团体遍布全国 8 省、4 市及日本东京[1]。辛亥革

---

① 沈智：《辛亥革命时期的女知识分子》，《辛亥革命与近代中国》，中华书局 1994年版。

命时期，因女子参军而出现了女子国民军、女子北伐光复军、女子军事团、同盟女子经武练习队等。

1918年6月，《新青年》出版了"易卜生专号"，翻译介绍了挪威剧作家易卜生的名剧《玩偶之家》，借以暴露旧式家庭的罪恶。作品描述一个不甘做丈夫玩偶的女性娜拉因觉醒而离家。《玩偶之家》受到广大知识分子的欢迎，几次被搬上舞台公演，在中国掀起一阵"娜拉旋风"。剧中女主角娜拉所言"我是一个人，一个同你一样的人""我第一要紧的，是努力做一个'人'"，成为那个时代新女性最脍炙人口的宣言，娜拉也成为那个时代女性反抗家庭束缚、争取自由权利的榜样。

在中国湖南的一个叛逆女性谢冰莹的自传体《女兵日记》中，她详细描述了自己多次逃婚的故事。《女兵日记》畅销，出走也成为女性逃离封建家庭，争取婚姻自由的一种方式。革命家萧楚女曾经写文章概括女性离家出走的原因，不外乎以逃婚争取婚姻自主、以恋爱自由思想反对专制婚姻。

在解放浪潮下，妇女被"发现"，妇女也发现了自己。此期间的妇女团体，积极争取包括婚姻自主权在内的平等社会权利，提出"制定男女平等的婚姻法"。

当马克思主义的春风拂过西方大地时，李大钊作为中华第一人将马克思主义的种子撒播在华夏大地上。在共产主义思想的风暴席卷神州的五四时期，李大钊也用马克思主义为武器，吹响了男女平等、解放妇女的第一声号角。

在此号角声中，对男女平等问题的探索前行比五四运动之前的女性解放运动有了很大的进步。

李大钊妇女解放思想超出同时代大多数人的地方就在于他较早地运用马克思主义唯物史观和阶级斗争学说，从经济上探明了妇女地位长期低下的根本原因在于女子经济的不独立并由此成了男子的私有财产。在著名的《再论问题与主义》一文中，他明确指出，中国的问题包括妇女问题的解决，实行细枝末节的改良没有任何用处，必须实行社会经济制度的根本改造。既然缺乏经济独立是中国妇女被奴役、受压迫的重要原因，那么争取经济独立也就成为妇女解放的一个前提和途径。只有经济独立了，才能摆脱对男子的依赖性，这是实现男女平等的第一步。如何实现妇女在经济上的真正独立呢？他指出，唯有经济上的变动，妇女的解放才有基础，妇女的地位才有可能发生根本的变化。他进一步指出妇女解放的根本道路就是要彻底摧毁私有制，只要私有制还在，妇女便不可能得到完全的解放。因为妇女问题集中到一点就是经济不独立，由此造成了妇女人格的不独立。

李大钊认为妇女解放与民主即平民主义社会的实现密切相关，因为男人和女人各占社会的一半，如果社会中只有男子的活动，不许女子活动，把女子排除于社会生活之外，"那个社会一定是个专制、刚愎、横暴……的社会，断没有民主主义的精神"。因此，要想实现民主即平民主义的社会，就应当首先做妇女解放的斗争，"使那妇女的平和、美爱的精神……变专制的社会，为民主的社会"。他断言：在妇女没有解放的国家，绝没有真正的"平民主义"。没有妇女平权的社会，就将是一个"半身不遂"的社会。

可以说，李大钊是中国马克思主义妇女解放理论的奠基人，更是五四时期呼吁女性解放的先锋人物，他最早把马克思主义妇女观介绍到中国并且指导中国女性的革命家。他不局限于国内，而是站在世界的角度上，运用遍及世界的女性斗争的经验来引领国内的女性解放运动。他文章中对女性解放的原因进行了深刻的分析，对女性解放的内容和方法进行了广泛的论述。可以说，李大钊是提出女性解放思想的关键性人物，也是研究五四时期女性解放绕不开的重要人物。李大钊的妇女解放思想，在中国现代思想史上占有极其重要的地位。

五四运动之后，争取女性受教育权以及教育制度的变革活动随之展开。

在封建社会里，女子被剥夺了受教育的权利。辛亥革命后虽然女子教育有了一定的发展，但统治阶级仍坚持男女分校。女子师范也是"以造就蒙养保姆为目的"，授课重家事，轻科学。

民国建立后，在共和政体的支持和自由民主理念的影响下，女子教育宗旨随着教育的整体转型发生了根本变化。除了在五四之前就兴起的一些女子学校，以及个别吸纳女生就读的新式学校，在新文化运动"民主与科学"观念的启发下，日渐扩大的知识女性群体开始要求接受高等教育，呼吁大学开放"女禁"，并最终获得社会承认。大学开放"女禁"是中国近代女性形式上获得完整教育权的标志，在近代教育制度的变革和社会整体的文明和进步中起到了积极作用①。

在男女同校问题上，首先得到了马克思主义先行者李大钊的赞成。他坚决支持女子获得与男子同样的受教育平等权。当北京《晨报》上讨论"大学应否男女同校"这一问题时，李大钊表示赞同男女同校。他在《工读互助团募款启事》上指出："占全国民半数的女子不读书不做工，这不是国民的智力及生产力一种大大的损失吗？"

李大钊对教育问题尤为重视，他说："知识是引导人生到光明与真实境界的灯烛。"如果"一个人汗血滴滴的终日劳作，没有工夫去浚他的知识，陶养他的性灵，他……同物品没有什么区别"。因此，他指出："女子教育机会的扩张似乎比承认参政权还要紧。"他甚至引用 Canon Care 劝告英国工人的话来奉劝中国妇女："除非你得了知识，一切为正义公道的热情都归乌有……但若把知识仍遗留于特权阶级手中，你将仍旧被践踏于知识的脚下，因为知识永远战胜愚昧。"李大钊强烈呼吁："现代的教育，不许专立几个专门学校，拿印板的程序去造一班知识阶级就算了事，必须多设补助教育机关，使一般劳作的人，有了休息的工夫，也能就近得个适当的机会去满足他们知识的要求。"② 他将"现代妇人问题中的主要问题"概括为三点：职业问题、教育问题、法律问题。而对于无产阶级的妇女来说，由于知识的缺乏是取得劳动和生存权利的极大障碍，所以，她们获得受教育的机会比起得到参政权更为重要。

① 徐有礼：《论民国初年女子教育宗旨的转换和开放大学"女禁"》，《中州学刊》2008 年第 6 期。

② 郭贵儒：《李大钊教育思想简论》，《河北师范大学学报》2005 年第 2 期。

1917 年后，毛泽东就已经朦胧地觉察到妇女的苦痛并不是一种孤立的现象，而是一个特殊的社会问题，因而他认为，应当把妇女解放和社会革命、妇女解放和政治解放、经济解放联系起来。他明确指出："思想的解放、政治的解放、经济的解放、男女的解放、教育的解放都要从九重地狱，求见青天。"① 他提出"吾们试想女子何以被男子欺负，至于数千年不得翻身呢，这个大家都关心的问题"。② 他认为，从表现上看，女子受男子欺负是女子自身的缺陷造成的，诸如女子知识上比男子要孤陋寡闻，女子的意志没有男子坚强，女子是富于感情的，感情太丰富则理性就要退化，这是心理不及男子的地方。又如女子身体比男子孱弱，加上包脚裹足之风的盛行，行步艰难，这是女子生理上的缺陷。但毛泽东认为这些都不是女子的根本缺陷。因为，在心理上两性其实相去不远，至于女子体弱、裹足两项则是后天造成的，是社会压迫、男子统治的直接产物，并不是先天生理根本缺陷。认为从深层上分析"求根本缺陷于女子生理，便是唯一的生育问题了"。他通过对生育问题的分析，提出，"男女之间，恋爱只算附属，中心关系还在经济，就是为资本主义所支配"③，指出了经济关系是男女不平等的实质。在上古时代，由于食物富饶，人们容易果腹，两性也就处于平等的地位，因为在经济方面，女性无所求于男性，男性也无所求于女性，相反女性反倒由于性生理上的优势而制服男性。但后来由于人口增多，食物不足，生活竞争，不得不注重工作，这时女子就到了"被征服于男子的死期了"④。这是因为虽然两性的体力本来相当，但女子不能在生育期内工作，于是男子便"'蹈瑕抵隙'，以'服从'为交换条件，而以'食物'噢咻之。这便是女子被压制不能翻身的总原因"。⑤ 基于以上分析，毛泽东认为，要解决男女不平等问题，唯一的途径就是将女

---

① 王巧玲：《论毛泽东关于妇女解放的思想》，《党史文苑》2004 年第 6 期。

② 《民众的大联合》，载 1919 年 8 月 4 日《湘江评论》。

③ 《女子自立问题》，载 1919 年 10 月 21 日《女界钟》。

④ 《女子自立问题》，载 1919 年 10 月 21 日《女界钟》。

⑤ 《女子自立问题》，载 1919 年 10 月 21 日《女界钟》。

性两种劳动（生产、生育）社会化。1919 年 11 月，长沙青年女子赵五贞被父母强迫出嫁，反抗无效，在迎亲花轿中用剃头刀割破喉管自杀。此事引起巨大社会反响，长沙《大公报》为此先后发表了 20 多篇文章，毛泽东在 12 天半内连续发表 9 篇文章，指出婚姻问题是个社会问题，赵五贞之死根源于社会，并号召人们向吃人的旧社会发动进攻。强调经济独立和开放女子教育对于妇女解放的特殊作用。1920 年 11 月 25 日，毛泽东曾致信在法国勤工俭学的周南学子向警予，"湘省女子教育绝少进步（男子教育亦然），希望你能引起大批妇女同志外出"，以提高国民的素质。可见，抓经济独立，无异于抓住了妇女解放的基础，抓教育则无异于抓住了解放主体的素质，此乃男女平等的百年大计。

周南女校

近代以来，随着湘军的兴起，湖南人才迭出，全国瞩目。清末，积贫积弱，外有列强虎视，内则矛盾丛生。在这种救亡图存的时代背景下，湖湘有识之士、有志之士运用各种手段力图救国救民于水火之中。朱剑凡先生就是教育救国的杰出代表。东瀛求学，回国从教，朱剑凡先生是教育救国的实干家，他一为国之兴旺发达，二为女子的自我解放。在周南的创办过程中，朱剑凡先生联系实际，开办女子职业教育、师范教育，宣传民主思想、革命思想，为社会培养了大量的女性精英人才，其中不乏女革命家。

（一）

为了兴办教育，朱剑凡先生前后向周南女校捐出总值 11.17 万银圆，这件事震动了长沙各界。经过辛苦经营，周南校舍增加到 80 多间，有礼堂、普通教室、特别教室、自修室、阅览室、图书室、仪器室、室内运动场，还有为师生服务的调养室等，设备相当完善，教学水平也不断提高，远近有志求学的女子闻讯而来，学生增加到 600 多人。朱剑凡毁家兴学的义举的确是中国教育史上罕见的。

朱剑凡先生不是坐而论道而是积极行动。他带头在周南学校施行教育改革，引导学生自治，鼓励学生参加革命斗争和社会活动，阅读进步书籍，支持学生创办《女界钟》半月刊，成立"救国十八团""国货维持会"等。部分周南师生加入了新民学会。周南学子向警予、蔡畅、丁玲、陶毅、劳启荣以及朱剑凡的子女朱伯深、朱觉、朱仲芷、朱仲丽等先后走上革命的道路。这期间，朱剑凡与李维汉、王震、郭亮和夏曦等建立了深厚的战斗友谊。"四一二"蒋介石反革命叛变后，长沙举行声势浩大的声讨蒋介石反革命罪行大会，朱剑凡担任大会执行主席，发表慷慨激昂的演讲，并因此遭通缉被迫远走日本。他回上海之后，又签名加入宋庆龄等倡议成立的自由运动大同盟，并把自己的寓所作为党组织秘密接头和会谈休息的处所。朱剑凡不但自己多次向党表示入党的愿望，还动员全家老小组成战斗集体从事爱国革命活动①。

（二）

甲午中日战争惨败后，越来越多的知识分子认识到女学的兴衰关系国家的强盛，梁启超提出"女学最盛者，其国最强，不战而屈人之兵"。谭嗣同也提出"凡人莫不愿其女之贤，则女学万不可不讲。己即无女，亦莫不愿其妇之贤，则应出货，随地倡议女学塾"。朱剑凡深受这些维新贤哲"教育救国"思想的影响，认为救亡图存是教育的社会功能，教育应该为社会服务，但近代开放重在"竞智"而非"角力"，因此要启迪民智，而妇女占全国人口半数，亦不可小觑，唯有解放妇女，才能兴国强民。因此，在创办周南女校之初，就将"救亡图存"作为女子教育的首要目的②。

为了解放妇女，开发民智，朱剑凡决定创办女学。他认为"女子沉

---

① 万琼华：《湖南教育近代化进程中的女学实践——以朱剑凡"毁家兴学"为例》，《湖南大学学报》2010 年第 5 期。

② 武松健、王青春：《朱剑凡教育思想的启示》，《当代教育论坛》2005 年第 14 期。

沦黑暗，非教育无以拨明智，要自立于社会，有学识技能，才能拨于黑暗"。

当时周南的校歌充分体现了朱剑凡解放妇女琢育英才的教育思想："伤矣哉，昔日我。幸矣哉，今日我。数千年，深深锁，周南生也斯有天。洞庭南，湘水隅，山郁郁，水滔滔，酝美璞，育珠胎，周南生，水媚山辉。玉不琢，不成器，人不学，没才智。事竟成，需有志。我青年，毋自弃。譬如登山，莫蹉跎，一举云霄，爱周南，即爱自己，我青年共勉励。"① 在此思想鼓励下，周南师范第一班就培养了许多优秀人才，她们继承朱剑凡男女平权的教育思想，掀起全省创办女学的高潮。如周南毕业生王珏创办培德女校，李宗莲回湘潭创办自得女校，陈舜琴回麻阳，向警予回溆浦创办女校，等等。朱剑凡还支持学生创办革命周刊《女界钟》，担负向妇女传播新思想新文化的任务。毛泽东创建新民学会之初，会员70多人，女会员19人，其中14人就是周南已毕业或在籍的学生，学会还经常在周南举办活动。

朱剑凡先生的教育目的实质是探索教育与"救亡图存、启迪民智、解放妇女"三者之间的内在关联，"救亡图存"是教育的首要目的，"启迪民智"是"救亡图存"的途径之一，"解放妇女"是"启迪民智"的关键所在。"救亡图存、启迪民智、解放妇女"三者之间相辅相成，不仅是在深刻把握教育规律的前提下提出的，而且超越了当时的历史条件和时代背景，充满着宣战陈规的批判色彩和开拓创新的改革勇气②。

（三）

朱剑凡先生倡导女子教育，其内容呈现出系统性与完整性，而且不断求新务实，以符合时代要求。他的教育内容最突出的特点是"文实兼修，德体并重"，实质上体现的是人的全面发展的内核。朱剑凡十分注重学生

---

① 何学欢、朱发建：《朱剑凡毁家兴办周南女学》，《文史博览》2005 年第 2 期。

② 张书志：《朱剑凡与长沙周南》，《湘潮》2002 第 6 期。

的全面发展，故在周南的办学过程中开设了 14 门课程，主要分为五类："第一类是基础科目，国语、修身、数学是日常生活所必须的，是学习其他科目的基础；第二类是知识的科目，历史、地理、物理、化学、博物都以授予学生知识为目的；第三类为技能的科目，如家事课；第四类为德性涵养的科目：音乐、美术、书法；第五类为身体活动科，体育以训练人的身体素质为目的。"这五类课程是按照学生发展的需要和课程的内在逻辑性编排的。首先，突出科学文化知识的学习。将国文、数学、英文作为三大主课，同时加强历史、地理、化学、物理等课程的学习。师范班还另设有教育学、心理学、保育学、学校管理等课程。其次，强调实际能力的锻炼。周南女校增设缝纫、烹饪、刺绣等职业技术课；开辟学级园、公共园、美育园、饲育园、纪念树园，以丰富女校学生的文体活动。这既锻炼了女子适应社会的能力与自立能力，更为女子走向未来社会提供了有利条件。在这些课程中，他尤为重视女校学生的体育教育。他常说，"吾国贫弱，懒惰倚赖，是其大因。女子尤多骄惰不事事，本校力矫其弊，凡生徒力所能办者，均极端倡导之"[1]。因此，他以重金从日本聘来佐藤操子和松山雪子执教体育；学校的体育内容以列队操练、柔软体操、轻器械操为主；设有篮球、排球、网球、垒球四种球类运动。周南女校球队在省、市运动会上多次夺冠，有"泰安球王"的美称。再次，注重德性的培养。朱剑凡所提倡的道德教育内涵是非常广泛的，包括了学生的养成教育、爱国主义的革命教育、陶冶性情的艺术教育等，旨在打破传统的伦理道德观念，提升女校学生的综合素养。由此可见，朱剑凡的女子教育不仅考虑了社会对教育提出的实际要求，更兼顾了学生德、智、体、美、劳的全面发展，如此完备的女子教育思想在当时的女子办学实践中可谓首屈一指。

在教学方法上，朱剑凡先生深受西方教育影响，充分运用了启发式教学。教师根据女校学生身心发展规律和年龄特征，用种种方法启发她们的

---

[1] 杨蕾、赵正：《朱剑凡女子教育思想评析》，《牡丹江师范学院学报》2014 年第 1 期。

性灵，养成她们的动手能力。"他每每从北京、上海及浙江等地参观教育回来，学校教育方式和办学精神一定要做一番新的改进"①，因此，这种启发式教学是在吸收古今中外成功经验的基础上，顺应学生个性发展，充分发挥学生的自觉性和主动性。"他根据不同年级学生的特点，实施不同的教学方式：高级用自学辅导法，中级参用自学辅导和设计教学，低级采用设计教学。"为了因材施教，他还大胆尝试"特别教室"教学方法。对于基础知识较为薄弱，特别懒惰或因参加活动延误学习的学生可进"特别教室"，由教师专门辅导。在英文教学中，采用分班、分层教学，学生可按自己的学习程度选择合适的班级，以避免教学中出现参差不齐的状况，提高英语学习的效率。为进一步促进教育教学改革，朱剑凡与徐特立共同创办了《周南教育》，主要就欧美新式教育教学方式进行探讨与研究，以期用于周南的教学实践中。周南所推行的近代教学法，一反旧式填鸭式教学，大胆采取独具创新的教育方法，旨在因材施教，培养学生的学习自主性。

在校园管理方面，朱剑凡注重发挥群体的力量，主张实行民主管理，反对校长专制。在借鉴西方国家管理经验的基础上，朱剑凡组织校务委员会，由师生代表共同参加，一切校务如教员的延聘、课程的安排、教材的编辑及学校后勤等大小工作，均由校务会议研究决定，然后由校长公布实行。在学生管理上，朱剑凡倡导设立学生自治委员会。学校学生伙食、校园环境清扫、文体活动的组织、学术刊物编辑以及社会调研活动的展开均由学生会负责，教师只适当指导。"自治会的常设机构为干事会，下设总务、学艺、编辑、卫生、社会服务、交际六股，各司其职。"由此可见，学生自治是在组织上、制度上进行落实的，旨在培养学生自治能力、办事才能和服务精神。在教师管理上，朱剑凡不拘一格，广延名师；明定教师任职资格；注重教师的遴选和培养。新教师要由有学识的人推荐，经试教

---

① 彭润琪：《从教育救国到革命兴邦——朱剑凡人生缩写》，《湖南党史月刊》1992年第9期，

合格后才可聘任，若发现不能胜任者即行辞退，决不徇情。关于教师的培养，他经常组织教员互相观摩教学，探讨教学上的问题；出资让教员到省内外、国外考察学习。徐特立、鲁景森东渡日本进修和考察小学教育，都曾得到朱剑凡经济上的资助。在校园文化管理上，注重校园的物质文明与精神文明建设，开辟学级园、公共园、美育园、饲育园、纪念树园，以陶冶学生性情；创办各种学术团体和社会团体，如音乐会、杂志社等，丰富校园文化建设。此外，周南图书室的配备规模在民国的私立学校中可谓首屈一指。朱剑凡的教育管理思想既纳入了严格管理的要求，又赋予了人文关怀和民主色彩，尽管与现今的教育管理理论相比在其科学性上有很大差距，但却表现出了明显超越他所处时代的前瞻性，他的许多远见至今仍值得细细揣摩。

朱剑凡力树严谨的校风，他提出师生须"敬情将事，有严肃风，无浮嚣气，寓活泼于秩序中"。提出的校训是：一、自治心（节制整洁）；二、公共心（博爱仁恕）；三、进取心（勤勉耐劳）。要求学生敦品励学，教师身教力行。他当校长，常兼教四五门课，认真编写讲义，自己刻印免费发给学生。日本教师上课，他去当翻译。当时人们曾用 16 个字称赞他："三更灯火，五鼓鸡鸣，孜孜不倦，精进不已。"

五四运动以后，朱剑凡对周南女校大胆施行教育改革，学校规模达到高峰。朱剑凡先生认为：不能为教育而教育，更不能借办学为名牟利肥私，教育必须有它为社会、为政治服务的目的。因此，他能紧紧跟随着形势的发展，向学生灌输他进步的思想，并带领学生参加革命斗争。

1919 年，以朱剑凡、徐特立为首的教育界人士，组成了健学会，探索真理，改革教育。毛泽东著文称赞这个组织为"东方的曙光，空谷的足音"。为扩大毛泽东发表在《湘江评论》上的《民众的大联合》的影响，朱剑凡在健学会发表《排除己见、团结一致、服从真理》的演讲，予以推介。

此时，毛泽东与朱剑凡的感情也更加深化。毛泽东在"驱张"胜利后，于 1920 年 7 月 7 日回到长沙。他虽然受到了英雄般的欢迎，却好几

个月没有"饭碗"，直到他的老师易培基接任一师校长后，于10月聘他为一师附小主事。其间没有任何收入的毛泽东怎么生活？是朱剑凡伸出了援助之手。

对于这段往事，抗战时期毛泽东在延安遇到朱仲丽还提起："我年轻时，穷得没有饭吃，是你爸爸叫我住在周南女校校园内，吃饭不叫出钱，一天还吃三顿。"

《女界钟》

（一）

据周南校友回忆：《女界钟》是我省早期女学生自办的一个刊物，由陈启明担任指导，周南女学生周敦祥担任总编辑。在这以前，1919年春，周敦祥和魏璧、劳启荣（君展）、贺延祐三人在蒋竹如老师、陈启明老师的介绍下，参加了毛泽东发起和领导的新民学会，成为这个学会的第二批会员，蒋、陈两老师是毛泽东在一师的同班同学，因此创办《女界钟》实际上应是新民学会在周南女校的一项活动。

《女界钟》是一个周刊，从1919年10月办到11月。当时长沙城里发生了一件重大的社会新闻，一个已有了民主自由思想的女学生赵五贞，因不满父母包办婚姻，在花轿中用剪刀割断喉管自杀，以死反抗包办婚姻。一时间，长沙大街小巷，议论纷纷，许多报纸都做了详细报道。毛泽东那时住在马王街，跑到西园北里指示《女界钟》赶快出"赵五贞专刊"，这一期共印了四千多份。那时，《女界钟》是湖南为新妇女主持正义的唯一刊物，可惜仅出了四期，就被万恶的封建军阀查封了。

1919年五四运动的爆发，既拉开了中国反帝反封建斗争的序幕，也给古老的中国带来了一场深刻的思想解放运动。

1918年11月，第一次世界大战结束，中国为战胜国之一。然而巴黎和会无视中国的要求，把战败国德国在中国的山东攫取的权益全部交给日本。消息传来，北京学生在 5 月 4 日首先发动了大规模的游行示威活动，立刻震动了全国。中国人民长期郁积的对帝国主义侵略和政府当局卖国行径的愤怒，像火山一样爆发了！

五四运动也是一场深刻的思想解放运动。它使中国人民进一步认识到帝国主义侵略的本质和军阀统治的黑暗，同时进一步提高了中国人民反帝反封建的决心和觉悟；促进了全国人民对改造中国的问题的反思和探索。近代以来，在一段相当长的时间里，中国先进分子曾经虔诚而热烈地向西方学习，希望把中国建设成为一个独立、富强的资本主义国家。巴黎和会上中国的外交失败，给他们上了严峻的一课，使他们对于资本主义的幻想急速地趋于破灭。这个经历，有力地推动了他们去探求中国新的出路。他们下功夫研究并介绍各种新思想。全国各种宣传新思潮的刊物如雨后春笋般涌现出来。湖南长沙各大中学校也出版了十多种刊物，如省学联的《救国周刊》《湘江评论》，湘雅医专的《学生救国报》《新湖南》，省高工的《岳麓周刊》，明德中学的《明德周刊》，长郡中学的《长郡周刊》，周南女校的《女界钟》等。①

其中影响力最大的，当属毛泽东主编的《湘江评论》。由周南女中学生自治会创办的《女界钟》，在众多刊物中，名声颇显，可谓当时一大奇观。

1919 年 4 月 6 日，毛泽东由上海回到长沙，这时距他 1918 年离开长沙到北京已有 8 个月之久。回长之后，毛泽东继续主持新民学会的工作，参与组建新的湖南学生联合会。5 月下旬的一天，毛泽东和邓中夏来到朱剑凡家，和朱剑凡、徐特立、何叔衡等人一起，认真研究、磋商了成立湖南全省学生联合会和紧急召开学生联合会代表大会等有关事宜。

5 月 28 日，湖南学生联合会宣告成立并通过罢课宣言，湖南学生联合会的成立，标志着湖南学生的爱国热情已被广泛地激发起来。6 月 3

---

① 万琼华：《践行"女国民"——五四时期湖南女学生的社会参与》，《中华女子学院学报》2011 年第 5 期。

日，长沙20所学校举行总罢课。当时，学联代表宣读了罢课宣言，并向北京政府提出了拒绝巴黎和约、废除一切不平等条约等六项要求。陶斯咏当时在湖南学生联合会与湖南各界联合会中担任副会长，毛泽东是理事。鉴于自己的教师身份，毛泽东没有担任学联的领导职务，但他时刻关注并指导着学联的各项活动，并被公认为是这个富有战斗性的新的学生组织的实际领导者①。

7月14日，湖南省学联刊物《湘江评论》在长沙创刊，毛泽东是主编和主要撰稿人。《湘江评论》创刊号寄到北京后，李大钊认为这是全国最有分量、见解最深的刊物。《晨报》也予以介绍，说它"内容完备""魄力非常充足"。遗憾的是，八月中旬，《湘江评论》第五期刚刚印出，便遭到湖南督军张敬尧的查禁，罪名是宣传"过激主义"，被迫停办了。湖南学联也同时被强行解散。这个杂志只存在一个多月，在湖南却产生了很大影响。

据周敦祥回忆，当时有人提议："《湘江评论》停刊了，我们不能换个名字出版吗?"不久，她和劳君展加盟新民学会，大伙儿借此决定创办一份刊物，并命名为《女界钟》，以延续《湘江评论》之精神品质。1919年10月，周南学生自治会刊物《女界钟》正式创刊，学生周敦祥任主编，魏璧、劳君展任编辑，教师陶毅（陶斯咏）、陈启明从旁协助。据周敦祥回忆："它的创刊是根据新民学会以革新学术、砥砺品性、改良人心风俗为宗旨，由我和劳君展、魏璧三会友办起来的。它作为《湘江评论》的补充，发出了湖南女界自己争平等、求解放的怒吼。"② 由此可见，自诞生之日起，《女界钟》就肩负着妇女界自己争取平等、解放的崇高使命。同时期在毛泽东影响和帮助下办起来的还有湘雅医学专门学校的《新湖南》及修业小学的《小学生》刊物。

事实上，周南女校的《女界钟》不仅延续了《湘江评论》对妇女解

① 孟庆春：《毛泽东的辉煌人生和未了心愿》，当代中国出版社2011年版。
② 《新民学会资料》，《中国现代革命史料丛刊》，人民出版社1980年版。

放问题的探讨，而且使之更加深入。《女界钟》稿件大多来自周南师生之手，内容极其广泛，既有宣传抵制日货、反对奸商、抨击军阀官僚的，也有主张劳工神圣、实行民主政治的，但用力最多的还是宣传妇女解放、婚姻自主、经济独立等问题。创刊不久，长沙发生"赵五贞自刎事件"，《女界钟》特辟专号，展开婚姻自主权大讨论。师生从实地调查中获悉：赵"颇知书识字，性情温和"，"近四五年来，专在家攻刺绣裁缝，家中大小人等衣服皆此女自裁自缝……"赵父受媒婆怂恿，拟把女儿嫁给叫吴五的老板，赵对婚事"颇露不悦"，曾对嫂子说："女子在家从父，出嫁从夫，夫死从子，做女子真是背时呵！"但其父一意孤行，以致酿成悲剧。可见，赵已认识到女性的屈从地位，但百般无奈之下只能以自杀方式表达对包办婚姻的抗议。对此，陶毅痛斥道："为什么偌大的世界竟容不得一个女子，生生的逼着她去死？……万恶的婚姻制度不知坑死了多少的女青年？"继而发出"自由—牺牲—奋斗""我们要自决"的呼声，鼓励女子奋力争取婚姻自主权。向警予将赵的个人悲剧视为旧婚姻制度下女性群体的悲剧，号召组建婚姻自决同盟，以团体的方式同包办婚姻抗争①。

（二）

由男子对女子的赋权到周南《女界钟》女子自己为自己争权，女子发声为自己的解放和自由而呼吁，无疑是当时的一大进步，其在历史上的重大意义是毋庸置疑的，而周南女校也早已走出了培养"保国保种的贤妻良母"的教育宗旨。《女界钟》发行量最高时达 5000 份，不仅充分地展示了周南女生的主体性，而且推动了湖南乃至全国学生界对封建伦常制度尤其封建婚姻制度的大批判。《女界钟》的创刊，发出了湖南女界自己争平等、求解放的怒吼。《女界钟》担负起向妇女传播新思想、新文化的任务，唤起更多的妇女冲破孔孟之道、"三纲五常"、"三从四德"的藩

---

① 万琼华：《践行"女国民"——五四时期湖南女学生的社会参与》，《中华女子学院学报》2011 年第 5 期。

篱，走上为自由解放而斗争的道路。周敦祥回忆："我们在周南办了《女界钟》……毛泽东同志很支持，他在《女界钟》上写过文章、诗。"

毛泽东对《女界钟》的关心和支持非同寻常，略述如下：

1. 《女界钟》是毛泽东表达其对妇女问题和妇女运动观点的重要理论平台。新文化运动勃兴期间，毛泽东在第一师范学校读书时就帮助同学解除旧式婚姻。五四运动期间，毛泽东对妇女运动更加关注，《毛泽东早期文稿》收录 1919 年 7 月至 12 月的文章 58 篇，其中 13 篇专门或部分论述妇女问题。毛泽东在《湘江评论》创刊号上痛斥男子对女子的压迫："女子本来是罪人，高髻长裙，是男子加于她们的刑具；还有那脸上的脂粉就是黥文；手上的饰物就是桎梏……"在《民众的大联合》中号召妇女团结起来，组建"女子的小联合"，去扫荡那破坏妇女"身体精神的自由的恶魔！"毛泽东此时从事妇女运动最为积极的活动是运用专门的妇运刊物——周南女校《女界钟》，从理论上推动妇女运动，号召和组织周南女校学生从事学生、妇女解放等社会运动。

2. 无论是《女界钟》开始筹办发行还是具体编辑、撰写文章，毛泽东都给予了极大的支持。五四时期，湖南的学生刊物自觉地担负起新文化启蒙的历史和文化责任，为新文化人提供相对宽松的言说空间，成为介绍新文化、新思想、新知识，反对封建旧思想文化的重要阵地。

作为长沙最为重要的女子专门学校，周南女校对妇女运动表现出极大的热情，毛泽东在其中更是起着推动作用。周南学生自治会发行的《女界钟》"集中力量讨论了妇女解放的问题。她们认为妇女要想得到解放，必须首先做到婚姻自由和经济独立"，"大大推动了妇女解放运动"。

3. 在毛泽东的支持和指导下，《女界钟》成为湖南妇女解放运动的急先锋。赵五贞事件发生后，毛泽东立即抓住这个事件，让刚刚加入新民学会的周南女校学生李思安等去调查。11 月 16 日至 28 日，毛泽东就长沙城内新娘子赵五贞因反对包办婚姻在花轿内自杀事件，向封建礼教发起了一轮猛烈的攻击。他在长沙《大公报》上先后发表了《对于赵女士自杀的批评》《赵女士的人格问题》《婚姻问题敬告男女青年》《改革婚制问题》《"社会万恶"与赵女士》《非自杀》《恋爱问题，少年人与老年人，打破父母包办政策》《打破媒人制度》《婚姻上的迷信问题》等9篇论述婚姻、家庭的压迫和旧社会的罪恶的论文和杂感。

如往常一样，毛泽东从自己的生活中挖掘社会罪恶的根源。

他谴责社会，"赵女士的自杀，完全是环境所决定"。毛泽东的言辞掷地有声，"这种环境包括婚姻制度的腐败，社会制度的黑暗，思想不能独立，爱情的不能自由"。他把赵女士结婚的花轿称作"囚笼槛车"。

从这九篇文章的字里行间，我们可以发现毛泽东的包办婚姻对他的影响，以及他母亲的逆来顺受。"大男子主义"已被列为中国革命的对象。

毛泽东以父亲般的口吻写下《婚姻问题敬告男女青年》。在另一篇文章中，他呼吁读者"振臂一呼"，砸碎迷信的枷锁。勇往直前早已是他的一条信念。"命定婚姻，大家都认作是一段美缘，谁也没有想到这是一个错举。"

自此时起，毛泽东终生都持反对在任何条件下自杀的思想。"截肠决战，玉碎而亡，则真天下之至刚勇，而悲剧之最足以印人脑府的了。"像赵女士那样自杀不是对腐朽的旧社会的反抗，它实际上迎合并维护了即将灭亡的旧道德秩序。毛泽东写道："与其自杀而死，毋宁奋斗被杀而死。"

毛泽东鞭挞了妇女贞节牌坊，这在当时给人印象极深："你在哪里看见男子贞节牌坊吗？"

毛泽东的这一系列文章，集中抨击了中国的封建礼教和中国的万恶社会，他写道："不自由，毋宁死。雪一般的刀上面，染红了怪红的鲜血。柑子园尘秽街中被血洒满，顿化成了庄严的天衢。赵女士的人格也随之涌现出来，顿然光焰万丈。"

当时毛泽东就住在周南女校附近兴汉门内的奎星楼，有时住到校长朱剑凡的家里，都与泰安里周南女校不远。赵五贞事件发生后，毛泽东立即找向警予、蔡畅商量：赵五贞自杀是件大事，提醒她们应该开个大会，表示女界的态度。蔡畅等人立刻和周南女校的同学筹备召开纪念赵五贞大会。这个大会控诉了封建社会的罪恶，号召妇女起来争取自身的解放。

"在毛泽东同志的倡导下，蔡畅立刻和周南女校学生积极筹备，召开了纪念赵五贞女士大会"。

同时，毛泽东建议《女界钟》出一特刊附于《女界钟》第四期，"控诉封建社会的罪恶。号召妇女起来争取自身解放"。周敦祥回忆：他（毛泽东）给《女界钟》写的第一篇文章的中心思想，是论述妇女要实现经济独立。第二篇文章是为赵五贞自杀事件而出特刊时写的。

1919年11月21日，毛泽东《女子自立问题》一文，发表在《女界钟》特刊第1号（该号在"关于赵女士自刎以后的言论"总标题下，发表了一组文章，共10篇，该文是其中的一篇），号召人们针对"千年不正当的礼教习俗"高呼"女子解放"时，应该"研究一个拔本塞源的方法。使今后不再有这样同类的惨事发现为好"：

关于赵女士自杀事件，日来论者颇多。我亦略有所论评，登在本城的《大公报》。这是人类一个公开事件，除开主张极端的个人主义和独身主义之外，谁都应该注意，应该研究。而在我国女子一面，尤应特别注意研究。盖我国因数千年不正当的礼教习俗，女子在任何方面，都无位置。从政治、法律、教育，以至职业、交际、娱乐、名分，一概和男子分开做两样，退处于社会的暗陬。于不得幸福之外，还领受着许多不人道的虐待。当此真理大明，高呼"女子解放"时候，还有这被逼杀身事件出现，也可知我国社会罪恶的深固程度了。于今我们也不必替死人多加叹惜，还是研究一个拔本塞源的方法，使今后不再有这样同类的惨事发现为好。而在研究方法之先，又应推寻所以被制根由。

吾们试想女子何以被男子欺负，至于数千年不得翻身呢？关于此点，吾们要研究女子到底有何缺陷？据表面看，女子的知识比男子要低，女子的意志比男子要弱，女子是富于情的，情盛则知意退化，这是心理不及男子的处所。又身体要弱些；加以包脚苦痛，行步艰难；这是女子生理上的缺陷。其实这些都不是根本的缺陷，大概言之，女子的心理作用，和男子并不相远。各国教育，无性的差别，所留成绩，业已证明。至后列两事，体弱乃习之使然；小脚从非古所有，不足为生理上之根本缺陷。求根本缺陷于女子生理，便是唯一的生育问题了。

男女的关系，依现代主张，应以"恋爱"为中心，恋爱以外，不能被支配于"经济"。所以现代的主张是，"经济各自独立，恋爱的儿公共"。现代以前则不然，都不知有所谓"恋爱神圣"的道理，男女之间，恋爱只算附属，中心关系，还在经济，就是为资本主义所支配。故在上古之世，食物饶富，摘果赖群，容易饱腹，男女也处在平等地位，经济一项，女无所求于男，男无所求于女，男女所求，只在"恋爱"，故女子有时反得以其生理上的强点（男女性的生理，据生理学家说，女子比男子要强）制服男子。后来人口增多，食物不足，生活竞争，不得不注重工作，至此乃真到了女子被征服于男子的死期了。

女子用其体力工作，本不下于男子，然不能在生育期内工作，男子便乘他这个弱点，蹈瑕抵隙，以"服从"为交换条件，而以"食物"噢咻之。这便是女子被压制不能翻身的总原因。

在一面言，人类谁不是女子所生？女子的生育，乃人类所赖以不绝的要素。男子竟忘此绝大恩惠，反因区区经济关系，妄自尸德加以压迫，真所谓恩将仇报了。在一面言，生育这个事件，是一个极苦痛事件。"产难"两个字，凡是女子，谁都听着惊心，除开在医学发明，使"产难"变为"产易"以外，吾人应表示极大的敬虔和恻悯，岂得反借区区经济小惠，来相压制！

本上"理由"，吾人便可谈到"方法"了。关于使女子自由独立不再受男子压迫的方法，大要可如左列。

（一）女子在身体未长成时候绝对不要结婚。

（二）女子在结婚以前，需预备够足自己生活的知识和技能，以此为最小单位。

（三）女子需自己预备产后的生活费。

上列三条，乃女子个人自立的基本条件。此外尚有"儿童公育"一个条件，为社会方面应大注意者。倘在女子方面能做上列三条，在社会方面又有儿童公育的设施，则恋爱中心主义的夫妇关系，便可成立。这也看

第一章 女界洪钟

我们青年男女诸君的努力呵！①

　　毛泽东认为赵五贞自杀完全是由社会环境所决定的。在《"社会万恶"与赵女士》一文中，毛泽东分析赵五贞当时所处的环境是：第一，中国社会。第二，长沙南阳街赵宅一家人。第三，她所不愿的夫家。"这三件是三面铁网，可设想三角的装置，赵女士在这三角形铁网当中，无论如何求生，没有生法。生的对面是死。如是乎赵女士死了。"毛泽东接着论证："母家、夫家，都是社会的一个分子"，他们固然有罪恶，但"罪恶的根源仍在社会"，这种社会，"他可以使赵女士死，他又可以使钱女士、孙女士、李女士死……就不能不高呼'社会万恶'！"毛泽东将婚姻问题与社会制度两者的批判有机地结合了起来，无情地揭露和鞭挞了封建婚姻制度悲剧的根源在于整个社会制度的黑暗与腐朽。从而把人们愤恨的目标引向了腐朽的旧社会。由于紧紧抓住了社会制度黑暗这个根本原因，所以毛泽东在分析赵女士自杀这个偶然性的事件中，得出了一个合乎逻辑的结论：只要这个腐朽黑暗的社会制度继续存在，那么百万千万计的像赵女士这样的无辜男女就不可能得到根本的解放。要改革婚姻制度，就要先进行社会革命，就要推翻这个黑暗的社会制度！

　　继赵五贞事件后，1920 年 10 月 19 日，周南女校学生袁舜英投河自杀。袁舜英事件，是继长沙赵五贞反抗包办婚姻自刎身亡后，又一起轰动全国的自杀事件。"杨开慧烈士曾经根据毛泽东同志的指示，围绕这一事件进行了广泛的宣传，愤怒揭露和深入批判封建包办婚姻制度的罪恶。"周南女校由此成为女性解放运动的急先锋。

---

　　① 《女子自立问题》，《毛泽东早期文稿（1912. 6 - 1920. 11）》，湖南人民出版社2008 年版。

钟鸣三湘

（一）

　　辛亥革命前后，妇女解放思想有所发展，提出了兴女学，婚姻自由。然而，几千年的封建传统毕竟太深厚，清政府对女学的禁令仍如一把铁锁，强行隔断了闺门与外部世界的沟通。唯一值得庆幸的是，清政府并没有禁止家塾，朱剑凡先生便见缝插针，于1905年农历五月初一，以长沙泰安里蜕园为校舍开办女学堂，为避清廷禁女学之忌，将女学堂命名为"周氏家塾"。周南一开始便认定革命以启迪民智为前提，以解放女禁为先导①。因此确立了"启迪民智，救亡图存，解放妇女"的办学宗旨，这12个字把"教育救国"与"妇女解放"两个时代主题囊括其中，为学校未来的发展指明方向。为贯彻办学宗旨，1906年由徐特立作词、黄厘叔谱曲共同创作校歌。歌词写道："地处长沙，山环水重深深锁。女校修复，应推先进周南我。毁家兴学，蒙难开基，创出文明母。到如今，三湘七泽有蜚声，郁郁、欣欣、芬芬、馥馥如花朵。同学们：静心学业，静心学业。发放我历史之光荣，效忠祖国，效忠祖国，永获光荣果。"② 校歌真实地反映了风气闭塞的长沙城创办女学的艰辛与可贵，通过推崇朱剑凡毁家兴学的义举，号召同学们发奋图强、报效祖国。周南的教育宗旨已远远超越清廷所推崇的贤妻良母教育观，把兴女学上升到民族国家建设的高度。

　　周南女校的与众不同，还在于校园中充溢着浓郁的民主气氛。无论是课堂还是课余，教职员与学生对一些国际问题、政治问题均能展开自由讨论。师生时常集会，交换见闻，联络感情，讨论研究各种社会问题。这种

① 李世元：《本校历略及复兴计划》，《周南女中（四十二周年纪念）》，1947年。
② 武衡、谈天民、戴永增：《徐特立文存》（第一卷），广东教育出版社1995年版。

民主氛围的形成与朱剑凡、徐特立等教育管理者的民主革命思想密切相关，他们不仅充当了女子教育的倡导者和行动家，而且是积极支持女生参加民主活动与政治斗争的革命家。

朱剑凡先生在周南创办湖南最早的学生刊物——《周南学生》，以此进行爱国主义教育。朱剑凡把教育与救国相提并论，引导青年学生奋发图强，不为强权所屈服。1907年，清廷准备出卖路权，宣布实行所谓"铁路国有"，朱剑凡、徐特立率先在周南女校发出罢课倡议。而后，明德学堂、竞争学堂、竞业学校、楚怡学校、震星学堂、唯一学堂等民办学校以及官立优级师范、工业学堂、农业学堂、高等事业学堂先后罢课，形成一股汹涌的罢课风潮。这是长沙城最早的罢课行动，大大激发了师生参与民主革命的勇气。1911年武昌起义爆发，周南师生率先上街宣传，与之呼应，"辛亥起义，本校师生活动颇力，十二月都督府政务会议，以周南提倡革命教育，特具苦心"[1]。为响应辛亥革命，朱剑凡不仅剪掉辫子，还砸碎家里的神龛和正厅上方"天地君亲师"神位。

（二）

五四前后，新文化运动、学生爱国运动与北伐救国运动交相激荡，汇成不同形式的思想、社会与政治运动。女权主义与民族主义紧密相连，伸张女权就是为了强国，正是在这一思想成为主导的新政治观念时，中国才出现了高涨的女权运动[2]。在男性知识精英倡导、知识女性行动配合下，"开女禁""男女同学""女子中学"渐次成为主流话语。但到1919年初，全国400余所公私立中学校中，女子中学校仍只有10所（湖南仅周南1所）。受妇女解放思潮激荡，长沙女校都或多或少发生了一些变化，学界公认周南变化最大，周南女生积极主动地投身民主活动与妇女解放运动，诸如加盟新民学会、改组自治会、创办《女界钟》、发起湖南留法勤工俭

---

① 李世元：《本校历略及复兴计划》，《周南女中（四十二周年纪念）》，1947年。

② 王政：《评柯临清著〈从社会性别角度看中国革命〉》，《近代中国妇女史研究》1996年第4期。

学会等，影响波及全国。周南以此为起点蜕变为妇女解放运动的摇篮和启蒙园地。

其一，加盟新民学会。1917年冬长沙一些学生开始筹备新民学会。1918年4月17日，蔡和森、毛泽东、萧子升等人在岳麓山刘家台子蔡和森家召开成立大会，到会12人，以"革新学术，砥砺品行，改良人心风俗"为宗旨。这个崭新的进步团体吸引了勇于解放的女性，最先加盟学会的有向警予、陶毅、李思安、周敦祥、魏璧、劳君展、徐瑛7人，除徐瑛外，其余均为周南校友及在籍学生。因当时男女社交尚未公开，风气十分闭塞，女性一般不敢与男子见面，她们的举动可谓惊世骇俗，充分体现了这些女性求解放、求改造的勇气。1920年，又有蔡畅、熊季光、吴家瑛、贺延祜等加入。据统计，新民学会共有会员70余人，其中周南师生19人；女会员19人，其中周南14人。① 从此周南成为新民学会活动的重要场所之一。

其二，改组校自治会。早在1916年8月周南成立学生自治会，因囿于"贤妻良母"窠臼，运作不理想，学生参与的积极性不高。五四时期，女生们决计重组自治会。1919年秋新的校自治会诞生了，魏璧、周敦祥、劳君展（誉称"周南三杰"）被推举为负责人。校自治会分设总务股、学术股、文艺股、体育股、风纪股、游艺股6股；各班设级长，寝室设室长。图书室、校园、食堂无一不实行学生自我管理。校自治会干部对内参与校务会议，共商学校发展大计，对外代表校方与兄弟学校联络。自治会开展多种形式的活动，如创办校刊，分班组织演讲比赛及各类球术比赛，成立国货维持会，开办平民半日学校等。

其三，创办《女界钟》。1919年10月，周南自治会创办校刊《女界钟》，周敦祥任主编，魏璧和劳君展任编辑。陶毅、陈启明对编辑、出版给予直接指导与帮助，毛泽东为该刊撰写过多篇有关妇女解放的文章。

---

① 韩文斌：《参加新民学会的周南师生》，《春晖芳草（1905—2005）》，内部印刷，2005年。

《女界钟》的稿件大部分来自周南师生。内容广泛，刊载的文章不仅包括宣传抵制日货，反对奸商，抨击军阀官僚的，也有主张劳工神圣，实行民主政治的，但用力最多的还是宣传妇女解放、婚姻自主、经济独立等问题。该刊发行量最高时达 5000 份，对于推动妇女解放运动和女界爱国运动发挥了巨大作用。诚如《新青年》所评价的，"中国完全由女子倡导妇女解放的杂志，恐怕这《女界钟》为独一无二的了"①。

其四，发起留法勤工俭学活动。1919 年 10 月，向警予从溆浦到长沙，同蔡畅、陶毅一起在周南成立留法勤工俭学会。12 月，扩大为湖南女子留法勤工俭学会，以"将来回国，振兴事业教育"为目标，旨在"实行妇女解放，劳工神圣，工读神圣"。当月 9 日，向警予、蔡畅、熊季光等启程赴法，报界称之为"中国妇女解放运动史上一件别开生面的佳事""女子勤工俭学实为前所未有，亦中国女界之创举"。② 在向、蔡等人引领下，长沙掀起了女子出国勤工俭学活动。从 1919 年 3 月至 1920 年底，全国留法勤工俭学女生共 20 余人，湖南 12 人，周南女校 7 人，其中包括向警予、蔡畅、熊季光、魏璧和劳君展等③。至此，周南女生通过顺应时代潮流，积极参与社会变革，践行"同为国民、同担责任"的话语，成为引领中国妇女解放的开路先锋。

其五，周南涌现出许多优秀的妇女理论家，向警予就是其中的佼佼者。她短暂的一生却留下了几十万字论述妇女解放。她指出，妇女运动必须与政治运动相结合，劳动妇女是妇女解放运动的根本力量，但劳动妇女必须和知识妇女相结合，向警予的观点为将妇女解放运动从资产阶级女权运动转移到劳动阶级妇女解放运动壮大了声势，作为早期党内的妇女运动理论家，也为早期中国共产党妇女政策制定提供了依据。④ 她运用马克思主义唯物史观分析女性受压迫的根源，敏锐地发现"原来妇女与劳工所

① 吕芳文：《五四运动在湖南》，岳麓书社 1997 年版。
② 《上海申报》，1919 年 12 月 10 日。
③ 《女子留法预备团招考广告》，《湖南大公报》，1920 年 3 月 1 日。
④ 魏旭：《中国近代妇女解放思想的演变及其启示》，2014 年 6 月 11 日新浪微博。

以降居奴隶的地位，全为经济制度的原因……女子所以沦为奴隶，岂不全然和劳工一样是私有财产制度的罪恶吗？"她还具体指出，在半殖民地半封建社会的中国，广大女性和绝大多数男子都处于"恶制度、恶势力"的压迫之下，因此中国的女权运动要"对付一切摧残女权的恶制度、恶势力，而不是对付男子……中国社会有了这种恶制度、恶势力的存在，所以不独女子没有女权，就是百分之九十以上的男子也并没有得到民权。也就是说，中国的女性主义运动的重点不在争取女权，而在争取民权。"因此，她重新解释了"女权"，并赋予它新的含义："女权运动是妇女的人权运动，也是妇女的民权运动，女权运动本是民权运动的一部分。"不仅如此，她还认为，"妇女运动与国民革命运动是长相伴侣的"①。因此，广大女性不仅应关心"女权"，尤应关心"民权"和"国权"，投身于政治运动和国民革命，通过争取"民权"和"国权"来争取"女权"。她准确把握了中国女性解放运动的任务和特点，将女性争取人权的斗争同争取民族解放的斗争结合起来，把女性解放运动纳入中国共产党的民主革命纲领，使之成为党领导的革命事业的一部分。

（三）

这一时期马克思主义进入中国对妇女解放运动产生了极大影响，妇女解放思想也进至社会制度批判和实现劳工阶级妇女解放的层面，中国共产党的妇女解放思想直接承接了马克思主义妇女理论，使五四运动时期妇女解放思想进一步深化。知识女性继承和发扬五四所特有的彻底、毫不妥协的反封建精神，推动妇女运动走向深入。在女子教育方面，她们不再满足于大学开女禁，而提出男女教育条件完全平等的要求，如吁求中学男女同学、增设女子中学和改革女校教育内容等。此时妇女解放运动已汇聚成有组织的女权运动，呈现出前所未有、多元并存的态势，其中最大的亮点是女学学潮的兴起。湖南女子参政运动亦于 1921 年 3 月拉开帷幕，以吴剑、

---

① 向警予：《向警予文集》，湖南人民出版社 1985 年版。

陶毅为首成立的女界联合会，发布"女界五权宣言"，以宪法为武器，强烈要求恢复妇女人权，声称为对付保守势力将不惜采取武力，引起社会各界广泛关注，历时两年有余，最终获得胜利。以陶毅为首的周南师生活跃于参政运动的各种场所，充当运动的中坚力量，奉献了智慧与勇气。

与此同时，从1924年起，教员周以栗、学生姚韵梅等共产党员开始在周南从事地下党组织活动。次年，周南成立共青团支部，姚韵梅担任负责人，团员包括任淑纯、粟咏兰、魏开询、黄海秋等人。1926年，朱剑凡随北伐军返长沙，重掌校务，以国民党左派身份担任长沙市政筹备处主任兼长沙市公安局局长，协助郭亮镇压土豪劣绅，并对国民党右派组织"左社"予以打击与摧毁，周南师生积极地投入这一斗争之中。同年7月，周南秘密成立中共支部，教员黄龙、沈望三、学生周毓明分别担任支部书记、组织委员和宣传委员。党员中，教师有周友邦、戴辛南、肖开勤、刘兆龙等，工友中有杨寿昌，学生中有魏开询、粟咏兰、江一苏等。共青团员中，有朱仲芷、黄海秋、黄海夏、苏镜、李雄、杨纯秀、朱坚等人。1927年2月，黄龙被调到省第一纺厂开展工运，党支部书记由沈望三接任，组织委员由姚韵梅担任。4月12日以前，国民党左派在湖南掌权，革命形势良好，党团员均可公开活动。党支部主要任务是团结和带领广大进步师生反帝爱国，支援北伐，因此经常动员学生走出校门，参加示威游行、贴标语、发传单、慰问北伐军战士等宣传活动。

此期的周南当之无愧地成为湖南人才的摇篮，从媒体的几次报道和校庆总结中可见一斑。1925年11月11日《大公报》载："其历年师范毕业生，服务社会，优良之成绩，可谓有目共睹。历年中学毕业生，升学国内国外各大学专门及毕业大学专门，服务社会者，岁不乏人。"[①]

这个时期，周南对于女生的培养已远远超越贤妻良母主义的窠臼，把女生视为民族国家的栋梁之材来培育。

---

① 《大公报》，1925年11月11日。

（四）

全面抗战爆发后，周南革命的烈火又燃烧起来了。当时学校又成立了地下党组织，杨开慧的侄女杨展任支部书记，李淑纯任组织委员。1938年，杨展带领一批同学奔赴延安，又转赴敌后根据地参加抗日战争。在一次行军途中，她从悬崖上跌落，不幸牺牲。还有一位去延安的校友覃士先同志，曾任《前进报》记者，后在和日寇的一次战斗中壮烈牺牲。

此时，周南成立了"女子青年训练团"，1937年下期开始实施军事训练，采取军事制度，把初高中女生全部武装起来，使"气习为之一变——由柔弱的小姐式变而为雄赳赳的武夫了，从前意志薄弱思想分歧的女同学，变而为救国救民，誓死报国前途上的战士了"①。借此，周南首开湖南乃至全国女子军事训练的风气，"打破数千年来旧礼教对妇女的束缚，为女子献身国家提供新途径"②。女生积极配合训育主任王瑛的工作，认同以女性的贡献论证女权必要性的男性路径，视女子军训为妇女解放的先声。正是借助军训这一载体，女生体认到了肩负的重任："现代有知识的女子，应该做一个女界的领导者，领导一般妇女去冲破一切阻住你们前进的东西。不过先从自己的身上做起——应先从自己武装起来，那才好去要人家去做，那才好去武装别人。"③ 1937年9月14日，当谢冰莹组织湖南妇女战地服务团时，陈袁祥、瞿剑尘、萧喜英、欧阳澄4名女生踊跃参加，毅然踏上民族解放战场，并自觉把战场见闻以书信形式通告师生，鼓励在校同学随时做好应战准备。

在抗日战争中，尽管师生流离转徙，备尝艰苦，但都能同仇敌忾，爱国热情普遍高涨，精神振奋。学校迁至蓝田后，组织师生积极参加了抗战的宣传活动和社会教育工作，效果显著，博得了社会人士的好评。周南女性在国难当头之际，毫不犹豫地投身民族解放斗争，服从于民族主义所秉

---

① 彭连英：《周南教导·下编》，1937年，第7页。
② 雷淑润：《周南教导·中编》，1937年，第40页。
③ 李世元：《周南教导·中编》，1937年，第18页。

第〇章　女界洪钟

承的救亡图存国家大计。

余响满园

朱剑凡是湖南现代著名革命教育家，他首创周南女学，将之发展成为湖南私立教育的翘楚，并为社会和革命培养了大批的人才。他的教育思想颇具特色并有很强的生命力，对当前的教育事业仍有启发意义。而作为近代著名的女学教育家之一，朱剑凡女子教育思想与实践对中国教育事业的发展与改革有着极其重要的影响。他将女学适时纳入新式教育体系，拟定女子教育目的、改革女子教育内容、提出富有创见的教学方法、加强校园管理与建设等，都是对"女子无才便是德"的教育观的重击，在某种程度上加速了近代妇女解放运动的进程，同时也撼动了近代社会性别制度的根基。周南女校为妇女求学提供了巨大的舞台，大批追求进步的青年涌入周南，在周南学习文化，学习救国救民的道理，精神世界发生了革命性变化，周南女校是孕育女性精英的摇篮。他敢于突破传统禁锢、充满创新精神的教育实践，还给了我们一个重要的启示：创新的成功需要创新者具备一定的识见、能力和敢为人先的魄力，坚定的信念、坚强的意志等是人才的基本素质，而教育则是培育这些素质的最主要的途径[①]。

历史上的周南女校，在不同的时期，反对过各种各样的国内外反动势力：从腐朽的晚清政府到窃国的袁世凯，从地方军阀张敬尧到日本帝国主义，从叛变革命的汪精卫到独裁专政的蒋介石，并始终"保持着旺盛的革命斗志和激情"。自1905年周南开办以来，无论旧时代还是新时代，无论乱世还是盛世，周南人都秉着一颗纯真的心，投身时代，奉献祖国，为民族的存亡而奋斗。湖湘教育，因为有了她而增色；中国历史，因为有了她而添彩。尤其是在中国的近代史上，像这样一所女子中学，在短短的几

①　周秋光：《朱剑凡及其教育思想》（序言），《湖南师范大学教育科学学报》2005年第6期。

十年间，培养出了如此多的中国知名女界精英；引导如此多的周南女子投身到革命的洪流中，和中国男儿一道，抛头颅，洒热血，为了国家和民族殉身不恤，其"心忧天下的爱国主义传统，经世致用的价值取向，敢为人先的开拓精神，敢作敢为的斗争精神"毫不逊色于男子，可谓之历史奇观。朱剑凡的家是"败了"，但从他"家"走出来的女性却足以让他名垂青史。让我们看看他的女弟子：这里先后走出去了杨开慧、向警予、杨展等革命烈士；蔡畅、劳君展、丁玲等社会名流；还有执着于教育事业的蒋葆逊、蒋玳逊、王钰等，她们为国家的发展做出了巨大贡献。……可以说，朱剑凡的周氏家塾和此后的周南女学堂（以后曾多次更名）是中国近百年培养女性精英的"黄埔军校"。相信千余年前破了天荒的刘蜕闻知此事，也要把"破天荒"的称号拱手相让，因为相比蜕园首任主人，末代主人朱剑凡更有资格承受这三个字①。

虽然岁月沧桑，时代变迁，但今天，当我们念到向警予、杨开慧、蔡畅、陶斯咏、丁玲、劳君展、朱仲丽、钟期荣、帅孟奇、曹孟君这些名字的时候，我们都不由得对这所地处老城旧巷的百年中学产生深深的敬意，她不愧是"妇女人才的摇篮"和"女革命家的摇篮"。

而毛泽东在1919年与这所长沙女校的交集，则更给女校的传奇故事涂上了一抹亮丽的色彩。在毛泽东的支持下，《女界钟》对推动妇女解放运动产生了广泛的影响。《女界钟》敲响了捣毁"孔家店"，砸碎"三纲五常""三从四德"的枷锁的斗争钟声。有人曾这样说：《女界钟》的声音，震惊了腐朽的封建社会，也唤醒了一部分沉睡的妇女。也正是在毛泽东和《女界钟》等的推动下，赵五贞事件在五四新文化运动话语中，逐渐成为妇女反抗旧婚姻制度牺牲者的典型事例，具有了五四新内涵。

在长沙新文化运动中，"当时的长沙楚怡学校、周南学校、修业学校等，可以说是提倡新思潮，组织革命进步活动的大本营"。特别是作为女

---

① 孙健：《1930年代朱元璋后人曾代毛泽东抚养毛岸英兄弟》，《党史文苑》2011年第3期。

校的周南，在毛泽东的影响下更成为长沙女子解放运动的中心。1920年2月18日，北京《晨报》关于长沙新文化运动的报道称："（长沙）女子组合底学会，长沙女子最高要求的机关只有周南和第一女师范，所以女子最高底程度就是两校底毕业生女子：文化底中心也在他们身上。"该报道肯定了周南女学生的社会影响。①

　　女界钟回荡在中国大地上，她以湖湘人特有的气质和韵律，在中国近现代史上写下了浓墨重彩的篇章，今日之周南，唯有继承之，发扬之！

周南钟楼（新校区）

---

　　① 尹旦萍：《女性自己的声音——新文化运动时期女性的女性主义思想》，《湖北省委党校学报》2004年第3期。

第三章　新民史话

相约刘家台子

1911 年的辛亥革命，结束了中国几千年封建帝王的统治，使久受专制奴役的人民在精神上得到一次解放。但是，由于资产阶级的软弱，又没有得到最大的革命民主派——农民的支持，这次革命的首要果实——国家政权落入以袁世凯为首的北洋军阀手中。正如毛泽东后来所说的："辛亥革命只把一个皇帝赶跑，中国仍旧在帝国主义和封建主义的压迫之下"。中国社会的基本矛盾并没有解决。帝国主义及其走狗豪绅、买办阶级所豢养和扶植的各派军阀互相争夺，内战不断，陷全国人民于水深火热之中。乡村农民和城市小资产阶级日益走向破产和没落的境地。同城乡小资产阶级有联系的广大爱国知识分子和青年学生，愤于中国社会的黑暗，只能默默地继续寻找救国救民的出路。

（一）

1918 年的古城长沙，躁动不安。

当时的北洋政府任命张敬尧为湖南督军兼署省长。张敬尧督湘后，肆无忌惮地鲸吞湖南人民的财富，实行残暴统治，引起公愤。当时有一首民谣这样说："堂堂乎张，尧舜禹汤，一二三四，虎豹豺狼。"湖南的出路在哪里？一群年轻人在思考，在求索。

4月14日，周南女子中学的国文教员陈书农早早地从学校后门出来，经泰安里，至湘江边，再坐渡船至河西岳麓山脚，刚下渡船便取道小径直奔刘家台子而去。

刘家台子又名周家台子，是一座墓庐式的木结构的青瓦平房。房外环以竹编院墙，左有菜地，前有朝门、水塘。房子的槽门口挂着"沩痴寄庐"四个字的铜牌。这里现在是蔡家，蔡和森一家（母亲葛健豪，姐姐蔡庆熙，妹妹蔡畅）住在这里。蔡母葛健豪租居这房子时，房主叫周方，是蔡和森在高等师范的同学。这里位于溁湾镇，距高等师范近，房子也宽敞，很快就成了蔡和森同毛泽东、张昆弟、罗学瓒等有志青年经常聚会的地方。

陈书农远远地见到两个挎着篮筐的年轻女子从院门出来。走近一看，其中一个他认识，正是同为周南女校教员的蔡畅。

"蔡先生好！"陈书农招呼道。在周南女校，蔡畅年轻活泼，很受学生欢迎，大家都叫她"蔡先生"。

"你来了？他们在里面正等着你呢。你进去吧，我和姐姐去买点菜，母亲说了，都要在家吃饭，得好好犒劳你们的。"蔡畅高兴地走了。

陈书农刚推开院门，就听到毛润之的声音从堂屋中飘出。"我同意蔡君的意见，就叫新民。古人说，苟日新，日日新嘛。"堂屋内坐满了人，萧子升、萧子暲、何叔衡、陈赞周、毛润之（毛泽东）、邹彝鼎、张昆弟、蔡林彬（蔡和森）、邹蕴真、周明谛、叶兆真、罗璈阶，济济一堂。

"润之，你同意什么呢？"陈书农还没有弄清楚状况，问道。

原来今天是大家一起来讨论关于成立一个青年人学会之事的。关于学会的会名，蔡和森提出，取名"新民"。蔡和森以前阅读梁启超的文章《新民是当务之急》①，文中对"新民"的解释："应采补其所未无而新之，以建设新中国一种新道德、新思想、新精神"，给了他很大的启发。他认为"新民"中蕴含了进步与革命的意思。梁启超更在1902年《新民

---

① 蔡和森：《蔡和森文集》，人民出版社1980年版。

丛报》创刊的发刊词中说："本报取大学新民之意，以为欲维新我国，当先维新我民。中国所以不振，由于国民公德缺乏，智慧不开，故本报专对此病而药治之，务采合中西道德以为德育之方针，广罗政学理论，以为智育之原本。"又因《大学》中有"大学之道，在明明德，在亲（新）民，在止于至善"。最后，大家都认为"新民"能较好地反映成立学会的精神和大家的理想，一致赞同。于是，新民学会这个产生了重大影响的名字就诞生了。

大家都坐在堂屋中开会，讨论完会名，又围绕着学会的章程、机构、活动等事项展开了热烈的讨论。毛泽东和邹彝鼎在之前就商量、起草好了会章，"条文颇详"。由于萧子升"不赞成将现在不见诸行事的条文加入"①，大家又共同讨论，将会章进行了删减，共形成十一条。在毛泽东、蔡和森、邹彝鼎等的倡议之下，与会人员经过讨论，最终确定新民学会以"革新学术、砥砺品行，改良人心风俗"为宗旨，要求入会成员必须在学识和品性上，严格要求自己，并能够起到振奋人心，改良社会风气之作用。学会将长沙定为总部，学会会章规定会员须遵守如下纪律：一、不虚伪；二、不懒惰；三、不浪费；四、不赌博；五、不狎妓。大家就这样讨论着，不知不觉就到了午饭时分。蔡母葛健豪从厨房出来，招呼道："开饭，开饭咯！"

是时，蔡畅每月还只有八元的微薄收入，家里的生活还是相当困难的。葛健豪向原来的房主租了半亩菜地，每天带着长女蔡庆熙下地种菜。当家里粮食不足时，她与女儿仅以蔬菜或蚕豆为饭，把粮食节省下来，供儿子招待毛泽东等同学。毛泽东等对她非常敬仰。他们每次来，总是问过一声"蔡伯母好"以后，就先到菜地里去帮她干一会儿活，然后才进屋同蔡和森讨论问题。蔡母最喜欢听这些青年谈论问题，每当大家来家里聚会时，她总是坐在一旁静听，有时甚至参与讨论。

今天的这顿丰盛午餐，就当是庆贺新民学会的成立了。

---

① 《新民学会资料》,《中国现代革命史料丛刊》, 人民出版社 1980 年版。

（二）

用过午餐，大家继续就外部发展会员等一些未尽事宜展开激烈讨论，毛泽东看着这些热血沸腾的同道者，想到今日新民学会终于成立，不禁感慨万千。

毛泽东回想起三年前，正值《二十一条》国难时期，自己就以"二十八画生"为

新民学会旧址

名，向长沙各学校寄送征友启事。启事大多被贴在了各学校的传达室内（征友启事原文：二十八画生者，长沙布衣学子也。但有能耐艰苦劳顿，不惜己身而为国家者，修远求索，上下而欲觅同道者，皆吾之所求也。故曰：愿嘤鸣以求友，敢步将伯之呼。敬启者二十八画生）。于是，不知不觉竟在短短的两年时间里，在自己周围聚集了一大群有识青年。平日里，只要一有时间，大家就围炉夜话，畅所欲言，广泛讨论，已经就"如何使个人及全中国、全人类向上"等问题举行了上百次的讨论，卓有成效。只是近来，毛泽东觉得自己以及同志的品性仍需要大改造，学问要大进步，因此求友互助之心热切到十分。同时，毛泽东看到国内的新思想、新文化已经风起云涌了，顿觉有一种强烈的紧迫感需要团结同志，实现"团体之生活追求"。

毛泽东想到前一阵子向湖南省立第一师范和高等师范的伦理学教员杨怀中先生讨教时，杨先生建议他有组织地开展团体之学术追求，更让他坚定地认为必须"集合同志，创造新环境，为共同的活动"①。

于是，上次来蔡家做客时，毛泽东向蔡和森提出，共同发起成立一个

---

① 《新民学会资料》，《中国现代革命史料丛刊》，人民出版社 1980 年版。

组织严密、目标明确的学会，以实现团体之进步，以革新学术，砥砺品性。蔡和森听后大加赞赏，拍案称好。两人遂连夜讨论起组建学术团体的细节来。

当毛泽东回忆的时候，大家讨论到推举学会领导人议程上。蔡和森、邹彝鼎等人边笑边望着毛泽东说："今天我们学会成立，会是润之发起的，功不可没，对于学会的成立他贡献也是最大的，而且润之兄德才兼备，思想独到，应该能够带领我们学会为革新而进步。我们一致推举润之出来担任学会的总干事。不知大家意下如何呢？"听到蔡和森等人如此倡议，不少在场的同仁志士也齐声附和称好。

毛泽东听后先是一笑，然后边摆手边站起来说，谢谢大家这么看得起我毛泽东，但润之真是无德无能，才疏学浅，不能担任此学会要职，总干事一职最好由有一定社会影响力的同志担任更好，并推脱再三。大家看毛泽东如此谦让，于是大家进行了下一轮的推选，最终推举萧子升为学会总干事，毛泽东、陈书农担任干事。

学会成员李维汉后来在《回忆新民学会》中这样写道："是日，天气晴和，春意盎然，一派生机勃勃的景象。"①

散会时，年轻人围作一团，互相搭起肩膀，攥紧拳头，高喊口号，互相勉励，信心满满，甚是兴奋。

---

① 李维汉：《回忆与研究》（上），中共党史出版社1986年版。

北大图书管理员毛泽东

（一）

新民学会成立后，一方面致力于发展会员，另一方面则大力"发起留法运动"。

1918年6月，新民学会在长沙第一师范附小召开会议，专门讨论"会友向外发展"，大家"对于留法运动认为十分必要，应尽力进行"，并确定进行留法运动，由萧子升和蔡和森全盘负责进行运作，由毛泽东负责在湖南进行号召和组织工作。

先行进京的蔡和森、萧子升很快受到了新文化运动的强大影响。蔡和森在给毛泽东的回信中说："杨师（杨昌济）东奔西走，走了十年，仍不过是能读其书而已，其他究何所得！"又说，"三年之内，必使我辈团体，成为中国之重心点"，思想上已然突破了新民学会最初"革新学术、砥砺品行，改良人心风俗"的会章宗旨。

为了发动和组织新民学会会员赴法国勤工俭学，毛泽东等新民学会成员20余人于1918年8月乘火车来到北京。在新民学会的组织下，湖南陆续到京准备赴法的青年达50多人。

在北京毛泽东与萧子升、蔡和森等会合，一大伙人租住在两间简陋破旧的小平房里，八人同炕，共被同眠，连翻身都要跟两旁的人打招呼。活动经费的欠缺，生活的窘迫，让这群年轻人很快意识到发起运动，拯救民族，必将是异常艰难，举步维艰的。但，他们热情似火，意志如铁。

在完成了组织留法这项工作后，毛泽东暂时滞留北京。1918年秋季，毛泽东借助杨昌济教授的推荐，前往北大图书馆找李大钊，请他给安排一个临时工作。李大钊为毛泽东安排的工作地点在期刊阅览室。

李大钊对毛泽东有了初步了解以后，觉得这是一个很有思想的年轻人，就萌发了要引导他进一步去改造社会的想法。当时，许德珩、高君宇、张国焘正在发起国民社，傅斯年正在酝酿发起新潮社，邓中夏正在发起平民教育会。这些激进的学生社团都邀请李大钊做顾问。于是，李大钊介绍毛泽东进入这些社团，并告诫毛泽东好好在图书馆里学习新知识。

（二）

毛泽东从来就不甘寂寞，从来就想有所作为。李大钊为他打开了一扇门窗，让他知道了许许多多激进青年正在为改造社会做出实际行动；也为他指出了前进的道路，他一定会全力以赴，沿着这条道路前进。为此，只要一上班，他就反复地阅读各种各样的进步书刊。他不仅读到了一些马克思的著作，知道了马克思主义，也接触到了克鲁泡特金的无政府主义。

这一天，他刚来上班，就有一个四十来岁的精干的中年人径直地进入了图书馆主任的办公室。不一会儿，李大钊就把毛泽东叫了过去，对那个中年人说道："仲甫，这位就是毛泽东，来自湖南的一个很有思想的年轻人。"

原来那个人就是陈独秀！毛泽东心里非常激动。

陈独秀说道："毛泽东，不错，是一个很好的名字。听说，你在湖南第一师范学校的时候，就把学友会发展成为新民学会，赋予了政治主张。很有气魄，很有思想，也很有见识嘛。"

"我早已读过陈先生的文章，还跟陈先生有过一段渊源。"毛泽东说道。

"哦？"陈独秀既感到纳闷，又很有兴趣地盯着毛泽东。

"去年，我曾经写过一篇《体育之研究》，托杨昌济教授转给陈先生，就在陈先生的《新青年》上发表了。"毛泽东解释道。

"二十八画生！"陈独秀一向记忆力惊人，马上就想起来了，"不错，毛泽东，二十八画。去年，你还是一个学生，就具有穿透一切的领悟力，的确不简单。'野蛮其体魄，文明其精神'，我至今想起这句话，还觉得畅快。"

"有了健强的体魄，有了大无畏的精神，就可以投入行动。"李大钊

也感到欢欣鼓舞，说道，"这是新青年必须具备的整体素养。"

"现在，我们不是也看到了毛泽东的行动吗？送勤工俭学的学生赴法留学，以振兴湖南，想法已经很好，又可以身体力行，实在配做青年人的楷模。"陈独秀说到这里，马上转移话题，说道："不过，你的眼光似乎还不够宽阔，不仅仅只看到湖南，还要看到整个中国。要振兴中国，改造中国，就需要大量的人才去外国留学，学到外国的科学和民主。"①

陈独秀果然不愧为一代新文化运动的旗手，眼光犀利，一眼就可以看穿问题的实质。毛泽东不禁意识到，这就是陈独秀举办《新青年》倡导的东西了。自此以后，他心里就一直放不下陈独秀，更为李大钊能够介绍自己认识新文化运动的主将而欣喜万分。

过了两天，李大钊让毛泽东值完班之后，就去接待室，帮助他处理一些事情，接待一些读者，拆看一些从各地邮寄过来的信件，然后整理出来，向他汇报。几乎只要有空闲，李大钊都会询问毛泽东当天看过了什么书籍，领悟到了哪些内容。

有一次，听完毛泽东的汇报，李大钊说道："克鲁泡特金的无政府主义和马克思主义，一个是从俄国传进来的，一个是从德国传进来的，在理论上，似乎都可以成为拯救混乱不堪的世界的良方。做一做研究，先不要下结论，等研究透彻了，针对中国现在的处境，确定哪一种主义更适合于中国，是我们要走的路。也许，我自己现在对这两种主义也没有研究透。但是，老实说，我更加倾向于马克思主义。我已经写过一篇《法俄革命之比较》，有时间，你也可以看一看，提出你自己的思想嘛。"

就这样，在李大钊的指点下，毛泽东不仅如饥似渴地阅读克鲁泡特金的著作，也阅读马克思。李大钊对于法国革命和俄国革命的分析，让他觉得俄国革命比法国的革命有了巨大的进步，那就是唤起民众，建立了一个打倒资产阶级的政权。这个政权难道不是自己一直在寻找的吗？在当年上私塾的时候，曾经听说过长沙的饥民因为想吃上一口饭，就受到了清政

---

① 曾珺：《毛泽东与陈独秀的交往历程》，中国共产党新闻网。

府的残酷镇压。现在的中国，外有各帝国主义的侵略，内有腐朽的不顾民众利益的北洋军阀统治，再加上北洋军阀跟南方军阀之间的连年战争，导致到处啼饥号寒，到处民不聊生，连自己这个读过书的青年人，也几乎落入差不多濒临乞讨的境地。如果建立一个类似俄国革命之后的政权，究竟会怎么样？或者建立没有政府的统治呢？没有政府的统治，岂不是说就没有了腐败，没有了统治阶级对被统治阶级的压榨吗？李大钊先生说过，自己可以好好研究这两种主义，就研究吧。

（三）

跟两位新文化运动的主将有了很好的交往后，毛泽东渴望跟更多的人交流，也渴望获得更多的知识。于是，他热心地跟每一个来到阅览室的读者攀谈。可是，似乎谁也听不懂他那浓重的湖南口音。他无法跟人交流下去，便迫不及待地想要参加各种各样的活动，以提高自己。在闲暇时间，他先打听到了北大有哪些教授在举行讲座，就准时出现在现场旁听。

这一天，阅览室不开放，哲学研究会和新闻研究会也没有活动，他一样来到了图书馆，想向李大钊请教一些问题。他走进接待室，看到好几个学生正坐在那儿，热情洋溢地说着话。

原来，他们就是国民杂志社的发起人易克嶷、许德珩、张国焘。有李大钊从中介绍，国民杂志社的发起人纷纷希望毛泽东加入国民杂志社。

毛泽东非常感激李大钊，便时刻想着为国民杂志社做一点什么。可是，过了很久，国民杂志社竟然没有动静。这天，他恰好老远就看见了张国焘，连忙迎上前去，说出了自己的想法。

"不敢有劳你的大驾。特立虽说不才，写点文章还是不成问题的。"张国焘说到这里，扬长而去。

这个时候，邓中夏出现在他的面前。邓中夏知道毛泽东在长沙开办过夜校，他如今正在组织平民教育会，希望毛泽东成为其中的一分子。

毛泽东赶紧答应下来，参加了平民教育会的工作。

毛泽东再也不觉得日子是多么难熬了。他已经交到了新朋友，而且跟

原来的朋友罗章龙的关系更为亲密了。他们每一个星期，都会分头去北京各地对平民们进行文化教育，也灌输一些爱国的思想。

湖南学生已经从预备留法学校里结业，准备分批从上海搭乘去法国的远洋客轮，正式踏上赴法的行程了，他得送他们赴法国留学。这时他突然接到消息，说是母亲病重，得赶回湖南服侍母亲，因而，不得不离开北京。

两位新文化运动的主将已经为毛泽东指出了以后的道路，使得他已经隐隐约约地树立起了一种理想，也具有了为了实现理想去打拼，百折不挠，愈挫愈奋的精神。他俨然已经接受了社会革命，拥有了敢为天下先的战斗精神与意志。

后来毛泽东对妻子杨开慧说，在京城与不少人士接触，自觉思想境界、眼界有了很大的开阔。以至于到了1918年冬天，在湖南第一师范求学的青年毛泽东回到韶山冲过春节时，一进屋就兴高采烈地对弟媳王淑兰说："俄国已经共产了，我们中国也要向它学，闹革命，搞共产！"王淑兰吃惊地说："搞革命危险，搞得不好要被杀头啦！"毛泽东斩钉截铁地说："杀头也要干，为了救中国和全国人民，个人和家庭作点牺牲有什么要紧？"①

此时的毛泽东，俨然成了誓要革命的斗士，已经铁下心肠，打定主意，注定要走上革命的道路了。

湖南学生联合会和自治运动

（一）

1919年4月6日，毛泽东从北京辗转上海回到长沙，受到英雄般迎接，新民学会的会员们在车站接住毛泽东，大家握住双手，久久不想松

① 萧三：《毛泽东同志在五四时期》，岳麓书社1997年版。

开。会员们就像嗷嗷待哺的思想幼鸟，急需了解新文化运动的思潮，急需了解留法运动的全国态势。

新民学会连夜召开会议，请毛泽东给大家汇报这次北京、上海之行的收获。毛泽东向大家介绍了自己和新民学会成员在北京的生活，也谈到了思想上的收获以及与陈独秀、李大钊等人的接触。他动情地对会员们说："俄国已经成功发起了共产革命，他们找到了一种打倒帝国主义的方法，我觉得我们中国不妨借鉴。但具体怎样操作，我现在也不是很清楚。"同时，他要求会员们从现在起，就转变思想，开始走实际的救国路线。他让会员们首先发动民众反抗独裁军阀的统治。大家听后，热血沸腾，隐隐感觉毛泽东有了一种无比清晰的思考。

次日，毛泽东开始发动会员马不停蹄地前往周南女校等学校，广泛组织团结有为青年，联系对当时专政统治湖南的军阀张敬尧表示不满的教育界人士。

周南女校的校长朱剑凡先生也知道了毛泽东从北京归来的消息，他隐约感到这群年轻人的思想上起了大变化。他甚至能够感受到自己学校的那些女生们，都对毛泽东和他的新民学会有了莫名的崇拜。

一天，周南女校校长朱剑凡正在蜕园书房冥思苦想办学的事情，突然小女儿朱仲丽跑过来说，有一个瘦高的，叫毛泽东的年轻人来家里拜访。于是，朱剑凡赶紧让女儿把来访者领进书房来。青年毛泽东激动地拜见了这位知名的女校校长，向他描述了自己在北京的所见所闻所感，并表达了希望得到老校长支持的想法。朱剑凡一一表示理解和支持。

朱先生看着眼前这个朝气勃发的年轻人，仿佛看见自己当年东渡日本求学的影子，不觉心中甚为安慰。但他同时也感觉到，像毛泽东一样的这群年轻人正在从事一些危险的举动，不免又替他们担忧。

（二）

紧接着，五四运动的浪潮就风起云涌，席卷全国。京沪各地学校均全面罢课，大量学生参与到五四运动中来。

1919 年 5 月 25 日，邓中夏（湖南宜章人）、倪品真受北京学生联合会的委派回湘联络①。毛邓二人再次重逢，甚是高兴。邓向毛泽东等介绍了北京学生运动的情况，鼓动湖南积极开展学生运动，以形成全国学生运动的态势。毛泽东向邓介绍了新民学会的发起情况以及留法运动的开展情况，表示新民学会将积极响应全国号召，联合长沙各校发起学生运动。

毛泽东立即让新民学会会员前往长沙各校，去邀请学生代表来参加为邓中夏举办的欢迎会，并叮嘱大家一定要前往周南女校等女子专门学校发起邀请。

毛泽东主持了欢迎会。会上毛泽东向大家介绍邓中夏："这位前辈，湖南老乡，很了不起呢，是我们湖南人的骄傲，值得我们大家好好学学。他组织开展的平民教育会，在北京非常有影响力。"

周南女校也派遣了魏璧和劳君展两位学生代表参加。两人都是新民学会的成员，领导组织能力出众，思想觉悟高，深受毛泽东器重。

会后，毛泽东特地找魏璧和劳君展谈话，他让她俩在周南女校积极发动同学，为开展学生运动做准备，并希望她们俩能够担负起领导周南女校学生运动的职责。

随后，长沙各校在毛泽东的领导下，于 1919 年 6 月 3 日首先成立了湖南学生联合会，领导组织学生运动。

周南女校成为学生联合会中的重要成员。在学生联合会组织领导中，周南女校学生劳君展任学联宣传部长，周南女校的代表有魏璧等。学联宣传部长劳君展是个长沙妹子，大方出众，文章写得不错，干练厉行。学联代表魏璧也是土生土长的长沙人，自信文雅。两个长沙姑娘以干练火辣的性格，在学生联合会中，显得别具一格，特别打眼，真正巾帼不让须眉。

学联会址设在落星田商业专门学校，离毛泽东住的修业学校很近，他每天都到这里来和劳君展、魏璧等学联负责人研究学生运动的问题。

---

① 鲜于浩：《留法勤工俭学运动史稿》，巴蜀书社 1994 年版。

（三）

在毛泽东和学联的领导下，1919 年 6 月 3 日长沙各校开始罢课。长沙女校学生在 6 月 5 日开始罢课，周南女校学生在劳君展、魏璧等人的带领下率先参加。那天，一群身穿藏青色裙子，天蓝色上衣的女生在湘江边上集合，在新民学会几个男生的支持下，开始沿着湘江边上游行，呼喊"打倒帝国主义"等口号，声音不大，但有足够的穿透力，沿途不断有人加入到队伍中来。

6 月 6 日的《大公报》这样报道学生罢课运动："顷闻周南女校及省立第一女校学生，以近日省垣各男校学生纷纷罢课，独女校未有罢课之举，遂开会议决自昨日始，两校全体师范部罢课……周南女校罢课后，各女生遂仿各男校办法，组织演讲、调查、交际、编辑各部，分股办事，无稍懈。"[1]

在周南女校学生运动的影响下，长沙各女校学生运动广泛开展起来。长沙各女子学校代表于 1919 年 6 月 10 日成立长沙女学生联合会，对提倡国货、翻译白话等事，均积极进行讨论。6 月 17 日女学生联合会改组为长沙女学生励进会，以增进女学界之幸福及提倡女子服务社会之责任，已经不再以提倡国货为限。

周南女子学校学生更为积极主动，在新民学会成员劳君展、李思安、魏璧等人的带领下，更在毛泽东的直接影响下，俨然为长沙女界的表率。6 月 24 日周南学生参加湖南学生联合会在湖南省教育会处召开的四烈士追悼会。1920 年 1 月进步女学生团体旭旦学会成立，成员多是周南女校和湖南第一女子师范学校的学生。2 月，毛泽东建议旭旦学会会友应该经常开谈话会，以统一思想，形成合势。

同时，毛泽东要求各校学生会尽快出版自己的刊物，以宣传新思想，

---

① 唐振南、赵从玉：《风华正茂的岁月——新民学会纪实》，湖南人民出版社 2008
年版。

并建议成立学生周报联合会。一时，以湘雅医专的《新湖南》和周南女校的《女界钟》最为突出，蔚成新风。

那时，腐朽军阀张敬尧主湘，不准学生出版刊物，并勒令省城各印刷局不准代印，所以很多进步学生周刊被查禁。《女界钟》周刊作为周南女校学生组织的自治会的刊物，"影响最大"，大大推动了妇女解放运动。刊物以大量的篇幅宣传反帝、反封建、反军阀、反对养童养媳，提倡妇女解放，每期发行量达五千册，在长沙广大群众和妇女界中影响很大！

该杂志一直是在毛泽东的支持下创办和发展的。该刊总编辑、周南女校学生周敦祥回忆：担任总编辑时很是担心办不好这个刊物。毛泽东同志知道了，连忙来我家里，鼓励我说，你怕什么，好好搞吧，我们支持你呢。毛泽东同志不仅勉励我树立信心，而且还给这个周刊写文章"支持把它办好"。长沙发生赵五贞自杀事件后，毛泽东同志建议《女界钟》出一期特刊，附于第四期。文章主张改革父母包办的封建婚姻制度，"代之以婚姻自主"的自由恋爱。《女界钟》出了五期后被张敬尧借口未经登记而查封。后来，《新青年》称："《女界钟》为中国完全由女子倡导妇女解放的杂志，恐怕这《女界钟》，为独一无二的了。"

文化书社

（一）

1920年初，为宣传马列主义，推动新文化运动在湘的传播，毛泽东、何叔衡等人决定发起成立一个文化团体——文化书社。

文化书社得以发起，还有一个主要原因。1920年6月，北洋军阀张敬尧被湖南人民驱逐出湘后，谭延闿、赵恒惕打着"为民除害"的旗帜入主长沙。为了装饰"自治"的门面，他们宣布允许民众自由结社、出版等。于是新的书报可以自由贩卖了，各种新的团体乘机而起，湖南出现了一点民主气氛。

7月7日，毛泽东从北平回到长沙，立即利用这一政治环境，积极从事新文化运动传播和马克思主义的活动。

传播马克思主义，进行新文化运动，必须有一个宣传阵地。为此，他同新民学会骨干彭璜、何叔衡、易礼

水凤井文化书社旧址

容等在长沙四处奔走，邀集教育界、新闻界进步人士发起成立了一个新文化团体——文化书社，以解决宣传阵地的问题。

7月31日，长沙的报纸上刊载了由毛泽东起草的一篇文章《发起文化书社的缘起》。文章说：我们之所以要发展新文化运动，是因为"当时的湖南，还没有真正的新文化"。"不但湖南，全中国一样尚没有新文化"。"没有新文化由于没有新思想，没有新思想，由于没有新研究。没有新研究，由于没有新材料，湖南人现在脑子的饥荒，实在过于肚子的饥荒，青年人尤其嗷嗷等哺"。"我们的责任就是要在全中国培植真正的新文化，而且要从我们居住的附近没有新文化的湖南做起"。① 文章简练精悍，一针见血地阐明了开展新文化运动的必要性，向湖南人民吹响了宣传新文化运动的号角。同时还宣告，他们创办文化书社的目的即在于用"最迅速最简便的方法介绍中外各种最新的书报杂志，以充青年及全体湖南人新研究的材料。"②

为了解决经费问题，长沙文化书社以公开社务的方式，向社会广征资金。"我们不知谁是愿意帮助我们的，自然不好到处去问，唯有将社务公开起来，庶几同情于我们的人，好自动的予以帮助。"《文化书社组织大纲》明确规定了投资方式，无论何人，只要与书社宗旨相符合，自一元

① 《毛泽东早期文稿》，湖南出版社1990年版，2008年修订版。
② 李家玉：《毛泽东与文化书社》，《新华书目报》，2011年10月28日。

以上均随时可以投入。在书社筹办和营业期间，陆陆续续有人投资，参与到文化书社传播新文化、新思想的事业中来。关于书社开办费，从《文化书社社务报告》第一期的记载和文化书社经理易礼容于 1979 年 5 月 17 日的回忆，创办文化书社时"只有 20 块钱"，是由湘雅医科专门学校斋务兼庶务主任赵运文（即赵鸿钧）经手借来的。

在筹款的过程当中，周南人为文化书社的创立，做出了重要贡献，参加发起和投资的有多名新民学会会员，"新民学会的得力人物，就是文化书社的得力人物"①。

文化书社初设，周南诸人就成为第一批的投资者，朱剑凡投光洋一元、纸洋九元，陶毅投光洋十元，陈书农投纸洋十元，都是主要投资人之一，也是书社的总社社员。此外，吴毓珍、仇鳌亦有投资。其中先后三次投股者有姜济寰、周世钊两人，三次投股光洋 1 元，纸洋 9 元，钱 100 文。1924 年，文化书社出现一次亏损，中共湘区执行委员会曾下拨 800 元为书社清理债务。

（二）

1920 年 8 月 1 日文化书社召开了发起人会议，通过了组织大纲，20 日租用长沙潮宗街 56 号湘雅医学校的三间房子作为社址。文化书社遂正式登上了湖南的政治舞台。书社后搬到贡院东街（今中山东路），最后又迁到水风井。

8 月 25 日，《大公报》全文刊载了毛泽东草拟的《文化书社组织大纲》。9 月 9 日，书社开始营业。10 月 22 日，文化书社召开了第一次议事会，推易礼容为书社经理，毛泽东为交涉员。营业员开始只有一两个人，随着书社的发展，增至七八人。

文化书社最初销售的书籍有 160 种，杂志 40 多种，报纸数种，这些书报大部分是随到随卖完，供不应求。购书者大多是青年学生，其次是教

---

① 《新民学会资料》，《中国现代革命史料丛刊》，人民出版社 1980 年版。

育界人士。为了方便购书者，扩大销售面，毛泽东非常注重向社会各界介绍文化书社的动态和销售情况。

11月10日，毛泽东拟订了《文化书社通告好学诸君》一文，详细地介绍了文化书社从开始营业到1921年3月底为止的销售情况。其中销售达100至200本以上的书，有《马克思资本论入门》《罗素社会改造原理》《胡适中国哲学史大纲》《蔡元培伦理学原理》；销售最多的书刊为《社会主义史》《旅俄六周见闻记》《现代思潮批评》《新俄国之研究》《劳农政府与中国》《晨报小说第一辑》；销售最多的报纸为《劳动界》（5000份）、《新青年》（2000份）、《新生活》（2400份）、《新潮》和《新教育》等；最畅销的刊物是中国共产党中央和社会主义青年团中央的机关刊物《向导》《中国青年》《先驱》。由此可见，文化书社创办不久就发展成为传播新文化、新思想的重要阵地，也是广大青年学生光顾最多、受教育最深、受鼓舞最大的地方。

文化书社建立后，与省内外各地文化单位建立了广泛的联系。据统计，书社成立后半年内，就与省内外各地文化单位发生了营业来往关系。来往最密切的有武昌利群书社、广东新青年社、上海泰东书社、亚东图书馆、中华书局、北京大学出版部、北京晨报社、北京学术讲演会等。文化书社还在北京等地派驻有代表，开展业务活动，并在省内积极帮助长沙一些学校设立贩卖部，制订了《分社简章》，计划在全省75个县市开设分社，以便建立一个强大的文化传播网络。到1921年3月，已在周南女校、长沙第一师范、一师附小等七校设立贩卖部，在衡阳等县市建立了分社和代销处。这些分社，代销处和贩卖部的负责人多半由新民学会会员及其他一些进步青年担任，毛泽东等人通过文化书社和分社、代销处，迅速将新文化运动推向全省，同时还通过书社的业务活动，与全国各地的革命团体建立联络关系。

文化书社不仅对湖南的新文化运动起了巨大的推动作用，为在湖南发展党团组织做了很重要的准备工作，培育了革命的基础，而且还为湖南筹建党团组织积累了一定的物质条件。湖南早期的党团组织建立后，文化书

社及其贩卖部、分社、代销处大多被用作党团的通信联络机关或活动场所。到大革命时期，湖南省凡有党和团的地方，差不多都设有文化书社的分社和代销处，或书报贩卖部。

1926年，因资金紧张，易礼容向国民革命军第二军军长谭延闿争取拨款，以维持文化书社业务，谭延闿分两次共拨了四百毫洋作为书社经费，这两次资金的注入属于资金的捐助，为书社的股本，不可收回，亦不计利息。（朱剑凡的亲戚、曾任湖南省督军兼省长的谭延闿的两个女儿谭淑、谭祥均毕业于周南女校。）

长沙文化书社及各分社为党组织在湖南的成立奠定了思想和一定的组织基础，为革命事业的发展做出了贡献。文化书社销售的《社会主义史》《劳农政府与中国》《中国青年》《劳动界》《新青年》等进步书刊，当时许多人通过阅读这些进步书刊而懂得了革命道理，转变了思想，走向了革命道路，这为党组织在湖南成立奠定了一定的组织基础。

此外，文化书社亦成为中共党员的避风港。1925年刘少奇回湖南养病，便是住在长沙文化书社内。刘少奇于1925年12月16日在长沙文化书社被赵恒惕的戒严司令部密缉队逮捕。文化书社社员何叔衡闻讯立即与党组织设法营救，不但组织其他分社成员积极营救刘少奇，而且发动宁乡知名人士、当权人物，如宁乡籍省参议、健学会成员、周南女校校长朱剑凡，以及何叔衡的好友，任过长沙县知县的姜济寰等找赵恒惕保释刘少奇。他们都是文化书社的发起人。

文化书社对湖南乃至全国的革命，都产生了积极而重大的影响，"马日事变"后，文化书社被反动派查封，其活动才被迫停止。

泰安里的荣耀

（一）

"诸君！我们是女子，更沉沦在苦海。我们都是人，为什么不许我们交际？……无耻的男子，无赖的男子，拿着我们做玩具，教我们对他们长期卖淫。破坏恋爱自由的恶魔！破坏恋爱神圣的恶魔！""（妇女）应有参政、交际的自由。不应成为男人的附庸，更不应恪守腐朽的封建道德伦理观念。""要进行我们女子的联合。"①

1919 年 8 月的一天，长沙市周南女校的几位女学生，在宿舍内围成一团，正在阅读一份皱巴巴的油墨小报《湘江评论》上的一篇文章《民众的大联合》。大家情不自禁地小声朗读着这篇署名为"泽东"的慷慨激昂的文章。

为首的女生名叫周敦祥，湖南长沙人，她小声地对其他几个女生说，毛泽东这篇文章写得真好，用女性的口吻，把我们妇女内心的一些想法表达了出来，毛泽东的思想真的好独到啊！

（二）

彼时的青年毛泽东，在新民学会中担任干事，并创办了《湘江评论》来宣传新思想，以唤醒和提高民众的觉悟，推动民众投入到谋求自身解放的运动中去。他将妇女问题与中国整个社会的境况与妇女解放联系起来。早在 1918 年 7 月，蔡和森就给毛泽东写信提出要"在三年之后使我辈团体（新民学会）成为中国之重心点，并且要使女界同时进化"，毛泽东表示非常同意蔡和森的建议②。

---

① 《民众的大联合》，《大公报》，1919 年 7 月。
② 蔡和森：《蔡和森文集》，人民出版社 1980 年版。

第二章　新民史话

新民学会创建之后，面临的一个重要问题就是扩大影响力，毛泽东提议扩充会员，发展一批新会员。那么，发展谁呢？

那时候的毛泽东住在奎星楼，有时还住到周南女校校长朱剑凡的家里，都与泰安里周南女校不远。他熟悉这所知名女校，也与这所学校的主事有着不一般的交情，他更熟悉这所知名女校中的巾帼女杰。

他对蔡和森说，我觉得我们在女子学校如周南女校发展一批新会员很有必要。现在全国上下妇女解放运动方兴未艾，巾帼不让须眉，我们可以先在我们熟悉的周南女校发展发展新会员。蔡和森想到自己的亲妹妹就在周南任教，自己也非常了解周南女校，非常同意毛泽东的意见。

事实上，毛泽东以及新民学会与周南女校联系甚密。

1919 年，周南女校学生自治会发行的《女界钟》，无论是开始筹划发行还是具体编辑、撰写文章，毛泽东都给予了极大的支持。

毛泽东对主持编辑《女界钟》的周敦祥说，妇女解放，要从捣毁"孔家店"，砸碎"三纲五常""三从四德"的枷锁开始。于是，《女界钟》创刊时，发出了湖南女界自己争平等、求解放的怒吼。

在《湘江评论》中，毛泽东号召女界联合起来摧毁吃人旧礼教的文章就像刺向腐朽当局的一把把匕首，当局把《湘江评论》视为眼中钉一般。当时，《湘江评论》出刊后，反响很大，长沙和湖南各地以至武汉、广东、四川的青年学生，部分中学教师和社会上的进步人士，都成了毛泽东的好友。北京的《每周评论》曾在第三十六期上对毛泽东做了介绍，认为在武人统治之下，能出现"这样的一个好兄弟，莫不是意外的欢喜"。可以说，《湘江评论》推动了湖南地区乃至全国五四运动的发展，许多爱国青年受《湘江评论》的影响，从而走上了革命的道路。很快，《湘江评论》被张敬尧军阀当局查禁。

于是，有人建议《湘江评论》停刊后，可以换一个名字出版，也有人建议出一个女子刊物，得到大家的赞同，讨论后取名《女界钟》，1919年 10 月出刊，主要阵地就是长沙女子专门学校——周南女校。

《女界钟》担负起向妇女传播新思想、新文化的任务，唤起更多的妇女冲破孔孟之道、三纲五常、三从四德的藩篱，走上为自由解放而斗争的道路。

在毛泽东的支持下，《女界钟》"集中力量讨论了妇女解放的问题。她们认为妇女要想得到解放，必须首先做到婚姻自由和经济独立"。

1919年11月14日，长沙发生了一起轰动全城的事件——新娘赵五贞因不满父母包办婚姻而在花轿中自杀。

赵五贞事件发生后，毛泽东立即找到周南女校的教员向警予、蔡畅商量：赵五贞自杀是件大事，建议她们女校开个大会，表示女界的态度和愤慨。蔡畅等人也觉得不能让像赵五贞那样的妇女冤死，立刻和周南女校的同学们开始筹备召开纪念赵五贞的大会。

在大会上，大家一致控诉了封建社会的罪恶，强烈号召妇女起来争取自身的解放。在周南女校不大的礼堂里，向警予在大会上呼吁，妇女同胞行动起来，争取女子解放。

随后，毛泽东建议周南女校学生李思安、周敦祥等对赵五贞自杀事件进行调研，并建议《女界钟》出一特刊附于《女界钟》第四期。他还亲自写了好几篇关于妇女解放的文章，在当时长沙的报纸上发表，影响很大。

周敦祥后来回忆：他（毛泽东）给《女界钟》写的第一篇文章的中心思想，是论述妇女要实现经济独立；第二篇文章是为赵五贞自杀事件而出特刊所写的。1919年11月21日，毛泽东《女子自立问题》一文，发表在《女界钟》特刊第1号（该号在"关于赵女士自刎以后的言论"总标题下，发表了一组文章。共10篇。该文是其中的一篇），号召人们反对"千年不正当的礼教习俗"，高呼"女子解放"时，应该"研究一个拔本塞源的方法，使今后不再有这样同类的惨事发现为好"。

在为"赵女士自杀事件"所撰写的系列文章中，毛泽东淋漓尽致地剖析了封建礼教和以"父母之命"、"媒妁之言"及"婚姻命定"说为基调的封建婚姻家庭制度的种种危害，指出它扼杀了妇女的人性与意志自由，抑制了妇女的潜能显现和个性发展，是造成无数青年男女生活不幸，

使妇女陷入悲惨境地的直接祸根。

在《赵女士的人格问题》一文中，毛泽东指出，封建婚姻制度和礼教如"囚笼车似得"，困锁中国妇女的精神与肉体，完全剥夺了妇女的自由意志与独立人格。生活在这种婚姻制度下的妇女，只不过是男子的附庸和陪衬，是男子传宗泄欲的工具，其地位与奴隶并无两样。

毛泽东的这些关于妇女问题的思想，在青年男女同胞中，产生了强烈的共鸣，也扩大了新民学会在学生中的影响力。一些女校学生，在读完这些文章之后，就暗暗下定决心争取有朝一日加入新民学会。例如，"赵女士自杀事件"之后，就有部分具有强烈反帝反封建意识的青年女性，尤其是像周南女校中的周敦祥、劳君展、魏璧等，积极参与《女界钟》关于妇女解放的讨论，大量接触新思潮，深受毛泽东的影响，更为勇敢地欲冲破传统观念与习俗而要求加入新民学会。

当时的新民学会，成员全部是男性青年。毛泽东与周南的女教员向警予商量女会员入会的事情。毛泽东对向警予说，事不宜迟，女生入会这事，我们要热烈地表示欢迎和倡议，以扩大影响力。我建议新民学会全体成员齐聚周南开一次大会，欢迎女生们入会。这是一个历史性的时刻，我们还要安排全体成员照相留念。毛泽东随后与蔡和森联系，让蔡畅和向警予好好准备这一次女会员入会仪式。

周南女校学生周敦祥、魏璧、劳君展等一听到即将有机会加入新民学会，按捺不住兴奋之情，但又不敢大肆宣扬。她们早就对毛泽东有一种崇拜之情，也对新民学会的组织生活充满期待。

根据毛泽东的提议，1919年11月16日，新民学会欢迎第一批会员入会的大会在北正街周南女校礼堂召开。坐落在湘江边上泰安巷里的周南女校，见证了这一重要的历史时刻，这是属于泰安里的荣耀。

毛泽东主持了欢迎会。会上修改和充实了学会的章程和领导机构，决定增设女子部。新民学会下设有"评议"和"执行"两个部门，大家一致推选女会员李思安任执行部副委员长，陶毅、周敦祥、魏璧为评议委员，并增选周敦祥、劳君展、李思安和魏璧等四名女青年进入领导机构。

会议结束时，毛泽东做了慷慨激昂的讲话："我们的学会和我们每个人的奋斗目标应该是一致的。我们这个学会要为挽救国家、改造社会而奋斗，我们个人也就不应该只为自己的名利享乐奋斗。天下兴亡，匹夫有责。我们虽然是些年青人，但应该有担负起改造社会的责任。"①

会后，毛泽东显得异常高兴。他极力倡议大家留下这一珍贵时刻，于是招呼大家在周南女校礼堂前合影。在这张泛黄的照片中，位于后排左四的毛泽东，穿着洗得发白的中山装，器宇轩昂，英姿勃发。六名周南女校的师生，端坐在前排，与众多新民学会男性成员一起留下了这张珍贵的合影。

后排左四为毛泽东

（三）

后来，新民学会不断发展，女会员也日益增加，她们多是长沙各女校的学生和教员，其中来自周南的最多。19 人中 14 人是周南毕业，或在读或任教的师生：向警予、蔡畅、陶毅、劳君展、魏璧、周敦祥、熊季光、熊叔彬、吴家瑛、贺延祜、吴毓珍、戴毓本、周毓明、许文煊等。这些女会员"每次到会，较男会员为守时间，可见她们的精神实未弱于男会员"。另外，还有曾经执教周南的教员陈书农、李云杭、钟国陶等，也是新民学会会员②。

在当时"男尊女卑""男女授受不亲"的传统观念支配整个社会的大背景下，女会员在一个团体占如此大的比重，且男女能在一起平等相处共事，在其他进步团体中也是少有的，在湖南乃至全国都是开风气之先

---

① 《新民学会资料》，《中国现代革命史料丛刊》，人民出版社 1980 年版。
② 周启云：《五四时期毛泽东对湖南女青年觉醒的影响》，《湖南师范大学学报》1993 年第 1 期。

的事。

而这种局面的形成，正是毛泽东注重发展女会员的结果。对那些思想开放、有斗争勇气和向上要求的女青年入会，他总是给予热情的支持、鼓励。正是本着学会和毛泽东讲话的这种精神，新民学会的女会员和男青年一起自觉担负起了救国救民、改造社会的重任，在革命斗争中互助互勉，共同提高，成为"改造社会"的健将和中国革命的栋梁之材。

毛泽东后来曾评价说：新民学会"有七八十会员，其中许多人后来都成为中国共产主义和中国革命史的有名人物"。这其中，当然就包括后来成为中国共产党早期骨干和中国杰出妇女领袖，来自周南女校的向警予、蔡畅等人。

历史终将铭记那些先觉者，周南人自然也不会忘记那些敢为人先的前辈校友。让我们记住她们的名字

向警予，湖南溆浦人。周南女校教员。1920 年初赴法勤工俭学，回国后于 1922 年加入中国共产党，是中国早期妇女运动领导人之一。曾当选为第二、第三、第四届中央委员，并任中共中央妇女部部长。1928 年 4 月 30 日牺牲于武汉，时年三十三岁。

周敦祥，湖南长沙人，周南女校学生。后入南京高等师范补习班学习。1921 年去新加坡南洋女中任教。大革命失败后回国，长期从事教育工作。新中国成立后任湖南文史馆馆员。

魏璧，湖南长沙人。周南女校学生。1920 年赴法勤工俭学。法国里昂大学毕业。1927 年回国，曾任武汉第四中山大学教授。新中国成立后曾在北京大学华侨补习班、中国人民大学任教。1969 年病故。

劳君展，原名启荣，湖南长沙人，周南女校学生。1920 年赴法勤工俭学。在法学习放射性物理学。1927 年回国，曾中山大学教授、上海暨南大学教授、北平大学女子文理学院数学系主任。1935 年参加"一二·九"运动。新中国成立后任中国人民大学教授、教育部研究员。1976 年逝世。

驱张风潮，力挽狂澜

1918 年 3 月 27 日，军阀张敬尧踏上了古老的长沙城，主政湖南。这一天，长沙城阴云密布，冷风瑟瑟，湘江水无语北去。

张敬尧是北洋军阀皖系段祺瑞的走狗。1918 年 3 月与直系军阀吴佩孚等进驻湖南后，被段祺瑞任命为湖南督军兼省长。当时的北洋军阀政府对外投降卖国，对内残酷镇压人民。中国进入了军阀连年混战的黑暗统治时期。此时的湖南，在辛亥革命失败，袁世凯篡夺政权，中国形成南北对峙局面之后，已成为南北军阀争夺的焦点和长期拉锯的战场。自 1912 年至 1920 年 6 月，湖南先后三次被北洋军阀统治，以张敬尧统治时期人民受害最烈。

（一）

张敬尧究竟是个怎样的人？

张敬尧是一个"祸国殃民"的国贼。张敬尧主政湖南后，为了取得英、日帝国主义的保护和支持，不惜出卖湖南的工矿业。那时的湖南，矿产丰饶，富甲一方。例如常宁的铅锌，新化、桂阳的锡锑，平江、会同的金等，这些原本属于湖南人民的珍贵物产却被张敬尧拱手送给外人。1919 年初，张敬尧和英帝国主义驻湖南的代理人格兰特秘密签订了盗卖湖南矿业的合同二十条。条款规定："所有湖南全省各质矿山，凡由各矿主请求合办者，均听第二部（英国——作者注）之工程师自由选择开采……本合同期定五十年。在此期内所开采之矿，有利可获，仍得逾限继续办理。"并规定："地方上或矿区内……发生纠葛留难罢工斗争等事"，

军阀张敬尧照片

张敬尧必须派兵镇压。当时，全省各地无不有矿，矿种无不具备。业经开采的不过百分之一而已。一旦卖予外人，则不特"断送湘人的命脉"，"国家的富藏，也就净尽"了。

不久，张敬尧又把湖南第一纱厂出卖给了日本帝国主义。据《五四时期湖南人民革命斗争史料选编》载，"湖南第一纱厂，创始于民国元年。至民国五年……公家财政支绌，无力举办，乃由前湖南财政厅长袁家普以及谭前省长招商租办……迨张兼省长莅湘任后，急欲以该厂攫得巨金，悍然不顾成案，破坏契约，悬厂不交。上年十一月间，忽又将该厂向贵国（日本）东亚兴业株式会社，抵借日金一百五十万元，已订立合同，并将此项合同，申陈财政部。"

张敬尧是一个杀人放火的强盗，是一个"打家劫舍"的匪头。他纵兵劫掠，危害百姓。张兵走到哪里，哪里的商人就得停止营业，农民就得放弃农活，妇女就得惊慌躲藏。当时的《湖南》月刊记载说："省城内外，抢风益炽，罗汉庄刘隶阜染房，漤湾市黄益升染房及浏阳门外阿弥岭郝象勋、郝振秋、邓尚志等各家连夜被抢劫，损失惨重。而郝振秋之妹，年仅十八，纯真活泼，被张兵轮奸毙命，尸首弃于水塘，其状之惨人不忍视。"张敬尧开进平江，"三天不封刀"，烧杀淫掠，无所不为。"醴陵全城万家，烧毁略尽，延及四乡，经旬始熄"。战事结束后，醴陵全县"仅遗二十八人"，此二十八人对人云："我们妻离子散，骨肉分离，伶仃孤苦，并不想活。"1918年农历除夕前，傅熊湘根据文祥芷、刘今希等在灾区拍摄的照片，编成了《醴陵兵灾图》，并作诗《题醴陵兵灾图后》两首："人民城郭是耶非，孤鹤重来累涕欷。凄绝栋云帘雨尽，空余残堞恋斜晖。""谁省流民郑侠图，哀鸿遍野待来苏。天高听远殊难问，哭向穷途泪已枯。"

张敬尧还是一个"吞云吐雾"的烟鬼，是一个"贪赃枉法"的污吏。他为了中饱私囊，全然不顾百姓死活，想尽一切办法刮钱。他身为一任地方长官，贩运鸦片，巧立名目，加收盐税；又设立裕湘银行、日新银号，滥发纸币。他挪用大部分的教育经费，停发和克扣学校的津贴。"湖南教育经费，本有八十余万，张氏到湘，大部提作军费，减为五十余万……至八年（1919 年，作者注）五月以后，则一钱莫名"。1919 年 5 月以后，长沙很多校长因负债过多无法偿还而相继逃亡；教员因七个月未领薪水而全体罢课；师范学校因膳费无着而愤怒罢餐。时任湖南第一师范学校的孔昭绶先生联合五所公立学校校长"以经费无着，学校即将涣散，联合向张辞职"。湖南第一师范的继任校长张干先生为了维持学生的伙食，甚至卖掉了自己最珍贵的怀表。

张敬尧主政时期，湖南的教育界一片黑暗。他大肆摧残教育，摧毁学校，凌辱师生。张敬尧的部下一直占据着第一师范、第一中学等十几所学校，两年不撤。他们破坏器具，污毁房舍，强夺工业学校的机器，移往陆军工厂。他们侮辱教职员，任意凌辱学生。长郡中学职员刘安定曾被张氏之弟张敬汤批颊辱骂；学生代表彭璜、邱维勤因反对非法选举而遭张氏之子张继忠捆押，扬言枪决。张敬尧还钳制舆论，禁止学生举行各种爱国运动，严密封锁五四运动的新闻。他还暗杀学生代表，实行恐怖的高压政策。

张敬尧无恶不作，他的三个弟弟亦然。张敬舜、张敬禹、张敬汤倚仗哥哥的权势，助纣为虐，擅权纳贿，横行霸道，无所不为。灾难深重的湖南人民，在张敬尧的反动统治下，已陷入水深火热之中，各界对张敬尧的仇恨已至"时日曷丧，予及汝偕亡"的地步。驱张运动，势在必发。

（二）

"不在沉默中爆发，就在沉默中灭亡"。勇敢正直的湖南人选择了爆发。

青年毛泽东坚定地站了出来，他准确地估计了当时的内外形势，顺风张帆，中流掌舵，将五四前后以反日反卖国政府为中心的群众爱国运动逐渐转化为驱张运动，成为驱张运动的领导者和决策者之一。

驱张运动被称为湖南的"五四运动"，它具有反帝反封建的革命性质。在这场浩荡的运动中，领导者是毛泽东，起骨干作用的则是新民学会

第二章 新民史话

的会员。其他各色各样的人物，他们抱着各自不同的动机，在不同的时间，在不同的程度上参加了驱张的活动。而在整个运动中，作为其先锋和主体的是一部分进步的知识分子和学生。在这部分进步的知识分子和学生中，周南女校的师生握住时代的脉搏，紧紧跟随毛泽东，以昂扬的姿态站在这场波澜壮阔的运动的前列。

1919 年，长沙城，早春。

一个高大的年轻人沿着湘江边匆匆地走着。天有些阴沉，似乎要下雨了，潮湿的空气中弥漫着青草和泥土的气息。不久前，他在上海的黄浦江边，送别了一批去法国勤工俭学的同学，回到了湖南。此时的他无暇留意路边的景色，加快了脚步，赶往楚怡小学，在那里，何叔衡等新民学会的同志们都在那里等着他。这个年轻人就是毛泽东，这一年，他二十六岁。

远远地，有一个高挑苗条的身影。明亮的满是笑意的眼，陶斯咏在校门口迎他。两人简单寒暄几句，毛泽东就被带到了楚怡小学的礼堂。何叔衡紧紧握住了毛泽东的手，这是一双充满着力量的大手："都等着你呢，润之！请快和大家说说这段时间外面的情况。"

毛泽东点点头，看着大家期待的眼神，激动地说道："同志们，一场狂风暴雨式的革命运动——反帝、反封建的五四爱国运动在北京爆发啦！它震动了全国，也震动了全世界。全国人民都组织行动起来了，奔向反帝、反封建的大潮流。现在，张敬尧不仅在我们的土地上横行霸道，胡作非为，摧残教育，他还严密封锁运动的新闻。北京发出的所有电报新闻尽被张敬尧扣留，丝毫不许登载。我们新民学会的会员，决不可站在旁边看热闹，要立即行动起来，参加反帝、反封建的爱国斗争。"毛泽东越说越激动，以至于慷慨陈词了，同志们也被他的激情所感染，纷纷站了起来表决心。会上决定，五月七日，长沙各校举行"五七"国耻纪念示威游行大会，通电北京政府严惩曹、章、陆等卖国贼，积极声援北京学生的爱国运动。意见统一后，新民学会总干事萧子升又安排了各个学校的负责人，毛泽东叮嘱了游行示威时的注意事项。

五月七日，古老的长沙城没有了往日的沉寂，喧嚣热闹起来。各所学校的师生排着整齐的队伍，手中挥舞着白色的小旗子，旗上写着"誓必争回青岛"字样，口中高喊着"打倒帝国主义""严惩国贼"的口号，穿过大街小巷，聚在都督府的前院。

都督张敬尧在他那奢华的办公室里踱来踱去，已没了往日的镇定和悠闲。响彻云霄的口号让他心乱如麻。突然，他站住了，脸上露出一丝不易觉察的冷笑。

游行的队伍一下子混乱起来。齐声高喊的口号被"滚开""滚走"的呵斥声取代。手执长枪，全副武装的军警包围了游行示威的人们。整齐的游行队伍被强行解散。

第二天，都督府，长沙各校长集聚一堂，张敬尧正在严厉地训话："……青岛问题……似不得谓外交失败。若入鼓动风潮，恐召外人诘责。……省垣各校学生……不得听信谣传，借青岛问题引起纠纷，望各校职教员告诫学生力持镇静。"五月九日，张敬尧又指使其警察厅，勒令长沙各报不得登载山东问题之消息。

夜晚，周南女校的校园里，朱剑凡和毛泽东正在散步。突然，朱剑凡站定，用低沉的声音说："润之，你知道吗？今天，张敬尧又公开发布'防范过激党'的言论了，如有言辞激烈，逾越常轨，制止不听，任情直行者，即按照戒严规则，一律逮捕。前几天，他还召集各校校长训话，严厉告诫我们要制止学生的一切爱国活动，务必保持镇静。"

毛泽东说："看来，不搬掉张敬尧这块绊脚石，在湖南很难迅速掀起反帝、反封建的爱国运动；我们必须团结起来，组织坚强的力量，和张敬尧做斗争。我们现在就组织各校负责人中的新民学会的会员来商议。"

"好！我就去把蔡畅、警予和斯咏喊来。"

夜已深了，但房子里热流涌动，一群年轻人全然没有睡意。毛泽东正在和各校负责人中的新民学会会员商议，怎样联合起来，赶走张敬尧这个毒瘤。

"张毒势力很大，仅靠我们新民学会成员的力量是不够的。"蔡和森站起来说。

"我觉得，也许，我们可以借助外力！"一个圆脸大眼睛，齐耳短发的女生接着说。

朱剑凡坐在正中间，紧挨着毛泽东，他边听边点头："和森和警予说得很对，现在，我们一起来想办法，怎样做才能让我们的力量强大起来。"

"梁启超先生说过，少年强则国强，少年进步则国进步，我们首先要发动青年学生。"毛泽东说完，望着大家。

"好，就这么办。"毛泽东一说完，走到书桌旁，提起笔，屏息凝神片刻，手中的笔挥舞起来："同胞们，起来……"

一份鼓舞人心的传单！

大家一齐动手，照着毛泽东的原稿写起来，准备第二天就以几个学校学生会的名义发出去。周南女校的向警予、陈书农、蔡畅、陶斯咏按照毛泽东的指示，分别去发动和推举周南女校的代表。

1919年5月25日，长沙城露出了阴雨后久违的阳光。楚怡小学校园，杨柳在微风中轻舞，树上的绿芽争相探出头，沐浴这暖暖的日光。这一天，北京学生联合会代表邓中夏（湖南宜章人）、倪品真抵达长沙，鼓动湖南学生响应北京学生的爱国运动。毛泽东，新民学会的其他会员及会员发动推选的学生代表：湖南商业专门学校的彭璜、易礼容，省立第一师范的蒋竹如，周南女校的魏璧、劳启荣、陈书农等二十余人，济济一堂，商讨怎样和军阀张敬尧进行斗争。毛泽东走上讲台，把邓中夏介绍与各校代表见面。会议决定：成立新的湖南学生联合会，发动学生总罢课，推动反帝反封建爱国运动。

1919年6月3日，湖南学生联合会正式宣告成立。当日通过决议："学生自本日（三号）始一律罢课。"即日，周南女校、湖南长沙第一师范学校、湘雅医学校、商业专门学校等二十个学校的学生全体罢课。4日，长沙《大公报》发表学联的罢课宣言："外交失败，内政分歧，国家将亡，急宜挽救"，湖南学子"力行救国之职责，誓为外交之后盾"。全省各地学生也陆续响应。毛泽东顺势发出新的指示，学联派出学生作调查员，分驻纱号、南货、纸业、印刷、玻璃和苏广等各行业，进行细致的调查，限制日货出售，打击奸商活动。

（三）

"好消息，好消息！"一大早，周世钊和陈书农就兴奋地闯进来，惊醒了毛泽东的美梦。最近，因为要给《湘江评论》撰稿、审稿。毛泽东每天工作到很晚才睡。陈书农挥舞着手中的《每周评论》，激动地读起来："'大事述评一栏，记载湖南的新运动，使我们发生无限乐观。武人统治之下，能产生我们这样一个好兄弟，真是我们意外的喜欢。'润之，是胡适先生评价你的文章呢！"

周世钊也欢喜地说："润之，你的这篇《民众的大联合》写得真好！"

毛泽东一扫多日来的疲惫，顿觉精神抖擞。湖南学生联合会的工作已经开展得如火如荼，但要真正取得这场反帝反封建斗争的胜利，还必须提高各阶层人民群众的政治觉悟，必须有正确的思想做指导。1919 年 7 月 14 日，湖南省学联刊物《湘江评论》应运而生。毛泽东亲任主编，亦为主要撰稿人。

与此同时，在杨昌济先生家的客厅，周南女校的开慧亦正在和父亲讨论毛泽东的《民众的大联合》。

清秀中略带调皮的开慧手拿北京的《每周评论》，声音响亮地读着："……国家坏到了极处，人类苦到了极处，社会黑暗到了极处，补救的方法，改造的方法，教育、兴业……固然不错，有为这几样根本的一个方法，就是民众的大联合。"

杨昌济情不自禁地站了起来，眼睛中有一种深沉的东西。

"爸爸，"开慧说道，"我知道您为什么最喜欢毛润之这个学生了。"

"哦，开慧说说。"

"因为润之文章写得最好！"

"是，我的开慧长大了，会读文章了。"杨昌济顿了顿，"但又不全是。"

是的，杨昌济最先赏识毛泽东的确源于他的文章。毛泽东的文章大气

磅礴，文字犹如行云流水，字里行间透着一股底气、豪气。

杨昌济的脑海里马上浮现出毛泽东那异于常人的高俊伟岸的身材，宽阔的额头，那双明亮坚定的眼睛。他喜欢这个小伙子，又不全是因为他的文章。随着和毛泽东交往的日益深入，杨昌济对这个小伙子越来越欣赏，隐隐觉得在他的身上肩负着自己一生中未竟的抱负。他不敢说从这个小伙子身上看到了国家的希望，但可以肯定地说，他看到了这个时代的希望。如果说毛泽东是一块流落民间的尚未雕琢的旷世宝玉，那么，自己就是那个伟大的琢玉者。

"爸爸，你看，北京《每周评论》说，此文'眼光很远大，议论也很痛快，确是现今的重要文字'。"

杨昌济从沉思中回过神来。

而他最喜欢的学生毛泽东此时正和周世钊、陈书农、蔡和森、向警予、蔡畅、陶斯咏走在去河西岳麓山的路上。他们的心中涌动着激荡与豪情，一时过了湘江，直奔岳麓山。岳麓山如此苍翠，抬头望向山顶，宛如一汪绿潭喷涌而来。这天正是周末，天时还早。一群人沿着高俊陡峭的山路蜿蜒而上。登上山顶，一股清爽的风扑面而来，天边，一轮红日自绵延的山峦之间浮出，在漫山碧绿的松涛中抹出一缕妩媚的胭脂。松风振动，鸟雀相鸣。俯视大地，古老的长沙城尽收眼底，开阔的湘江碧波荡漾，缓缓流淌，永不停歇。青翠的橘子洲宛如湘江中的一颗绿宝石。珠沉渊而水媚，湘江因这颗宝石的光芒而柔媚，这颗宝石亦因湘江如兰的春水而生辉。可是，这片美丽的家园正处在张敬尧这个武人的践踏之中。想到此处，毛泽东和同伴们心底又不禁忧虑起来。

吹着山风，荫着清凉，夏日的酷暑殆尽。毛泽东带着这群激情满怀的年轻人来到了岳麓山脚下的爱晚亭里商讨起目前的局势来。显然，在《湘江评论》的宣传、鼓动和影响下，反帝反封建的爱国运动在湖南全省已浩浩荡荡地开展起来了。"湖南学生联合会"正在不断发挥着作用。学联组织学生演讲团到街头、码头、车站去讲演抵制日货的道理。向警予、蔡畅、陶斯咏向毛泽东汇报了周南女校的情况。

向警予说："我们学校在上次罢课后，女生就模仿其他男校的办法，把学生分成演讲、调查、交际和编辑四部，分部办事，没有一个部偷懒懈怠的。演讲部的同学轮流派四五个人，前往各个大公馆，对着那些太太奶奶和小姐们宣讲日本如何虐待我国的情形，我们该抵制日本的哪些东西。"

"演讲部的同学还结合了朝鲜亡国后人民被残杀，几家人只许共用一把菜刀的事实，以及当时日本海军在福州登陆、殴辱学生的消息，讲得声情并茂，义愤填膺，深深打动了那些太太奶奶小姐们。"蔡畅接着说道。

"调查部亦分派学生前往各公馆，调查妇女所用某货逐件记载，再送交周南女校编辑部印刷成帖子，分送到各校。"陶斯咏补充道。

蔡和森说："同志们，喜人的是妇女、小学生，还有长期处于沉默状态的教育界，都已经行动起来了。"

"这一点，周南女校的师生功不可没啊！"毛泽东边说，边笑着望着向警予、蔡畅和陶斯咏。三个女生不好意思地笑了。

不觉已是黄昏，一大片乌云遮蔽了原来的晴空。风呼呼地响着，吹得山间古树的叶子一波一波地滚。天，要下雨啦！

突然，一道闪电骤然划破长空，紧接着"轰"的一声，惊雷乍起，夏日的暴雨不期而至。天色也刹那间暗了下来，顿时，莽莽岳麓笼罩在一片倾盆大雨之中。雨水如帘，从亭檐直垂下来，风一吹，飘进亭来。

大家望着这突如其来的大雨，有些不知所措。

"喂，"毛泽东叫起来，"同学们，想不想爬山？"

"好啊，"蔡和森马上回应，"在这烈风骤雨中，凌其绝顶，一览众山，实乃人生之快事！"

"走！"毛泽东一把抓住蔡和森的手，冲进雨中。大雨一下子浇湿了他们的身子。

陈书农亦一个健步跨进了雨中。亭子里的蔡畅和陶斯咏望着向警予，正迎上她鼓励的目光。

"走，跟上！"

"雨中的岳麓，我们来啦！"

三个女生用她们青春的身体迎接风雨的洗礼。

"啊——""啊——"山道上，这群年轻人狂奔在雨中，一声声或雄浑或清脆的叫喊声划过雨夜，直震长空。

"纳于大麓，烈风骤雨弗迷！古人说得好啊，今天，我们真是好好体会了一回！"毛泽东回过头来大声说。

"没错，风，沐我之体，雨，浴我之身，烈风骤雨，沐浴我之魂！"蔡和森一扫往日的沉静。

"说得好！"向警予放开嗓子大喊一声，"说得太好啦！"

陶斯咏看着雨中纵情欢乐的朋友们，大雨冲刷着她柔软的身体，她仰起头，伸出双手迎接着雨水，似乎要把这20年来一直束缚着她的东西全部冲走。她感受到一股从灵魂深处彻底解放出来的自由。她的目光透过雨水落在这群青春勃发的年轻人身上，突然有一种想哭的冲动。她伸出舌头，舔了舔嘴角的雨水，竟是咸的，原来，不知何时，她的泪水已奔涌而出。

（四）

烈风骤雨在这个夜晚感受了一群年轻人蓬勃的青春，冲天的豪情，也见证了一种血腥的罪恶。

夜，浓黑如墨，雨，如注如倾。一队黑衣人悄悄地潜入了船山学社的宿舍。简陋的床上，两个年轻人酣睡着，粗重的呼吸中透出某种疲惫。是的，他们累了，几天的长途跋涉，从上海赶过来，准备在湖南发起国民大会，以鼓舞士气。今天，他们还拜见了张敬尧省长，受到了他的热情接待。他也表示会支持他们的活动和工作。两个黑衣人看着两张熟睡的年轻的脸，似乎犹豫了一下，他们如炬的目光中掠过一丝柔软的东西，一闪而逝，马上就恢复了阴鸷。然后，他们迅速地抽出藏在腰间的匕首。

就在此时，一道闪电骤然划过夜空，照亮了如墨的黑夜，锋利的带血的匕首，兀自闪着凄冷的寒光。

"轰隆——"

一声惊雷，天宇又恢复了它旧有的面貌。

"号外，号外，"报童挥舞着手中的报纸，"上海国民大会代表吴灿煌，工业协会代表程鹏昨晚遇刺身亡！"

人群纷纷围上来。一个年轻人买了一份报纸，匆匆离开了。

"一定是张敬尧这个老贼干的！"毛泽东一巴掌狠狠地拍在桌子上。

"是的，这个老贼居然还在贼喊捉贼！太可恶了！"蔡和森也义愤起来。

报纸上，果然有都督府张敬尧亲自签署的悬赏缉拿凶手的公文。

"他一定是心虚了，想以此遮掩国人的耳目。"

张敬尧的确是心虚了，面对全省人民如火如荼的反帝反封建的爱国运动，为了继续维持自己的反动统治，他变本加厉地残酷镇压人民群众的运动。张敬尧感觉到眼前的对手越来越强大了，但老奸巨猾的他岂能善罢甘休。还有，那个所谓的"学生联合会"太猖狂了，得找个机会把它给搞掉。

1919 年 7 月 6 日，"湖南省学生因为日商戴生昌轮船水手殴伤了学生联合会调查员符契，举行了游行大会，向张氏请求严重交涉，以全国体。"① 张敬尧感觉到自己要的机会来了，于是，"张氏反诬学生为过激党，勒令解散"。声势浩大的学生联合会就这样被张敬尧强行解散了。不仅如此，张敬尧还编造谣言，1919 年 8 月上旬，张对外宣传说毛泽东等"过激派到了湖南，不得了！"派军警到承印《湘江评论》的湘鄂印刷公司检查、捣乱。当时，《湘江评论》第 5 期刚刚印刷完，就被张敬尧的军警没收了。这个真正代表湖南人民说话的刊物就被他们横暴地封闭了。由于事先得知张有此举，毛泽东布置学联职员离开时，转移走了重要的文稿和学联印信，才没有蒙受更大的损失。

张敬尧的种种暴行，激起了全省人民极大的愤怒与不满，古老的湘江，开始怒吼了！

---

① 《湖南历史资料》，湖南人民出版社，1959 年第 1 期。

（五）

　　1919 年 8 月中旬的一个晚上，何叔衡住处，毛泽东和留守的学联骨干正在开会。此时，毛泽东内心波涛汹涌。上午，有北京朋友来信说，当务之急是图社会的根本改造，"驱张"不过是目前的小问题、小事情，不要过多顾及。他看到在座各位的脸上，写满了忧伤、愤怒和迷茫。是的，就在白天，《湘江评论》被查封了。但他知道，他不能慌。他毛润之就是他们的主心骨。他镇定地说道："同志们，对手越狠，我们才能变得越强大。大规模的'驱张'运动的时机已经到来。我们必须更深入地细致地组织和发动各阶层群众，创造'驱张'的更为有利的条件。"接着，毛泽东又谈到，驱张运动不是目前的小问题、小事情，它"是达到根本改造的一种手段，用这种手段将湖南造成一个较好的环境，以便在这种环境之内实现具体的根本的工作。"①

　　会议上，大家商讨后订立了六条决定：各校学生暂不用学联名义；学联活动要秘密进行；将张敬尧查封《湘江评论》的情况通告报界；要回乡学生宣传张敬尧的暴行；函达全国学联和各界联合会争取支援；积极准备驱张。

　　冬日的阳光暖暖地照着，天空高远而蔚蓝。

　　长沙周南女校清幽的空气中飘荡着欢欣的气息。办公楼三楼古朴的会议室里，毛泽东和新民学会的会员正在召开修改会议章程和改选的大会。经过热烈的讨论，大会制订了新会章，根据新会章，会议选举何叔衡为正执行委员长，周南女校的李思安同学为副执行委员长。陶斯咏、周世钊、毛泽东、周敦祥、魏璧、陈书农、唐耀章、蒋竹如为评议员。会议决定，必须紧锣密鼓地进行驱逐张敬尧的运动。

　　毛泽东意识到，要驱逐张敬尧，必须首先重新组织和恢复被张敬尧解散的"湖南省学联"，借检查日货，才能广泛深入地开展"驱张"运动。

――――――――――

　　① 《湖南历史资料》，湖南人民出版社，1959 年第 2 期。

通过新民学会成员和健学会的共同努力，1919年11月16日，在第一联合中学的礼堂里，召开了湖南省学生联合恢复成立大会。包括周南女校在内地的二十五个学校的学生代表汇聚一堂，选举徐庆誉、张国荃为正、副会长，并制订十七条，以爱护国家、服务社会、研究学生、促进文明为宗旨。11月23日，湖南《大公报》刊载了《湖南学生联合会再组宣言》，此宣言言之铮铮，情之切切："欧战告终，潮流顿变，自主自决，权在国民……谁负仔肩？若以政府为万能，置安危于不顾？则丧尽国民之资格，而永为臧获矣，不亦大可哀乎！……为求国基巩固，此学生联合会不容缓组之原因三也。"重组和恢复"湖南省学联"，是毛泽东大规模"驱张"计划的第一步。

1919年11月29日，日本人在福建打伤了中国学生，毛泽东立即找周南校长朱剑凡和恩师徐特立商量，大家一致认为这是个好机会。于是，号召和组织"湖南学生联合会"立即发布声援"闽事惨案"的传单，要求全国人民团结一致，不买日货，不用日货，反对军阀政府卖国。12月1日，长沙工人纠察队、学生纠察队在小吴门火车站收缴了同仁裕等百货商店购进的大批日货布匹和南货。在场的工人、学生要求立即焚毁，而窃运日货的奸商却勾结军警将这批日货强行运到国货维持会，拒绝焚毁。工人、学生和各阶层群众义愤填膺，纷纷要求将收缴的日货全部焚毁。毛泽东和新民学会、学联及健学会负责人商议，决定利用学生、工人以及各阶层群众的斗争情绪日益高涨的机会，举行一次示威游行。

12月2日，天空阴沉，古老的长沙城再次沸腾起来。以青年学生为主并有工人群众和各阶层人民参加的约五千人的游行示威队伍，在"湖南省学生联合会"等的组织和领导下，高举"民众联合"、"牺牲奋斗"、"打破强权"、"福州危矣"、"抵制日货"标语，由国货维持会取货出发，昂扬的军乐队在前方开路，激昂的口号声响彻云霄，浩荡的队伍在长沙的街市昂然前行，他们一路走过，城市的上空纷飞着雪花般的叙述福州日人暴行事件的传单。下午一时左右，游行大队集中在教育会坪开会，一堆堆的日货摆在会坪中央。青年学生和工人以及各阶层群众达万余人，围着日

货站成一圈又一圈，等待开会完毕时将它们焚毁。

时间一点点地流逝，天空更阴沉了。

就在这时，张敬尧的弟弟张敬汤带着一个营的匪兵，个个荷枪实弹，一个连的大刀队，人人刀光闪闪。他们一冲进会场，立刻凶狠如豺狼虎豹。将学生、工人和游行群众严密包围起来，口中放声大骂："你们这般东西……怎么敢挡外人，不怕惹起交涉么？在此瞎闹！……我们兄弟是军人，只知道杀人放火，你们再不解散，我就把你们做土匪办，一个个拿来枪毙。"① 骂完，立即指挥着他的士兵向游行示威的群众行凶。弹片，刀光，枪头乱舞，那些手无寸铁的可怜的学生们，哪里受得了这般摧残和重创？倒地者，哭喊者，呻吟者，中弹者，无一而不足。老天爷也忍不住悲伤了，掉下滴滴泪来。受伤者的鲜血，融进雨水，流入大地，惨不忍睹。

江水浑浊，奔腾咆哮。残暴昏庸的张敬尧在玩火自焚了！

毛泽东当机立断，于12月2日当晚，召开了新民学会会员和学联骨干分子会议。面对群情激奋的青年，毛泽东精辟地分析了当时的形势，认为青年学生的愤怒，湖南人民的愤怒，全国舆论的抨击，各派军阀为了利益而争夺的斗争，已使张敬尧陷入了四面楚歌的境地。他激昂地说："张敬尧这次武装镇压游行示威的爱国行动，就是一种引火自焚的举动。我们必须利用这有利的时机，坚决把张敬尧赶走！我们要从水深火热中救出湖南三千万人民的生命。"毛泽东的讲话，如暖心的春雨沁进每个到会代表的心田，鼓舞了群众斗争的勇气和信心。这次会议上，毛泽东做出了决定：在两三天之内组织省城各学校学生罢课。

学联干部立刻展开了紧张的发动和组织工作。就在这时，队伍里出现了异样的声音。有一部分教职员和学生虽然赞成"驱张"，但不主张罢课。毛泽东马上去周南女校，找到朱剑凡先生和徐特立、周世钊等商量，决定由健学会召集会员开会，首先统一会员对罢课"驱张"的认识，然后以会员去发动其他教师再做学生的工作。

---

① 《湖南历史资料》，湖南人民出版社，1959年第2期。

毛泽东出席了学联召开的各校学生代表大会，大大地激励了青年学生的斗争勇气。毛泽东说："反对张敬尧的斗争就是反对帝国主义、反对卖国政府和反对封建主义的斗争；平时大家都赞成爱国，赞成改造社会，现在就到了实际行动的时候了。"毛泽东讲得生动而激昂，青年学生们静静地聆听着，浑身增添了无穷的力量，纷纷表示要同张敬尧斗争到底。会上，表决通过了学生总罢课的日期为 12 月 6 日。罢课宣言称："呼吁无门，忍无可忍，不得已于 12 月 6 日全体罢学，解散归家，守候湘局解决……张敬尧一日不去湘，学生一日不回校！"

毛泽东把远大的政治目标与灵活的革命策略相结合，组织和发动团结各阶层人民群众，"驱张"的熊熊烈火越烧越旺。

1919 年 12 月 6 日清晨，长沙周南女校宽阔的礼堂里，鸦雀无声，挤满了女校的学生。所有的人都沉默着，所有的人眼中都含着泪水，大家静静地等着校长朱剑凡先生的到来。今天，是哀悼四天前张敬尧残酷镇压学生民众爱国行动的日子，也是全省学生为声讨张敬尧罪行而总罢课的日子。大家的脑海里，一幕幕地浮现着那天的血雨腥风。

朱剑凡校长走来了，他的脚步沉重，脸上带着悲伤。是的，他亦沉浸在四天前那幕惨剧的悲伤中。他缓缓地走上主席台，缓缓地望了一眼台下的学生，突然，用高昂的声音说："同学们，你们睁眼看看，眼前是什么世道？民权写在法律里，法律高悬于庙堂上，可那庙堂之上的一纸空文，有谁当过一回事？拿枪的说话才是硬道理，掌权的是像张敬尧那样杀人不眨眼的屠夫啊！那些无辜的文弱的青年学子的鲜血，正在无声地控诉着……"

"天下兴亡，匹夫有责。何以报仇，在我学子！国家之广设学校，所为何事？我们青年置身学校，所为何来？正因为一国之希望，全在青年，一国之未来，全在青年。同学们，当此国难之际，我青年学子，责有攸归，更肩负着为我国家储备实力的重任……"

这一天，周南女校、省城一师、商专、修业、楚怡等学校首先罢课。不到一周时间，长沙全体专门学校、中学、师范和一部分小学都宣布罢

课。这次总罢课，在工人和各阶层人民群众的坚决支持和大力援助下，取得了胜利。

毛泽东乘胜追击，又召集各群众组织负责人开会，研究如何夺取"驱张"运动最后胜利的办法。会议最后决定，各校派选学生代表二人组成"驱张"代表团，由教师代表率领，分赴北京、上海、广州、衡阳、郴州、常德等地请愿和联络，以公开揭露张敬尧的罪恶，争取全国舆论的支持，造成全国一致声讨的浩大声势。另外，留一部分人在长沙继续组织学生和团结省内人士同张敬尧做斗争，并负责与省外代表团联系。周南女校就是留长学生的根据地。

毛泽东为赴京代表团负责人，周南女校的教职员杨树达，学生代表李思安都是赴京代表团成员。他们就要启程，杨树达、李思安回望了一眼周南的校牌，眼中流露出依依不舍之情。人力车启动，车轮滚动着，一块块青石板面被抛了后面。12 月 18 日，毛泽东他们到达北京时，正值大雪纷飞、寒风凛冽的天气。他和代表们每天奔走，四处活动，联络在京的湖南籍学生、议员和名流、绅士，向他们揭露张敬尧的罪恶，积极宣传"驱张"的意义，以争取这

1920 年 1 月 28 日，湖南驱张请愿代表在北京陶然亭合影，左四为毛泽东

些人的同情和支持。12 月 29 日，"湖南同乡在湖南会馆开公民大会，到者千余人。多以议员之不能负责为辞，请在场议员签字答应去张，语甚激烈。"①

毛泽东为了进一步揭露张敬尧的罪行，对北京政府施加压力，他将代表团三十多人，分成学界和各界两团，分六部办事。12 月 23 日，学界团

---

① 《湖南历史资料》，湖南人民出版社，1959 年第 2 期。

向教育部长徐世昌递呈文，列举了张敬尧摧残教育的四条罪证："一、剥吞教育经费；二、占夺校舍校具；三、仇视教育界人士；四、蹂躏学生。"①，但徐世昌置之不理，拒不接见代表团。在北京的一个月里，学生代表团共到北京政府的总统府、国务院做过七次请愿活动，递送过三次控诉张敬尧摧残教育的呈文。1920年1月28日，代表团向总理衙门做了最后一次请愿。"公民代表毛泽东、张百龄，教职员代表罗教铎、杨树达，学生代表柳敏、李思安，相继痛斥张督……牵涉外交，树植私党，强奸民意……"周南女校代表李思安坚定称："张督一日不去，则湖南教育永无恢复之望，湘省人民永沦于黑暗地狱之中。"然而北洋军阀政府对此不予理睬。但在代表团的共同努力下，"驱张"的影响扩大了，得到了全国舆论的支持。

赴上海驱张代表团于1919年12月到达，随即成立湖南旅沪各界联合会。湖南代表团创办了《天问》周刊，由彭璜等新民学会会员主编。这个刊物不仅发行到全国各地，而且发行到法国、日本、南洋等地，它在驱张运动中起了很大的作用。

何叔衡、夏曦是赴衡阳代表团的主持人。他们到达后，以第三师范为基地，将衡阳全市学生组织起来，发动了数千人向驻在衡阳的军阀吴佩孚请愿。吴佩孚接见了代表团，并给予了支持。驻衡阳湖南学生请愿团于1920年1月出版了《湘潮》周刊，以驱张和根本改造国家社会为宗旨。

此时，留守在周南女校的新民学会会员和学联骨干分子，领导各校学生采取了各种巧妙的活动方法。如组织临时补习学校，组织爱国剧团，演出反封建的新剧，去旅店和饭店为代表团筹款，将张敬尧的残暴、敛财行为，函告代表团和各地报刊发布，同时仍然坚持抵制日货活动。

至此，驱张运动已成为一个全国性的反对北洋军阀割据残民的运动了。这时的张敬尧有如热锅上的蚂蚁。他一方面加紧高压政策，同时又兼施怀柔收买，动员少数归附于他的教育界败类，劝令各校复课，并派人贿

---

① 《湖南历史资料》，湖南人民出版社，1959年第2期。

赂学生代表，散布种种谣言，来离间代表团人员。所有这些手段，无不一一失败。

1920 年初，中国大地上风云变幻。直皖两系军阀利益冲突日趋剧烈。三四月间，驻湘直军、奉军等，由吴佩孚领衔，以全体官兵名义连续通电全国，控告张敬尧的搜刮政策，张敬尧已处在四面楚歌之中了。5 月下旬，吴佩孚率部由衡阳顺江南下，5 月 27 日过长江直趋武汉。吴佩孚由衡阳退兵时，早同谭延闿、赵恒锡约定，吴兵退一步，湘军进一步。在紧随吴兵后退的湘军进逼下，张敬尧无心作战，望风而逃。

1920 年 6 月 11 日，军阀张敬尧仓皇逃出长沙城。江水滔滔，欢腾北去。

驱张运动是五四运动在湖南的一个发展，是刚刚开始的全国反帝反封建运动的一个组成部分。张敬尧的败走，是件大快人心的事情。驱张运动本身是一次成功的反军阀运动，民气终于战胜了民贼，大大地壮大了湖南人民的革命力量，同时对全国的民主运动、革命势力，也起到了鼓舞作用。驱张运动是青年毛泽东成功组织和领导新民学会的第一次政治和社会实践。在这场斗争中，极大地锻炼了毛泽东的实际工作能力。如果说，新民学会在湖南反帝反封建斗争中取得的丰硕成果无疑是青年毛泽东交给早期中国革命的丰厚的见面礼，这些成果也奠定了毛泽东相比于其他地方党的领导人在国民革命事业中更有发言权的地位的话，那么，周南女校的师生在这场声势浩大的驱张运动中所表现出的昂然前行的姿态，勇敢无畏的精神，使周南女校永载光辉的史册，在历史的天空中熠熠生辉。

第四章　海国图志

阵痛之后

（一）

当黄河岸边柳荫树下，田间耕作的喘息与手摇纺车的吱呀声合奏着悠闲的田园慢板时，西方的蒸汽机头已经吼叫出震耳欲聋的工业交响曲。因着"海禁"与"闭关锁国"这两道自筑的围墙，清王朝依旧沉醉在"天朝上国"的美梦中而不自知。1840 年，是中国人难以绕开的一道分水岭，在这里英国人的坚船利炮轰开了中国的沿海门户，中国被迫步履蹒跚地从封建社会走向屈辱抗争的近代史。面对这"两千年未有之大变局"，一些开明人士从阵痛中开始觉醒并提出了"师夷长技以制夷"的主张。19 世纪 60 年代，历经太平天国运动和第二次鸦片战争的洗礼后，清政府实力派掀起洋务运动，仿照西方举办近代军事工业，从西方引进先进技术。与此同时，为培养洋务运动所急需的人才，清政府开始有计划地向世界先进国家派遣留学生，允许派遣留学生出国留学，这是一向保守的清政府在向西方学习道路上迈出的重要一步。

从 19 世纪下半叶至 20 世纪五四运动前后，中国先后兴起四次规模较大的留学运动。洋务运动期间，在容闳的主持下，从 1872 年开始，逐年分批将 120 名幼童派往美国留学，开了近代中国群体留学之先河。不久，

清廷为了培养军事人才，又派遣青年学生、下级军官到欧洲学习，形成了中国近代第一次出国留学高潮。甲午中日战争和维新变法运动后，中国兴起了一股研究日本、学习日本的热潮，1903年至1906年蓬勃发展的留日运动，是中国近代的第二次留学高潮。1911年，作为留美预科的清华学堂正式成立。这次留美热潮起源于美国退还部分庚子赔款，标志着中国近代史上的第三次留学浪潮开始形成。近代第四次留学高潮的留法勤工俭学运动，发端于民国初年，在1919年到1920年间即五四运动前后达到高潮。一批又一批的中国青年、有识之士，远赴重洋，赴法勤工俭学，希望学有所成，挽救危亡。

留法勤工俭学运动，是中国留学史乃至中国近代史上一件轰轰烈烈的大事。它是五四新文化运动的重要组成部分，是当时爱国知识青年追求新思潮、寻求救国图存之路的产物，是在中国旧民主主义革命和新民主主义革命交替之际，有志之士为寻求救国真理而开展起来的一场影响深远的群众运动，在中国革命史上具有重要地位，对后来新中国的成立与建设产生了深远的影响。

留法勤工俭学运动在1911年时就已经萌芽，在1919年到1920年间开始被国人广泛关注。在毛泽东、蔡和森为代表的新民学会的推动下，留法勤工俭学运动进入高潮阶段。因为这项运动不是官方教育部门组织的，所以不属于公费留学；但它也不同于以往意义上的自费留学，学生到国外留学，生活、学习费用大多由在法打工赚得。从某种意义上来说，这次运动也算得上穷人孩子的留学，为众多有梦想有追求但家境并不富裕的贫穷青少年，提供了一个可以锻炼自己、提高自己、实现梦想、改变命运的机会。

（二）

留法勤工俭学运动有一个渐进的发展过程。最初因为李石曾、蔡元培、吴玉章等清末民初留法学生的积极倡导，在俄国"十月革命"前夕兴起。

1907 年，吴稚晖、李石曾等人在法国巴黎共居陋室，缩减日常开销费用，"每人每月仅开销房费 15 法郎，伙食费 60 法郎"①；蔡元培于同年在德国柏林，以半工半读方式维持自费留学生涯。回国后，他们根据以节俭方式求学取得成效的亲身体验，积极倡导开展留法勤工俭学的活动。1907 年，直隶省高阳县的李石曾、齐竺山等人合股在巴黎近郊创办了一家中国豆腐公司。为了提高华工的文化知识和工艺技能，进而提高工作效率，李石曾在公司办了一个夜校，工人们白天做工，夜间学习中法文及普通科学知识，收到很好的效果。"豆腐公司工人工余求学，是旅法华工教育的起点，也是留法勤工俭学活动的开端"②。1912 年 4 月，李石曾、吴玉章、吴稚晖等在北京发起成立了"留法俭学会"。当时任南京临时政府教育总长的蔡元培，对这一活动给予了大力支持。在留法俭学会发布的公启上，倡办者们阐明了成立此会的目的，就是"改良社会，首重教育。欲输世界文明于国内，必以留学泰西为要图。唯西国学费，宿称耗大，其事至难普及。曾经同志筹思，拟兴苦学之风，广辟留欧学界。今共和初立，欲造成新社会、新国民，更非留学莫济，而尤以民气民智先进之国为宜。兹由同志组织留法俭学会，以兴尚俭乐学之风，而助其事之实行也"③。

为了帮助自费留法青年掌握浅易法语和一般西俗，留法俭学会在北京安定门内大方家胡同顺天高等学堂旧址设立了留法预备学校。在留法俭学会创办的同时，李石曾等人在北京成立了"留法女子俭学会"；吴玉章等人在四川组织了"四川留法俭学会"；吴稚晖、张静江等人在上海发起成立了"留法俭学会"，并附设留法俭学会招待所；李石曾还在法租界法国公立学校附设了法文预备班。这些组织的建立，有力地推动了留法俭学活动的开展。1913 年，孙中山领导的南方各省反对袁世凯独裁统治的"二次革命"失败，作为新思潮象征的留法预备学校也横遭厄运，被迫停办。

---

① 鲜于浩、田永秀：《留法勤工俭学运动中的四川青年》，巴蜀书社 2006 年版。
② 郑名桢：《留法勤工俭学运动》，山西高校联合出版社 1994 年版。
③ 清华大学中共党史教研组编：《赴法勤工俭学运动史料》（第 1 册），北京出版社1979 年版。

1915 年 6 月，豆腐公司工人李广安、张秀波等人根据多年的实践提出了"勤于工作，俭以求学"①的主张，并在李石曾、蔡元培等人的支持下发起成立了勤工俭学会。

第一次世界大战爆发后，法国遭到战争破坏十分严重，为解决劳力不足的问题而到中国招募华工，这为赴法留学提供了一个良好的契机。1916年3月29日，中法有关人士在巴黎自由教育会会所召开华法教育会发起会，会议上推举欧乐（大学教授、法国自由教育会会长）、蔡元培为会长。同年6月22日，华法教育会在巴黎召开成立大会，其发布的宗旨为："发展中法两国之交通，尤重以法国科学与精神之教育，图中国道德、智识、经济之发展"②。华法教育会除设立华工学校，还在法国都尔创办了《旅欧杂志》，由蔡元培、李石曾等人任主任编辑。

1916 年 6 月，袁世凯称帝失败，郁愤而死。蔡元培、李石曾、吴玉章等人回国，积极着手恢复停止活动四年之久的留法俭学会，并设立留法勤工俭学会及华法教育会。由此，这两个机构成为主办全国留法勤工俭学事宜的总机关。设立会所的同时，蔡元培等人还通过各种报刊发表文章和印发传单，广泛介绍留法勤工俭学的意义和办法。到了五四运动前后，为了更好地认识世界，改造中国，间接学习俄国革命经验，寻求马克思列宁主义真理，毛泽东、蔡和森、周恩来、赵世炎、吴玉章等有识之士更是积极倡导和发动赴法勤工俭学活动，极大地促进了留法运动的发展。

工读互助团成立后，以极大的热情实验新思潮——工读主义，这种思想萌发于第一次世界大战期间蔡元培、吴玉章、李石曾等人对旅法华工进行的实践教育中。欧战后，中国青年对于旧社会、旧家庭、旧信仰、旧组织以及一切旧制度充满了怀疑，且时刻在思考和寻求"新出路""新生活"。因此，工读主义正是在进步青年要求新生活的急切愿望下，作为一

---

① 清华大学中共党史教研组编：《赴法勤工俭学运动史料》（第 1 册），北京出版社 1979 年版。

② 清华大学中共党史教研组编：《赴法勤工俭学运动史料》（第 1 册），北京出版社 1979 年版。

种新社会、新制度、新生活的模式应运而生。

五四运动后，受新思潮的激荡，工读主义终于形成了较大规模的思潮，并出现了工读互助的实践活动。在工读主义教育思潮中，由于提倡工读的人，既有共产主义思想者，也有空想社会主义者和无政府主义者，虽然他们一致认为，为解决无钱求学的难题，应该提倡做工和求学相结合，做工和读书相结合的工学或工读教育；但是，有的把"工读"看作实现民主自由、发展实业、救济现行中国社会的武器，认为组织工学会的目的"是要把工和学并立，作工的人一定要读书，读书的人一定要作工"；有的主张通过普遍创办"工学主义"团体以改造社会，用"工学主义"精神来改造教育，再以教育改造社会。这显然是一种太过理想化的主张和做法。1919 年 12 月，在四川青年王光祈的积极努力下形成了当时颇为盛行的工读主义。一时间，北京、上海、天津等地陆续成立了以"本互助精神，实行半工半读"为宗旨的各种形式的工读互助团。其理想是建立一个无阶级、无剥削、无贫穷，"人人做工、人人读书、各尽所能、各取所需"的美妙理想社会。也有以李大钊为代表的初步具有共产主义思想的知识分子主张"实行半工半读主义，庶几乎达教育与职业合一"的理想，号召青年到劳工中去，认为要把现代的新文明从根底输到社会里面去。胡适则主张学习美国式的半工半读，将学生介绍到工厂劳动来赚取工资作为学费。

工读主义思潮这个所谓"新社会的胎儿"，在当时虽然流派纷呈，且短短的一段时间内就消逝了，可谓是昙花一现，但其历史意义和影响却非常深远。首先，它具有鲜明的反封建民主精神；其次，提出了"教育面向生产"，"为生产服务"和"与生产相结合"的方向，体现了中国近代教育发展的必然趋势，是历史的进步；再次，工读运动是青年知识分子与工农群众结合的最初尝试。自此开始，中国青年知识分子对体力劳动和工农群众有了新的认识，并且开始接触工农大众。正是在蔓延全国的工读主义思潮的影响下，一大批怀着报国之志意欲漂洋求学的青年学子纷纷加入到留法勤工俭学的行列中，以实际行动践履心中的理想。

　　虽然有留法勤工俭学发起者的大力提倡和组织，但 1917 年以前的留法俭学或旅法华工的以工求学，还只是少数人的活动，影响不大。五四运动后短短一年多的时间内，留法勤工俭学运动蓬勃兴起，并在全国形成空前规模的热潮。应该说，这与新文化运动的推动和俄国十月革命的影响密切相关。

（三）

　　开始于 1915 年的新文化运动高举"民主"与"科学"两面大旗，使得"中国人，尤其是广大青年，通过审视自己的人生观、世界观，激发他们对传统的执着批判，对西方文化的强烈渴望"[①]。"新文化运动的目标就是利用西方的新潮文化来攻击中国的落伍传统"，"反传统打破了中国人封闭性心理，在制度、精神、文化各个领域都向西方敞开了开放的大门，中国知识青年的思维方式和文化心理开始发生了根本性转变"[②]。思想解放的潮流激发了人们向西方学习的热情，特别是 1917 年俄国十月社会主义革命的胜利，更使在黑暗中寻找出路的中国青年看到了光明和希望，广大有志青年萌发了去列宁故乡寻求救国拯民之道的强烈愿望。但是，在帝国主义和封建军阀的阻挠和封锁下，他们无法到新生的苏维埃俄国去寻求革命真理。

　　而靠近革命高潮地区的法国，是巴黎公社的故乡，向来令人神往。加之战后的法国因欧战损失惨重，急需从国外补充劳动力，恰好给志愿出国的中国青年提供了以工求学的机会。这一时期，法国从长远的战略的角度考虑，也"把学校看作其渗透和影响中国的最佳领域"[③]，因而在相当一个时期内积极支持中国学生留法勤工俭学。正是在上述因素的综合影响下，富有五四爱国精神的广大青年不畏艰辛，远赴法国，努力寻找能打开

---

　　① 李利清：《"五四"新文化运动与留法勤工俭学》，《船山学刊》2001 年第 2 期。
　　② 李利清：《"五四"新文化运动与留法勤工俭学》，《船山学刊》2001 年第 2 期。
　　③ 霍益萍：《法国政府对留法勤工俭学运动的立场和态度》，《近代史研究》1997 年第 1 期。

祖国身上重重枷锁的"金钥匙"。

1917 年自行赴法的俭学生华林回国后，积极参与了重建北京留法俭学会预备学校的工作。为了使青年学生在赴法前不仅学会浅易的法语，还能掌握一些简单的劳动技艺，留法勤工俭学会于 1917 年下半年开始在直隶、北京等地筹建附设实习工厂的预备学校，并打算取得经验后推广至全国。

直隶省里县布里村留法工艺学校，是留法勤工俭学会在国内设立的第一所留法勤工俭学预备学校，第三期学生毕业后即停办。根据学生籍贯的不同，第二期学生分为南方班和北方班，南方班学生主要是 1918 年 10 月由蔡和森带队前来的湖南学生，北方班多直隶籍学生。保定育德中学附设的留法高等工艺预备班，内有实习工厂，共分锻工、锉工、翻砂、机械四部。预备班办了四期，其中第一班有部分学生转至长辛店预备班继续学习；第二班湖南学生最多，故有湖南班之称。北京高等法文专修馆于 1918 年开办，是当时预备学校中规模最大的一所，学生最多时达 600 多人，分为 12 个班。高等法文专修馆长辛店分馆工业科则是在长辛店京汉铁路修械厂附设的一个留法预备班，学生大部分来自湖南，其中就有周南女校的学生。随着留法勤工俭学运动的不断发展，各地相继建立了华法教育会分会，开办了各种形式的留法预备学校（班）。在不到两年的时间内，上海、四川、湖南、广东、福建、陕西、山东、直隶等省相继设立了华法教育会分会，预备学校也增加到 20 余所。这些组织的建立，加上当时各主要报刊如《新青年》《东方杂志》《晨报》《民国日报》《时事新报》的广泛宣传，以及一些社会名流的演说鼓舞，一时间，留法勤工俭学运动风靡全国。

1919 年 3 月 17 日，首届赴法勤工俭学生赴法，揭开了中国青年远赴法国勤工俭学的序幕。自此以后，全国赴法勤工俭学生络绎不绝来到上海、香港，乘轮启程，漂洋过海。根据当时报刊记载，"从 1919 年 3 月至 1920 年 12 月，华法教育会、留法勤工俭学会共组织了 20 批勤工俭学生赴

法"①。在这一熙熙攘攘的出国热潮中，会集了身份、职业、年龄、学历各不相同的青年和社会各界人士，其中以中学生最多，还有工人、政界、学界等人士。故当时报纸"要闻"称赴法勤工俭学成员为"探险远征队"。

广大中国勤工俭学生漂洋过海到达遥远的法兰西后，纷纷开始在求学的过程中寻求机会进入各类工厂磨练，并在投身勤工俭学运动中思考和探求强国富民之道。工学实践与教育结合的过程中，理论与实践有了一个良好的结合点，虽然有一些人曾为留法勤工俭学运动中纷繁复杂的思潮迷惑过，但他们探求新知的勇气与在困境中不退却的执着精神则令后来者敬慕。同时最难能可贵的是加强了知识分子与工农群众的联系，这为后来马克思主义深入中国并指导中国革命实践提供了宝贵的经验。

正值广大勤工俭学生着力宣传工读主义、潜心工学实践之际，资本主义经济危机席卷整个欧洲，留法学生的学习和工作都面临极大的困难，残酷的现实迫使广大留法学生在新民学会留法会员领导下奋起抗争，发动了"二二八"运动，进占里昂中法大学，并公推代表到公使馆与驻法公使陈箓交涉，在这一系列的斗争当中赴法学生开始觉醒，先后抛弃了各种不切实际的幻想，积极投身于革命实践中。

开始于 1912 年的赴法俭学及后来的勤工俭学，起初的目的在于欲"输世界文明于国内"以达到"改良社会"的目的。然而到五四时期，留法勤工俭学运动的性质发生了变化，原发起者所提倡的宗旨也逐步发生变化。在一批初具共产主义思想的革命青年的引导下，留法勤工俭学生中的部分人受到科学社会主义的熏陶而先后加入共青团或共产党，走上自觉革命的道路。他们致力于法国、德国、比利时等国的反帝爱国运动，献身于中国新民主主义的革命生涯；为"改造中国与世界"而奋斗终生。还有一部分中国有志青年为了报效祖国而学习西方先进的科技文化，节衣缩食，用做工挣得的法郎充作学费，进入法兰西、比利时等国各级各类学校

---

① 郑名桢：《留法勤工俭学运动》，山西高校联合出版社 1994 年版。

而学有专长，归国后，为国家的近代化、现代化做出了不朽的功勋，成为推动中国经济与文化发展的重要力量。

轰轰烈烈的留法勤工俭学运动前后延续十余年，直到大革命失败前夕才基本结束，它为寻找真理以改造旧中国的有志青年提供了一条路径，促进了马列主义在中国的传播，推动了中国共产党在国内的建立和发展，是中国近现代革命史与留学教育史的一块丰碑。

勤工俭学

（一）

1917 年 10 月，罗承鼎、戴勋在广州结识了广东留法俭学会会长黄强，随后有了留法俭学的念头，湖南青年赴法勤工俭学开始萌发。当时广州军事非常紧急，黄强担任援闽总司令部副官兼兵站部长，根本没有时间筹备留法预备学校，于是介绍罗、戴二人入京师预校。罗承鼎和戴勋持介绍书兼程返湘，"以由穗携回之章程散发湘中各校"，并向蔡元培和李石曾询问京师预校的情形。蔡元培回复说："如果湘省人数众多，可与湘教育会商议就省组织预校。"① 罗承鼎就此面请湖南教育会会长陈凤荒："陈以大兵驻省，经费、校舍均难设法，未允所请。"罗氏后又退至南县组织预校，响应者虽有数十人之多，终以无款而止。

1918 年 2 月，罗承鼎偕戴勋、段振襄、周楚善、高凤四人往京。他们多次拜访李石曾和蔡元培，针对开办留法预备班事宜进行交涉，最终都没有结果。罗承鼎等在京待了数月，"客囊久空，举火为奇，杜于皇之穷愁复见。"② 正值他们一筹莫展之际，新民学会所派代表、湖南省立第一师范学校学生蔡和森抵京，很快使湖南青年赴法勤工俭学事宜取得重大

---

① 张允侯、殷叙彝、李峻晨：《留法勤工俭学运动（资料集）》，上海人民出版社1980 年版。

② 杜于皇，即杜俊，明末黄冈人。明亡隐居不出，宁愿饿死亦不事清。

进展。

1919年3月17日，第一批勤工俭学学生在华法教育会和勤工俭学会的组织下，乘坐日本邮船"因蟠丸"离开上海赴法。"出洋的人数不下数百人。但大都为官费或自费而资斧充足的，还莫（没）有机会与留法俭学会的学生和那勤工俭学会的学生送别，这回是第一次。"① 标志着留法勤工俭学被真正意义上称为"运动"的开始，自此至1920年12月，共有二十批超过一千五百人的学生队伍②，在华法教育会组织安排下赴法，全国上下掀起了留法勤工俭学运动的热潮。由于这股热潮伴随着1915年兴起的新文化运动和1919年的五四运动，又逢1917年的苏联十月社会主义革命，致使许多中国青年学生产生了大量的新思想与新追求。首先，他们渴望了解西方的"民主"与"科学"，渴望探索出一条振兴中华之出路，因此它又与中国共产党的建立与发展有着密不可分的关系。一批中国共产党人从这场运动中诞生，并逐渐成长为中国革命的领导力量。其次，此时期复杂的内外环境，使中国女性开始了真正意义上自觉的妇女解放运动。大量知识女性积极响应留法勤工俭学运动，期间赴法女性近50人。当时报界曾热情称颂她们的赴法勤工俭学行为是"中国妇女解放运动史上一件别开生面的佳事"和"女子勤工俭学实为前所未有，亦中国女界之创举"。

（二）

湖南前往法国勤工俭学的人数占全国总数的四分之一，这与湖南当时的特殊环境息息相关。

首先，辛亥革命后，湖南政局动荡不安，各派军阀混战不断，政权更迭频繁，教育屡遭摧残。自张敬尧担任湖南都督兼省长以来，烧杀抢掠，

---

① 清华大学中共党史教研组编：《赴法勤工俭学运动史料》（第2册），北京出版社1980年版。

② 湖南省华容县政协文史资料研究委员会《海轮西去》编纂委员会：《海轮西去》，华中理工大学出版社1988年版。

无恶不作，时人咒之为"张毒"。民谣云："堂堂乎张，尧舜禹汤（张氏四兄弟敬尧、敬舜、敬禹、敬汤），一二三四，虎豹豺狼。""1918年3月，张敬尧进入湖南，即令军队占驻长沙各个学校"[①]。从此，学校成了军营，当时湖南第一师范被张敬尧所占领，400多师生仅剩3栋寝室，3间教室。很多学校、实习工厂被占，学生没法完成实习，食宿都不得不寄希望于校外，学校的经费被克扣得几乎为零。张敬尧还说"各校经费未能发给，无可讳言"，这样造成学生无法安心上课，师生食宿没有保障，教育一度处于停滞阶段。1918年10月，湖南第一师范等五校校长由于没有经费而联合辞职。11月，又有九所学校的校长联合缴印。至此，除部分学生逗留家中外，大多数有志青年纷纷开始谋求外省甚至国外的求学发展机会。

其次，法国当时的国情客观上给予了勤工俭学的可能性。第一次世界大战之后，"法国的农村劳动力由原来的560万锐减为300万"[②]，城市罢工运动此起彼伏。法国为了缓解劳动力短缺的现象，从中国大量招募华工。1916年，勤工俭学会在北京成立。第二年，在蔡元培、吴玉章和李石曾等人的推动下，以促进中国经济发展为目的的"华法教育会"诞生了。这一消息传到湖南之后，为当时苦闷彷徨的有志青年提供了一条通过继续教育，进而实现"实业救国""教育救国"理想的出路。

再次，以新民学会为首的团体的推进作用。新民学会成立于1918年4月14日，其发起者和组织者为毛泽东、蔡和森、萧子升等人。学会初创时的宗旨是："革新学术，砥砺品行，改良人心风俗。"在成立伊始，学会讨论最多的一个问题是"会员出省出国的问题"，即"会友向外发展的问题"。因为湖南交通闭塞，政治文化相对落后，"大多数会员有出省求学的意思"。此时，由湖南第一师范学校转任北大教职的杨昌济先生从北京来信告知新民学会会员，法国政府在中国大力招募工人，正是赴法勤工

---

① 《湖南省志》（第一卷），湖南人民出版社1980年版。

② 张允侯、殷叙彝、李峻晨：《留法勤工俭学运动（资料集）》，上海人民出版社1980年版。

俭学的好机会。会员罗章龙 5 月由沪带回的《新青年》第 10 期上又恰巧登有华法教育会号召青年赴法勤工俭学的文章。可以赴法勤工俭学的消息，引起了新民学会的高度重视。毛泽东与学会总干事蔡和森、萧子升等人，就青年出国留学的问题，特别是新民学会会员出国留学的事，反复研究，决定交由会员集体讨论。6 月中旬，新民学会在湖南第一师范学校附小召开了成立后的第一次会议。与会者包括萧子升、毛泽东、蔡和森、李维汉、张昆弟等十余名会员。会议确立了"会友向外发展"的方针，同时"对于留法运动认为必要，应尽力进行"，并决定由蔡和森、萧子升二人"专负进行之责"。这次会议之后的相当一段时间，新民学会的会务便集中在组织会员和湖南青年赴法勤工俭学方面，着重解决了湘生赴法旅费、扩大贷款名额和组织留法预备学校等重要问题，从而在实际上极大地推动了留法勤工俭学运动的兴起和发展。

第四，社会各界的大力支持。虽然留法勤工俭学所需费用只需 500 ～ 600 元，但在当时，对于广大的贫寒学子而言，仍是一笔难以承担的开销，因此社会各界纷纷伸出援助之手，使他们赴法求学成为可能。1917 年 8 月 1 日，《新青年》3 卷 6 号刊登了华法教育会成员华林的《与全国各县筹派公费留法商榷书》。文中提出各县出资筹派留法勤工俭学生，学成以后，"归中国本地方上振兴教育，扩充实业"。这一主张得到了各地方当权者的赞同，上至总统，下至县长，对留法勤工俭学大都持积极的态度。

1919 年 7 月，湖南省长亲自批示，沅江县、浏阳县和湘阴县酌情办理湖南赴法勤工俭学生川资。8 月，长沙县决定对川资困难的赴法勤工俭学生每人补助 100 光洋。李富春、罗俊明是最早得到这 100 光洋补助费的留学生。1920 年，湖南地方督军谭延闿捐赠 16 万元光洋，专用于湖南旅法学生还账及补习法文。政府的提倡、当权者的支持和赞助，客观上促成了留法勤工俭学运动风起云涌、一呼百应之势。详情见下表：

留法勤工俭学运动高潮中全国赴法学生（以湘籍为侧重点）人数统计①

自沪起程日期	船　名	总人数	湖南学生人数	抵法时间	备注
1919.3.17	因幡丸（日）	89	欧阳钦、林蔚等43人	5.10抵巴黎	徐悲鸿此批赴法
3.31	贺茂丸（日）	26	王兰馥、肖同等10人	5.20抵巴黎	经美国、英国伦敦转往法国
4.13	伊豫丸（日）	2	陈义、彭明晃2人	6.6抵巴黎	经美国、英国转法
7.13	三岛丸（日）	57	万振汉、罗学瓒等16人	9.2抵巴黎	经美国转法，年龄最小的王书堂（12岁）此批赴法
8.14	麦浪号（法）	70余人	周崇高1人	10.10抵马赛	陈毅此批赴法
8.25	盎特莱蓬号（法）	54	李振民、黄仁浩等10余人	10.1抵马赛	川籍青年党负责人曾琦于此批赴法
9.28	博尔多斯号（法）	19	徐特立、熊信吾等16人	11.12抵马赛	
10.16	渥隆号（美）	48	李卓然、谢端麒等22人	11.25抵马赛	黔籍青年王若飞此批赴法
10.31	宝勒加号（法）	207（另说204）	李维汉、李富春、贺果等80余人	12.7抵马赛	大量福建、广东籍学生由香港上船
11.22	勒苏斯号（英）	40	许孕六、陈可盒、郭观仪等3人	1920.1抵巴黎	贵州籍教育家黄齐生此批赴法
1919.12.9	司芬克斯号（法）	158	颜昌颐、范新顺、熊叔彬等36人	1920.1.14抵马赛	川籍青年聂荣臻、钟汝梅此批赴法
12.25	盎特莱蓬号（法）	90余人	蔡和森、向警予、蔡畅等7人	1920.1.28抵马赛	其中从香港登轮40余人
1920.2.15	博尔多斯号（法）	52	许德珩等数人	3.25抵马赛	由香港上船19人

---

① 黄忠军：《论湖南勤工俭学运动》，广西师范大学硕士论文，2008年。

自沪起程日期	船　名	总人数	湖南学生人数	抵法时间	备注
4.1	宝勒加号（法）	110余人	周敦宪、黄自厚、罗瑞芬等4人	5.7抵马赛	其中由香港登轮60余人，川籍王光祈此批赴法
5.9	阿尔芒勃西号（法）	126	萧子暲、陈绍休、欧阳泽等61人	6.15抵马赛	赵世炎此批赴法
6.25	博尔多斯号（法）	97	肖光炯、刘峻宇、陈公培等数名	8.4抵马赛	后由香港登轮120余人，川籍刘伯坚此批赴法
9.11	益特莱蓬号（法）	80余人	曾镇岳1人	10.19抵马赛	邓希贤（小平）此批赴法
11.7	博尔多斯号（法）	197	苏曜庭、余平等10人	12.13抵马赛	周恩来、郭隆真此批赴法
11.24	高尔地埃号（法）	22	劳启荣、魏璧2人	12.27抵马赛	刘清扬、张申府此批赴法
12.15	智利号（法）	134	何长工、罗承鼎、高凤等 13人	1921.1.20抵马赛	同船另有朝鲜籍学生16人

　　经过不懈的努力，留法湘生克服了重重困难，积极推进"勤工俭学事业"。到1923年，湖南在法读书的共122人（含比利时21人、德国6人）。其中攻读工科者42人、农科5人、商科3人、理科7人、美术7人，接受中等教育的46人。湘生入厂做工者为116人，除普通工24人外，还有机械工92人，包括锉床工38人，车床工26人，洗床磨床冷作工10人、翻砂工5人、机械制图工5人、电工1人、织工1人、化学分析1人①。

---

　　① 《大公报》，1923年6月28日。

负笈西游

近代社会以来，"男尊女卑""三纲五常"的传统窠臼是捆缚在妇女身上的沉重镣铐，从深居闺中到积极主动地参与社会运动，她们一步步走来，从最初的颤颤巍巍，逐渐开始昂首阔步。女性敢于突围，教育充当了重要助力，在一系列的社会实践过程中，促使女性逐步觉醒和解放，并发出要在社会上独当一面的诉求。

（一）

19 世纪以前的中国，是不存在女子学校教育的，社会对女性的普遍要求是"无才便是德"，女性往往要求做到"未嫁从父，既嫁从夫，夫死从子"，大多数女性只能接受以"男尊女卑"思想为中心的教化，女性没有独立的人格，只是男性和家庭的附庸。

开启中国新式女子教育的当属早期传教士，鸦片战争后，中国被迫打开国门，实行五口通商，大批传教士成为文化渗透和侵略的先驱者。最早的教会女学"艾迪绥女塾"、就是由英国传教士艾迪绥女士于 1844 年在宁波创办，后经改组合并，更名为甬江女子中学，是近代中国第一所具有现代意义的女学。随后教会女学不断涌现，甚至一度出现"教会所至，女塾接轨"[①] 的局面。

最初认识到女子教育必要性的是资产阶级维新派，梁启超于 1897 年在《论女学》中称"天下积弱之本，则必自妇女不学始"，力主"兴女学"。如 1898 年经元善在上海创办我国第一所自办的女学——经正女学，1902 年严复在天津创办严氏女塾，蔡元培、蒋观云在上海创办爱国女校，1903 年龙绂瑞、俞蕃在长沙创办湖南民力第一女学等，如雨后春笋般出

---

① 梁启超：《倡设女学堂启》，见林志钧编：《饮冰室合集·文集》第 2 册，中华书局 1989 年版。

现的女校及女子教育受到前所未有的重视，这对开通社会风气、唤醒中国妇女自我解放意识以及近代女子走出国门留学海外奠定了基础，拉开了女性积极参与社会活动的序幕。

金雅妹是中国历史上最早留学海外的女子，她并非来自达官贵族之家，也不属于官费或自费留学，而是受益于传教士的抚养资助。中国最早自发出洋留学的女子多是以伴读身份出现。她们随父兄或夫婿出国，并得到读书的机会。1905 年，湖南省派出 20 名女子留口，这也是我国最早的官费派遣女子留学活动。之后，许多省也纷纷开始用官费派遣女子留学，其课程内容主要是学习师范。1907 年，官费派遣女子留美学习也拉开了帷幕。在轰轰烈烈的妇女解放浪潮的推动下，女子留学运动拉开序幕，中国女性开始以一种崭新的方式，登上历史舞台。

（二）

随着留法勤工俭学运动逐渐步入高潮，女子赴法人数也开始增加，其中以湖南（378 人）、四川（346 人）人数居多。湖南女子留法勤工俭学热潮何以形成？

首先，从晚清至新文化运动的高潮中，伸张女权成了高涨的女权运动的旗帜。加上俄国十月革命注入了崭新的内容，在国内外多重因素的浇灌下，探寻妇女解放道路成了众多知识分子的共识，大多数知识精英把女子获得平等的教育权作为女性解放的首要途径。

其次，女子工读互助团实践失败刺激进步女青年开始寻求新的出路。1919 年末，北京女子工读互助团成立，宣布："凡是受黑暗家庭虐待的女子，或是受婚姻压迫的女子，或是受生活困难的女子，都可以到我们团来生活，我们可以共同向旧家庭、旧社会开始总攻击。"互助团的成员一般每日工作 4 小时，读书 4 小时，或者到女高师旁听，或者由女高师学生来团讲授，规模也由开始的十几人逐渐扩大，在上海、天津、广东、广西和湖南得到响应。女子工读团的成立，表达了女性希望通过个人努力，以半工半读方式实现妇女经济独立，进而彻底摆脱旧家庭的束缚，达到妇女解放的强烈愿望。遗憾的是，互助团在短短的几个月之后，便因为经费困难而被迫停办。在残酷的现实面前，女性同胞开始谋求新的出路，即在1919 年开始，一批进步女青年走上了另一种形式的女子半工半读教育形式——女子留法勤工俭学。12 月，周南的向警予、蔡畅等在长沙成立女子留法勤工俭学会，开启了湘女赴法留学的旅程。

第三，驱张运动后，谭延闿对教育局面进行整顿，湖南教育呈现新气象。宣传新文化的报刊、社团纷纷出炉。除《大公报》外，《湘江评论》《新湖南》《湖南教育》《湖南学生杂志》《女界钟》等报刊在各地如雨后春笋般涌现，且都以宣传新思潮、改造社会、批判旧道德和主张爱国精神为主流，蔚为壮观。与此同时，社团活动也非常活跃。如1918 年 4 月毛泽东、蔡和森创办的新民学会；1919 年 6 月朱剑凡、陈润霖等组织的健学会；12 月向警予、蔡畅组织的湖南女子留法勤工俭学会；1920 年 2 月李维汉、李富春等发起成立的勤工俭学励进会（8 月改为工学世界社）；同月毛泽东、何叔衡、方维夏等人发起成立的俄罗斯研究会；9 月毛泽东、陶毅等新民学会成员成立的长沙文化书社。大量报刊和社团活动的宣传，有力地推动了女性思想的解放，也为后期女性参与到社团甚至是社会改造活动中奠定了基础。

第四，湖湘文化及所受教育的影响。在中国近代史上，湖南人才辈出，这与湖湘文化的浸润及湖南教育的发展是分不开的。湖湘文化的特质可以用一个"蛮"字来概括。我们理解，除了"强悍""不怕死""尚武任侠"等精神之外，这个"蛮"字主要指湖南人所具有的"独立不羁""敢为人先""浩然独往"以及"以天下为己任"等精神特质。湖湘文化中爱国主义传统起着重要的作用，也是后来支撑着蔡畅、向警予等积极投身革命的重要精神动力。

在女子教育方面，湖南创建了省立女子第一、第二、第三师范学校，有些县还创办了县立女子师范职业学校。当时的周南女校是湖南正规的一所女子中学，在这里，校长朱剑凡先生的先进教育思想很好地贯彻落实，如他主张学生思想、言论、信仰自由，鼓励学生阅读进步书籍，走出家门

和校门参加革命斗争等。

在良好的湖湘文化和新式教育的熏陶下，很多女性逐渐开始走向求解放和革命的道路。在新文化运动时期，围绕长沙赵五贞自杀事件，湖南知识界掀起了控诉封建礼教、反对封建包办婚姻制度的高潮。"反对旧道德、争取妇女解放"成为新文化运动的重要目标之一。这些为日后妇女团体的登场和后来女子教育的发展创造了一个相对良好的平台。

新民学会的有力组织是推动湖南青年学子顺利赴法的重要因素。在毛泽东、蔡和森和萧子升等新民学会会员的带领下，湖南青年踊跃赴法，留法勤工俭学运动被推向了高潮。为了使参加勤工俭学的青年学子更好地适应法国的求学生活，在出发前针对其法语、普通知识和一些做工技能进行了一段短期的培训，有些女子还特别学习一些刺绣、编织技巧，如蔡和森曾借鉴萧子升对法国的调查情况，在湖南长沙建立了"湘绣艺术公司"，帮助赴法女子做好勤工俭学的前期准备。

1919 年 10 月，向警予从溆浦来到长沙，同蔡畅、陶毅在周南发起成立留法勤工俭学会，开设法文班。12 月 3 日，在法文班的基础上，正式成立湖南女子留法勤工俭学会，拟订章程，提出"实行妇女解放，劳工神圣，工读神圣"口号，以"将来回国，振兴事业教育"为目标；在"认定体力工作与脑力工作兼营并进"的基础上，规定"会员须随时随地组合二人以上交互工读，每周须互有一次以上之阅读报告，须随时提出关于女子之问题互相

向警予像

研究，以其结论作为本会同人之主张，由本会印刷发行之"，要求会员克

服"懒惰之习惯，奢侈之妆饰，邪僻之行为"。国内会址设于周南女校，国外会址设于法国巴黎豆腐公司①。

（三）

留法勤工俭学运动主要集中在 1919 年到 1920 年间，前后共有 20 批留法勤工俭学生在上海乘坐轮船赴法。在 20 批赴法俭学生中，女性共计 47 人，实际到达法国的共 46 人，其中湖南女子 12 人，四川 13 人，直隶 4 人，江苏 5 人，广东 7 人，辽宁 2 人，福建 1 人，河南 1 人，浙江 1 人。

1919 年 12 月，湖南连续组织了两批女子赴法勤工俭学，第一批是 12 月 9 日，范新顺、范新群②、熊淑彬三人乘法国邮船"司芬克斯"号从上海启程；第二批是 12 月 25 日，向警予、蔡畅、葛健豪③、熊季光、萧淑良和李志新六人于上海，乘坐法国邮船"盎特莱蓬"号赴法。这两批女子赴法，对全国震动很大。上海《时报》曾盛赞其为"女界之创举"④。尤其是蔡和森、蔡畅之母葛健豪不仅积极支持子女出国勤工俭学，且以 54 岁的高龄身体力行，成为青年人的榜样；第三批女子也被组织起来离开湖南奔赴上海，准备赴法，其中有备取生——周南女校的魏璧和劳君展。但由于不久后华法教育会以留法勤工俭学川资、学费短欠，经费无保障为由，一再要求暂缓赴法，因此很多候船的学生被迫返乡。周南女校校长朱剑凡曾委托蔡元培代为照顾劳君展和魏璧二人，因此在这种困难状况下，劳君展和魏璧脱离了女子留法预备团，在新民学会的帮助下，提前于 1920 年 11 月 24 日随蔡元培一起乘法船"高尔地埃"号启程赴法⑤。

---

① 《女子留法勤工俭学会成立》，《大公报》，1919 年 12 月 3 日。
② 范新群，有些资料显示为范新琼，应为发音缘故，当指一人。
③ 葛健豪，湖南双峰人，1919 年底赴法勤工俭学，后参加 1921 年 2 月 28 日留法勤工俭学会学生发动的"二二八"运动。1924 年回国后在长沙湖南平民女子职业学校担任校长。1943 年病故，时年 78 岁。
④ 苏平：《蔡畅传》，中国妇女出版社 1990 年版。
⑤ 中共中央党史资料征集委员会征集研究室编：《中共党史资料专题研究集党的创立和第一次国内革命战争时期》，中共党史出版社 1989 年版。

　　另外，还有两位湖南籍女性参与了留法勤工俭学运动，一位是在北京女高师读书的舒之锐①，另一位是周南女校的胡意诚。舒之锐与向警予一样是湖南溆浦人，1898 年 3 月生。清末期间曾在长沙东乡隐储小学堂读书，1917 年毕业于湖南省第一女子师范学校。1919 年毕业于北京女子高等师范学校文科。1919 年 10 月 31 日，随第四批留法勤工俭学生，乘坐法轮"宝勒加"号，踏上了留法之旅。另一位女性胡意诚，于 1920 年 6 月，途经新加坡时胃病严重发作，便留在新加坡一位华侨家养病，未能赴法勤工俭学。至此，留法勤工俭学期间，赴法湖南籍女性共 13 人，到达法国勤工俭学的有 12 人。可以说，湖南女子是"羡男生以工求学之精神，亦欲为同样之组织"的带头人，她们开通了女子赴法勤工俭学的风气。湖南赴法女性情况如下表所示②：

姓名	出生年（月）	赴法年龄	毕业学校
舒之锐	1898.3	21	北京女高师
范新顺	1901	18	省立第一女子师范
范新群	1902	17	省立第一女子师范
熊淑彬（作璘）		25	周南女校
李志新		25	省立第一女子师范
向警予（原名俊贤）	1895.9	24	周南女校；创办溆浦女校
葛健豪	1865.8	54	
萧淑良（珉）		20	省立第一女子师范
熊季光 （作莹，后改名楚芸）		20	周南女校
魏璧（韫庵）	1900	23	周南女校
劳君展（启荣）	1900	20	周南女校
胡意诚	1890.2	26	周南女校

　　①　中央文史研究馆编：《中央文史研究馆馆员传略》，中华书局 2001 年版。
　　②　清华大学中共党史教研组编：《赴法勤工俭学运动史料》（第 1 册），北京出版社 1979 年版。

"天将降大任于斯人也"，所有的艰难困苦到最后都会成为其成长的养料，因为艰辛不是屈辱，艰辛不过是岁月的灰烬。勤工俭学的人（学生）大多家境不宽裕，为了节省开支，他们多选择条件极其艰苦的临时加载的船底货仓，经历了40多天的海上漂泊后，他们陆续到达法国。面对异域的实际环境，国内的短期培训是远远不够的，"本为求学而来"，加上法国当时实行的是8小时的工作日制，半工半读在当时很不切实际，因此，很多湘籍青年根据个人的经济、学识、体力、技艺等情况，直接做工，为将来求学储蓄资金；有的人先入学；有的人先学习法文，再转到工厂做工。据法文档案记载，1921年2月，湘生在法国各校就读人数达到165人，主要集中在蒙达尼女子公学、女校及木兰公学。新民学会的几位女会员如向警予、蔡畅、熊季光、熊淑彬在蒙达尼女子公学学习，第2批赴法的10名湖南青年全入了木兰公学，徐特立也被分入该校。在法期间，湘籍留学生自强不息，堪称典范。

第一，刻苦求学，自我解放。为了早日突破语言难关，他们"都是勤勉奋发，晏睡早起，孜孜不倦，并无人监督驱使"[1]。"决志求学，不怕法语难学，也不怕学校规则太严"[2]的徐特立老先生，学习法文更是刻苦。他"只用了七个月的时间，就把一些普通常用的法语掌握了"。徐特立的言行，带动了大批留法青年学生，熊信吾曾回忆说："徐老那种虚心好学，不耻下问，甘当小学生，刻苦向上，朝气蓬勃的精神，给了我们青年人以极大的影响。"[3] 在蒙达尼女子公学的女生在学习的同时，还需要做工来维持生计和学业。向警予曾在橡胶厂、纺织厂做工[4]，蔡畅曾在电灯厂、橡皮鞋厂和一家印刷丝手巾厂做过工[5]，而葛健豪则利用业余时间进

① 《罗学瓒答徐特立书》，《晨报》，1921年10月30日。
② 徐特立：《留法老学生之自述》，《徐特立文集》，湖南人民出版社1986年版。
③ 清华大学中共党史教研组编：《赴法勤工俭学运动史料》（第3册），北京出版社1981年版。
④ 何鹤志：《向警予思想初探》，《向警予纪念文集》，湖南人民出版社2005年版。
⑤ 区梦觉：《我最敬佩的蔡畅同志》，《妇女运动的先驱——蔡畅》，中国妇女出版社1983年版。

行刺绣，她的湘绣作品受到法国贵妇人的喜爱，卖价不菲。

异国的一切都是陌生的，大多数女生举目无亲，心怀妇女解放思想的她们带着对未来的美好憧憬，参与到勤工俭学运动中，生活既紧张又艰苦，但这些女青年在如此恶劣的条件下，依然坚持着自己的求学梦想和追求，她们都是中国近代勇于冲破封建枷锁、敢于自我解放、追求人生理想、实现自我价值的新女性。她们为中国女性开启了一个崭新的时代。

第二，发动"二二八"运动。1920年上半年，留法勤工俭学生在法国的勤工俭学生活，虽然辛苦但总体来讲是比较顺利的。但1920年6月后，华法教育会和勤工俭学生之间的关系开始日趋恶化。原因是多方面的，首先，战后法国经济萧条，货币贬值，物价飞涨，而一战初期短暂的用工荒也很快消失，工作岗位变得更加紧张。资本主义经济危机笼罩了整个欧洲，工厂普遍出现歇工、倒闭，生活愈加困难。其次，华法教育会对于应对危机的措施不够健全，面对这样的困局往往措手不及；最令俭学生们气愤的是华法教育会工作人员利用工作之便，将国内政府及各地寄来资助学生的捐款私吞。针对这一情况，学生们纷纷要求华法教育会召开勤工俭学生大会，公开账目，华法教育会想搪塞了事的做法直接激化了其与俭学生之间的矛盾。1921年前后，勤工俭学生十有七八没有了工作，只能靠微薄的"维持费"或者贷款度日。就在勤工俭学生举步维艰之时，蔡元培于1921年1月12日和16日以华法教育会会长的名义发出两项通告，宣布华法教育会与勤工俭学生脱离组织关系和一切经济关系。蔡元培的通告引起了留法学子的恐慌，刘廷璧竟因"有志未遂，羞见故乡父老"而自尽。

很多时候，残酷的现实往往成为最有力的武器。年轻的勤工俭学生逐渐认识到，只有通过斗争，才能求得生存、工作及学习的权利。以蔡和森为首的蒙达尼派积极发起争取"生存权"和"求学权"的运动，他们指出："际此资本主义盛行之时，吾人置身劳动界，即无异为资本家作机械，作牛马，故欲打破现象，必不在现代组织下劳动。"① 这一主张得到了大多数勤工俭学生的拥护。在法各地勤工俭学生代表曾于 1 月底在巴黎集会，要求有关负责部门承担起应有的责任，长沙《大公报》主笔龙兼公也呼吁"湘政府急宜设法救济留法湘生"，以求继续资助在法俭学生，而中国北洋政府却以"中央政府奇绌，无款可资"为由，对留法学生置之不理，湘省政府也借口"财政奇涸"，仅拨款万余光洋，作湘生维持之费。省议会还议决："不得再汇款接济留法学生，所有在法之湘籍学生一律遣送回国"，并将此事交予在法公使陈箓处理。陈箓接电后，立即成立"留法勤工俭学生善后委员会"，通告学生如有愿回国者须于 3 月 1 日前报名，逾期未报名者，有关部门概不负责。同时，一些本在法国学校读书的学生，因无法交出学费而被限期离校。勤工俭学生已走投无路，他们再也无法忍耐，在先进青年的领导下，纷纷赶赴巴黎，"二二八"运动就此爆发。

2 月 27 日上午，在蒙达尔纪一家咖啡馆，各地代表和巴黎近郊学生共计 400 余人，其中有女生 21 人，召开了留法勤工俭学生代表大会，决定 28 日一同前往巴黎公使馆示威请愿，并确立此次运动口号为争取"生存权、劳动权、求学权"。

2 月 28 日上午，李维汉、张昆弟、贺果等四百多名勤工俭学生在蔡和森等人的领导下齐聚巴黎，向中国驻法公使馆进发。向警予、蔡畅、葛健豪、熊淑彬等女生走在队伍的最前面。由于法国警察阻挡，勤工俭学生公推代表到公使馆与驻法公使陈箓交涉。在他们的强烈要求下，陈箓被迫出来与学生见面。在被学生驳得理屈词穷之际，陈箓竟授意法警毒打勤工俭学生。数百名勤工俭学生在驻法公使馆附近与法警相持了大半天，最终请愿学生被法警暴力驱散。

在这场争取求学权、生存权的斗争中，郭隆真目睹并亲身体验了留法俭学生生活之艰辛，她义愤填膺，咬破中指写下"人道血书"，向国内呼

① 《旅欧周刊》（第 67 号），1921 年 2 月 19 日。

吁求援，并附上泪书解释俭学生身处绝境的原因。这两封信在国内掀起惊涛，不仅唤起了国内各界爱国人士的极大同情和支援，也震撼了不负责任的当局政府。张若名作为北京《晨报》的驻法特约通讯员，"二二八"运动前后也撰写了《留法俭学生之恐慌与华法教育会》和《留法俭学生最近之大觉悟》两篇文章①，向国内介绍了留法俭学生的处境与状况。

"二二八"运动虽然没有达到预定的争取"生存权与求学权"的目的，但迫使中国公使馆延长发放1个月每人每日5法郎的救济，巴黎华法教育会也应允继续为失工学生找工作。这次运动深深地教育了赴法湘生及广大勤工俭学生，使他们认识到工读主义不可能是救国救民之法宝。李立三在当时即指出："对于勤工俭学的组织，应该具远大的眼光，不宜仅以解决勤工俭学问题为职责，并宜预备将来社会革新的基础。"

第三，反对中法秘密借款。在"二二八"运动失败后的几个月时间里，许多无工可做的学生得到了法国官方和一些用工部门的资助和支持，随后为处理留法勤工俭学生事宜，他们成立了"中法留法青年监护委员会"，在一定程度上接替了华法教育会和中国驻法公使馆，来处理留法俭学生善后事务。而且还给学生们发放了五个半月的维持费，他们将俭学生送入一系列法国的工业实习学校，这里收费低廉，学生既可学习法文，又可学习工业技能。在当时，对于深陷困境的中国学生来讲，确是一件值得称赞的好事。

1921年6月初，北洋军阀政府派遣专使朱启钤，代表中国总统徐世昌赴法接受巴黎大学名誉法学博士学位，随之而来的还有专办卖国借款事宜的吴鼎昌，这引起了在法华人的怀疑，他们通过各种途径确定了朱、吴二人此行的真正目的。中法秘密借款的主要内容是：中国向法国政府共借款三亿法郎（后增至五亿），其中两亿存进中法实业银行，挽救其即将破产的局面，一亿用来购买军火，另外朱、吴二人可以从中得到回扣，条件

---

① 清华大学中共党史教研组编：《赴法勤工俭学运动史料》（第2册）（下），北京出版社1990年版。

是由法国监理收税 50 年，并获得滇渝铁路的建筑权。闻得此消息后，旅法华人气愤不已，在各类组织的领导下，成立了"拒款委员会"，掀起了声势浩大的拒款斗争。

首先，各类组织在旅法华人中加大了宣传力度，以传单、通告及信函等形式，将借款活动的由来、内容和危害性进行广泛宣传。之后便召开有规模的拒款大会。

第一次是于 6 月 30 日在巴黎哲人厅召开的大会，转天中法实业银行即宣布倒闭，借款一事也似沉寂。之后，勤工俭学生通过法国当地报纸，了解到中法双方已秘密商谈，并定于 7 月 25 日签字。这一消息震惊了旅法华界，他们于 8 月 23 日再次召开了拒款大会。代表陈箓出席大会的秘书王曾思，迫于留法俭学生和爱国华人的压力，不得不声明"中国无秘密借款之必要，倘此次大借款及以后他种借款成立时，公使及全体职员立时辞职，以谢国人"。并在该声明书上签名留证。这次的拒款斗争最终获得了成功，斗争前后，留法俭学生始终站在前列，参与组织与领导工作。第二次拒款大会前夕，"中法留法青年监护委员会"曾扬言，若俭学生继续干预政治，法方将考虑停发维持费。但满怀爱国之志的留法俭学生并没有考虑个人利益，他们仍然积极参与反对中法秘密借款运动。向警予、蔡畅及刘清扬等妇女运动领袖，也都积极投身其中，刘清扬还出席了拒款大会。虽然很多留法俭学生正在领取法国发放的维持费，但为了捍卫祖国的利益，他们义无反顾地与反动当局进行斗争，体现了他们可敬的爱国主义精神。

第四，进占里昂中法大学。如果说"二二八"运动使赴法的青年学生开始觉醒，随后的"反对中法秘密借款"斗争的成功更是坚定了他们斗争的信念。人的信念既是扫荡怯懦的最好药方，也是人的精神所在，没有信念的人，是精神上的贫穷者。正是在这股力量的支撑下，让留法俭学生即使在树叶落尽、河水枯干、鲜花凋零的季节里，也有力量在心底塑造出一个鸟语花香的世界，而最终使他们抛弃之前的工读主义幻想的当属"进占里昂中法大学"事件。

　　里昂中法大学，亦称中法大学海外部，是中国最早，也是唯一一所在法国筹建的大学，该校是李石曾等人以解决赴法勤工俭学生的求学和生活问题为名，从法国政府和中国南方军政府募集一批经费而创办的。该校与俭学生之间有着不可分割的历史渊源。

　　"二二八"运动失败后不久，留法勤工俭学生自然将注意力转移到正在筹建的里昂中法大学上，希望可以通过该校的建立和招生，来解决他们生活、学习所遭遇的困境。在争取里昂中法大学求学权的问题上，女子勤工俭学生同男同学一样，积极行动，发挥了重要作用，在妇女解放运动史上留下了光辉的一笔。5月31日，向警予和蔡畅、劳启荣、魏璧、熊季光、熊淑彬等6名新民学会在法会员，组织了"开放海外大学女子请愿团"，并特别撰写《留法女生对海外大学之要求》，提出三点要求："名额平等或不加限制；免除考试，程度不足者，设补习班；津贴学费。"① 她们认识到女子之所以发展程度不够，是因为社会制度和教育所致，《要求》体现了留法女性争取男女教育平等的强烈愿望，以及她们如饥似渴的求学热忱。为争取女性的平等教育权奔走呼号，要求即将成立的西南大学所属的海外大学招收女生，这既是"二二八"运动的继续，也为后面女性同胞的继续抗争埋下了伏笔。

　　然而，这一切却并没有改变北洋政府和法国当局的态度，吴稚晖毫不理会俭学生和国内各界数次的呼吁和建议，在国内招考录取118名学生，其中多为官僚富豪子弟，并由他亲自陪同于8月乘船送至法国，9月底全部送入里昂中法大学学习②。同时他还设立种种不利于贫困俭学生的入学壁垒，将大多数留法俭学生挡于中法大学门外。法国当局愤于勤工俭学生对于反对中法秘密借款一事的参与，破坏了其在远东的利益，将于9月15日停止发放维持费，学生们的生活、学习又将陷入困境。迫于生存与

　　① 开放海外大学女子请愿团：《致女界全体书（一九二一年五月）》，见中华全国妇女联合会妇女运动史研究室编：《中国妇女运动历史资料1921—1927》，人民出版社1986年版。

　　② 鲜于浩：《留法勤工俭学运动史稿》，巴蜀书社1994年版。

求学的需要，在留法勤工俭学生联合会组织下，各地勤工俭学生代表一致通过"以开放里大为唯一目标"，并提出"誓死争回里大"，"绝对不承认部分解决"，"绝对不承认考试"三大口号，并决定由各地俭学生代表组成"入校先发队"，占据里大。

9月21日，先发队一百多人到达里昂中法大学，其中包括新民学会成员、女性俭学生熊季光。校方早有准备，锁上教室不让学生占据，后又有法国警方介入，将先发队俭学生全部囚禁。消息传到巴黎，俭学生中的先进青年四处奔走，组织营救。他们积极地与吴稚晖协调进入里昂中法大学的相关事宜。与此同时，当时在法的教育界人士都颇为同情俭学生的处境，出面协助从中斡旋。身在国内的蔡元培、李石曾也提出方案，并想方设法筹措资金，以满足勤工俭学生进入里大学习的意愿，但在法国的吴稚晖并不认同，勤工俭学生的命运有如风中稻草，任人摆布。10月13日晚，驻法公使馆与法国政府一道，以"过激党""在法宣传共产主义"的罪名，宣布将先发队同学押送回国。蔡和森、李立三、郭春涛、陈毅、罗学瓒及女生熊季光等105人，在囚禁了28天之后被全副武装的法国警察押送至"波尔加"号邮轮，学生们的行李用品均散于法国各地，很多人身无分文便被遣送回国。

开放里昂中法大学的斗争目的是为了解决全体俭学生的生存与求学问题，由于各方原因，虽未达到预期目的，但通过这一系列学生运动，俭学生中的很多人意识到，欧洲的资产阶级民主制度，其实并非想象中的那么理想，这对他们中的部分人后来走上无产阶级的革命道路，产生了很大影响。

（四）

五四时期是中国社会急遽变动的时期，缤纷的思想夹杂着强烈的变革诉求，在新文化运动和教育改革的感召下，受湖湘文化熏陶的湖湘青年在留法勤工俭学的过程中始终洋溢着鲜明的特点。

第一，开女子留法勤工俭学先河，且发展迅速。

在此之前，女子出洋的极其有限，且多为公费，靠勤工俭学自费留洋的，湖南女子算是开了先河。1919 年夏，新民学会成员蔡和森由京返湘，动员其母葛健豪和妹妹蔡畅赴法。12 月，"羡男生以工求学之精神，亦欲为同样之组织"① 的向警予、蔡畅等人，发起成立了"周南女子留法勤工俭学会"。以此为基础，她们深入稻田、涵德、崇实等女子学校进行赴法勤工俭学的发动和组织工作。同年底，又在长沙发起成立了"湖南女子留法勤工俭学会"，这是留法运动中唯一的妇女留法勤工俭学组织。湖南最早拉开了女子留法勤工俭学的序幕。随后，"以湖南为开端，浙江、江苏等地先进的女性也参加了赴法勤工俭学运动，它增添了五四时期妇女解放运动的光荣一页"②。

第二，赴法学生众多，且年龄参差不齐。

留法勤工俭学运动中，先后有 20 批赴法学生，每一批都不乏湖湘儿女。湖南是人数最多的省份之一，有力地促进了全国留法运动高潮的到来。湖南赴法勤工俭学生多数是自备资费的青年学子，平均年龄为 22 - 23 岁，多半来自长沙、醴陵、浏阳三县。除此之外还有两位年老的学生，即在湖南教育界享有盛名的 43 岁的徐特立，以及 54 岁的葛健豪。《大公报》曾盛赞徐、葛二老之壮举："近来吾湘学界向外发展的势力很大，法国南洋两方面，去的人颇多，这是吾湘一点生机，我们所宜极力赞成。就中我最佩服的还有两位，一是徐君懋恂（按：即徐特立），一是蔡君和森的母亲，都是四五十岁年纪的人，还远远地到法国去做工，去受中等女子教育，真是难得哩！"③

第三，具有浓厚的政治色彩。

湖南因为长期的军阀混战，教育遭受摧残很严重，民众生活困苦，渴

① 《留法女子勤工俭学情形》，《时事新报》，1921 年 1 月 30 日。见清华大学中共党史教研组编：《赴法勤工俭学运动史料》（第 1 册），北京出版社 1979 年版。

② 森时彦著，史会来、尚信译：《留法勤工俭学运动小史》，河南人民出版社 1985 年版。

③ 《向外发展》，《大公报》，1920 年 5 月 14 日。

望摆脱暗无天日的统治。新民学会会员张昆弟在日记中要求自己"振汝筋骨，奋汝雄心，冲决汝一切魔障，向前追进，大呼无畏，大呼猛进，为汝作先锋队焉"，表现了湘籍青年"本着冲动与环境的压迫，勇往前进"的奋斗精神。加之湖南留法勤工俭学运动的骨干——新民学会所反复讨论的问题正是"如何把解决个人出路问题与整个社会的改造问题结合起来"，多数湘生都想通过勤工俭学这条道路来实现实业救国、教育救国、科学救国的愿望。正如李维汉所说："我们都是只受过中等教育的青年，有提高科学文化水平的愿望，但因家境贫寒，无力升学"，"我们都是怀有爱国主义思想的比较先进的青年，亲受帝国主义侵略、军阀战争和豪绅买办阶级压迫、剥削之苦，痛恨旧的社会制度。我们又多少参加五四运动或者受过它的影响，向往科学与民主"，一旦知道可以到法国经过勤工俭学达到目的，"便想尽办法奔向这条路上来"[1]。

第四，有一个核心的组织。

作为一个较先进的地域性社团，新民学会大力倡导和积极实践留法勤工俭学，在湖南赴法勤工俭学运动中发挥了重要作用。由于有新民学会这样一个核心领导力量，湖南留法勤工俭学运动兴起得很迅速。毛泽东等人刚得知有人组织赴法勤工俭学的消息就讨论了出国留学问题，把发起留法运动作为组织活动的当务之急；从蔡和森 1918 年 6 月筹划赴法的前期准备工作，到第一批湘籍勤工俭学生赴法，前后相距不到一年时间。湖南留法勤工俭学运动兴起得也很热烈，全国最早的四所留法预备学校筹建于直隶和北京，在这些学校学习的湘籍学生人数众多。1919 年 4 月，萧子暲这样介绍留法勤工俭学预备学校的近况："学生以湖南为最多，自去年秋截至今年二月，已来三百人，而为八班。有全系湖南学生为一班者，有合少数他省学生为一班者。"为了促进留法勤工俭学事业的发展，早期勤工俭学倡导者于 1912 年在北京发起了留法俭学会，1916 年在巴黎成立了华法教育会，但直到蔡和森为赴法之事到达北京时，华法教育会在组织勤工

---

① 李维汉：《回忆新民学会》，《历史研究》1979 年第 3 期。

俭学生赴法事宜上的准备工作并未就绪。正是在蔡和森的大力敦促下，毛泽东等 20 余名湖南青年来到北京，并造成一种强大声势以催促那些发起人，华法教育会才匆忙决定开办几所专门的留法预备学校。"从这个意义上讲，毛泽东等人到京，应是赴法勤工俭学运动勃兴的重要标志之一，在相当程度上把运动高潮兴起的时间明显地提前了"①。

运筹帷幄

在人生旅途中，总有那么一些勇于昂首阔步的佼佼者。他们胸襟开阔，他们时常举胸中块垒与雷霆碰杯，倾一腔热血与朝阳争晖。毛泽东便是其中的敢于昂首直腰、与天比高的"壮汉"。他虽没有亲自参加留法勤工俭学会运动，但与其着密切的关系。在临危受命的情境下组织湖南青年进入留法预备学校，并因此促进了全国性运动高潮的提前到来。通过蔡和森等留法会友，对运动的发展变化起到至关重要的作用，许多留法学子后来走上了信仰马克思主义和俄国十月革命的救国道路，由之前的工读主义转向共产主义，为日后肩负起中国革命的大任提供了一大批的宝贵人才。作为女校，周南学子的留法勤工俭学活动、女性解放以及开眼看世界等行动均深受毛泽东的影响。

（一）

在 1915 年，毛泽东就读于湖南第一师范时就将征友启事分寄到长沙各个学校，同时也寄到了周南女校。毛泽东与蔡和森等进步青年经常活动，蔡和森的妹妹蔡畅 1916 年已经在周南附设的小学里执教。通过蔡畅，毛泽东与周南女校进步教员和学生相识。

1918 年 4 月 14 日，毛泽东、蔡和森、萧子升所组织的新民学会成立。学会成立后，陆续在长沙各学校的进步学生和青年教师中发展会员，周南

---

① 鲜于浩、田永秀：《留法勤工俭学运动中的四川青年》，巴蜀书社 2006 年版。

成为新民学会物色会员的重点。周南学生魏璧、周敦祥、劳君展和女教员陶毅一起加入新民学会，"新民学会有女会员是从她们四人开始的"①。1919年4月6日，毛泽东从上海回到长沙，组织团结青年，广泛联系对张敬尧表示不满的教育界人士。毛泽东与周南女校诸人关系密切，曾频繁与周南教员陶毅、钟国陶、李云杭及学生李一纯（1920年2月毛泽东致陶毅信中提到与李的通信）等通信。另外与周南学生劳君展、周敦祥、魏璧、周毓明、戴毓本等交往很多，她们都是新民学会会员。而周南校长朱剑凡则与毛泽东关系更为密切。且早在周南创校之初，朱剑凡先生便已与毛泽东相识、相知。朱剑凡的子女在回忆中说："朱剑凡虽年长毛泽东近10岁，却对毛泽东相当佩服，认为此人学识不凡，心胸高阔，必为安邦济世之才……两人惺惺相惜，每逢相聚，必登长沙岳麓山，吟诗作文，抒发胸际豪情。夜晚则在灯下谈论时政古今，每每至东方破晓。在长期的接触中两人结下了深厚的友谊。毛泽东对朱剑凡也有很高的评价，认为他有见识，有信仰，品行端正，学识渊博。"在新民学会组织留法勤工俭学、组织文化书社等活动中，毛泽东通过书信与周南的诸会员密切联系、互通声息。

新民学会成立不久之后，萧子升、蔡和森和毛泽东等学会的总干事等人就"新民学会会员怎样出国留学的事"进行了具体的探讨。在1918年6月中旬新民学会在湖南第一师范附小召开学会成立后的第一次会员会议，确定了"会友向外发展"的方针，并决定由蔡和森、萧子升负"进行之责"。毛泽东在说明参加留法勤工俭学活动的目的和计划后，鼓励大家说："我们的同志应该到国外去学习，各方面的问题都要学习和研究，不但要学习科学技术知识，也要学习革命理论和一些先进国家的革命经验。我们学到了革命理论和革命经验之后，就可以回到祖国去各地搞革命了。"② 此后，毛泽东主要承担起奔走宣传和组织的重任。

---

① 中国社会科学院近代史研究所编：《五四运动回忆录》，中国社会科学出版社1979年版。

② 何长工：《留法俭学的斗争和旅欧总支部的成立》，《文史资料选辑》第56辑。

　　湖南青年因款项难筹等原因，"起初愿往极少"。蔡和森到达北京后，通过李石曾、蔡元培等华法教育会的人士的帮助，侨工局同意借款五六千元，解决 25 名湖南青年赴法的费用，至 1918 年 8 月初仅有 6 人前往，人数达不到，款项极有可能落空，后经过毛泽东和新民学会诸多会友的大力鼓动和不懈努力，至 8 月 15 日，仅随同毛泽东一道晋京的便有 25 名湖南青年。除萧子升、萧子璋、张昆弟、熊光楚、曾以鲁、李维汉、罗学瓒、罗章友、邹彝鼎等 11 名新民学会会员外，尚有李富春、贺果、任理等十余名湘籍青年。毛泽东一行由湘至京成为湖南组织青年赴法勤工俭学的一个重要转折点。

　　不久，在北京的湖南青年骤增至四五十人，居各省之首。在新民学会的大力活动下，北上湖南学生多入保定育德中学和附设于北京大学的高级留法预备班以及保定附近蠡县布里村的初级留法预备班，进行赴法前的训练。大批湘生进入留法预备学校后，毛泽东、蔡和森等新民学会骨干仍对他们进行细致的关心和指导。据何长工回忆，"毛泽东不断到长辛店来。我知道的就有两次"。毛泽东第一次到长辛店时，"和厂方商量能否增加点预备班的学生，然后到我们的教室看了一下，晚上就住在我们宿舍里。他和我们坐在土炕上，问我们的学习和生活的情况，还询问我们有什么困难"。不仅如此，毛泽东和蔡和森在学习和工作的同时，还抽出时间，为湘生办理各种手续，帮助经费困难的人筹款。在各种预备学校学习的湘籍青年也不负众望，收获颇丰，不仅掌握了最基本的生产知识，也为后面组织深入了解工人阶级，加强与工人阶级的联系打下了基础。新民学会会友罗学瓒在进入北京大学附设的高级留法预备学校后，于其家书中也极力赞扬毛泽东组织青年赴京之举："此次在长沙招致同学来此组织预备班出力甚多，才智、学业均同学所佩服。"① 根据华法教育会要求，毛泽东代表湖南青年亲自制订了一个赴法勤工俭学计划，大致内容是说明赴法勤工俭

---

　　① 张允侯、殷叙彝、李峻晨：《留法勤工俭学运动（资料集）》，上海人民出版社 1980 年版。

学的目的和意义，提出了如何在国内做好准备，如学好法语，筹借赴法经费，并提出先派人员去法国做预备工作。结果华法教育会完全同意按此计划动员湖南和全国的青年参加勤工俭学运动，于是湖南、四川掀起了一个高潮。

（二）

1919 年 9 月，在毛泽东、蔡和森的推动下长沙开办留法预备班。向警予和蔡畅、陶毅等人也开展湖南妇女赴法勤工俭学的筹备工作，利用周南女校组织学生暑假同乐会的机会，积极宣传赴法勤工俭学的意义。1919 年 10 月，她们先以周南女校为试点，成立了周南女子勤工俭学会，并在周南创办法文班，组织女子补习法文作为赴法准备。11 月，在周南召开湖南女子勤工俭学会成立大会，拟订简章，分发到全省各女校，并在湖南《大公报》上发表，推动了湖南女子留法勤工俭学运动，积极响应了毛泽东所发起的留法活动号召。1919 年 12 月，"湖南女子留法勤工俭学会，现已在周南女校内成立"①。1920 年 2 月，毛泽东在给女学员陶斯咏（陶毅）的信中说："我觉得我们要结合一个纯粹勇猛精进的同志团体。我们同志在准备时代，都要有一个'向外发展'的志。"② 1920 年初，成立"湖南女子留法预备团"。新民学会会员先后有 18 人赴法勤工俭学，来自周南的有熊叔彬、向警予、蔡畅、熊季光等人，毛泽东特别重视女子赴法勤工俭学的问题，曾去上海为她们送行，并与向警予做了出国前的最后一次交谈。1920 年 11 月 25 日，毛泽东在写给向警予的信中说道："湘省女子教育绝少进步（男子教育亦然），希望你能引大批同志外出，多引一人，即多救一人。"③ 密切关注女性教育和解放的问题。在 1919 年 3 月到 1920 年底留法勤工俭学运动高潮中，全国共有四十余名女生赴法，而湖南即占 12 名，占女生总数的 30%。在湖南女子的带动下，天津、四川、

① 《大公报》，1919 年 12 月 3 日。
② 《新民学会资料》，《中国现代革命史料丛刊》，人民出版社 1980 年版。
③ 《新民学会资料》，《中国现代革命史料丛刊》，人民出版社 1980 年版。

广州等地的妇女纷纷踏上了赴法的旅程，女子赴法勤工俭学逐渐发展至高潮。

在长期的交往中，"周南"逐渐成为毛泽东早期革命活动的一个"营地"。他也时刻保持着与赴法勤工俭学者们的联系。1920 年 11 月毛泽东复信向警予，说一年来对于湖南问题为力不少，但效果不大。曾主张"湖南自立为国，务与不进化之北方各省及情势不同之南方各省离异，打破空洞无组织的大中国，直接与世界有觉悟之民族携手，而知者绝少"。信中说道："几个月来，已看透了。政治届暮气已深，腐败已深，政治改良一途，可谓绝无希望。吾人唯有不理一切，另辟道路，另造环境一法。"1921 年 1 月 1 日，新民学会长沙二十余会员在文化书社聚会讨论，陈启民、陶毅、钟楚生、贺延祜等周南师生在"改造中国与世界"和"改造世界"的争论中，都与毛泽东观点相同，在改造方法争论中，周南诸会员仍旧与毛泽东一致。在毛泽东和朱剑凡的组织支持下，周南女校在长沙学生创办周刊、积极参与驱张等活动中发挥了重大的作用。

（三）

五四运动中，"妇女解放运动，湖南亦不后于他省，首惹人注意者为婚姻问题"①。妇女解放思潮的突起，是五四新文化运动道德启蒙和伦理转型的一个重要环节。随着五四新文化的推进，湖南"当时的一般知识分子已感到社会变革、民族自决、妇女解放等问题的解决刻不容缓"②。毛泽东此时从事妇女运动最为积极的活动是运用专门的妇运刊物——《女界钟》，从理论上推动妇女运动，号召和组织周南女校学生从事学生、妇女解放等社会运动。针对当时的两起女子自杀事件，即赵五贞和袁舜英抗婚自杀事件，《女界钟》引发了强烈的讨论，很多人意识到包办的封建

---

①　宫廷璋：《湖南近年来之新文化运动》，湖南《大公报十周年纪念特刊》，1925年。

②　中国社会科学院近代史研究所编：《五四运动回忆录》，中国社会科学出版社1979 年版。

婚姻制度是导致赵、袁自杀的根源之一。女性要获得自由首先要在经济上独立，不能成为男人和家庭的附庸，因此要解放妇女，必须改造旧的社会制度，女性要获得平等的教育权，要有充分的机会能够自食其力。在毛泽东的支持下，《女界钟》对推动妇女解放运动产生了广泛的影响。也正是在毛泽东和《女界钟》等报刊传媒的推动下，赵五贞事件在五四新文化运动话语中，逐渐成为妇女反抗旧婚姻制度牺牲者的典型事例，具有了深刻影响的五四新内涵。

（四）

留法的青年学子在勤工俭学的过程中，很多人思想上出现了分歧。赴法之初的信念是"勤于做工，俭以求学"，积极投身于社会实践和各种社团的组建。尤其是蔡和森在翻译《共产党宣言》《社会主义从空想到发展》《国家与革命》和十月革命等资料过程中，他清楚地认识到十月革命的道路"是改造中国与世界"的唯一通道，为学会发展方向指出科学的途径，使新民学会成为当时国内外最先进的团体之一，也为法国建立早期中共组织奠定了理论基础。另一方面，在他的影响下，妻子向警予和妹妹蔡畅放弃了最初信奉的"教育救国"思想，转而积极学习马克思主义，研读法文马列著作，并在女性学生中宣传共产主义，称得上是留法勤工俭学生界早期的女性革命领袖。

1920 年 7 月 6 日至 10 日，留法的 13 名新民学会会友及部分工学励进会社员从各地聚集到蒙达尼。蔡和森提出以"改造中国与世界"作为学会新的方针得到了与会者的一致赞同，然而，在探讨具体的改造方法时出现了严重的分歧。

以蔡和森为代表的一部分人主张"组织共产党，使无产阶级专政，其主旨与方法多倾向于现在之俄"，以萧子升为代表的一部分人主张以教育为工具的革命，倾向信奉资产阶级改良主义，得到了很多信奉"工读主义"者的支持。随后蔡和森、萧子升先后分别致函毛泽东，就学会宗旨修改为"改造中国与世界"以及如何实现该宗旨，征求毛泽东和国内

会员意见。作为新民学会的国内主持人，毛泽东历来重视学会所秉持的主义问题。随着十月革命在华影响逐步扩大，以及毛泽东自身革命实践的积累，他在思想上越发倾向于马列主义。得知 7 月蒙达尼会议的争论后，他于 1920 年 12 月 1 日，写了一封数千言长信回复在法诸友，信中他对学会之新方针"改造中国与世界"深表认同，对蔡、萧两派观点亦做了详尽分析，他说："对于绝对的自由主义、无政府主义，以及德谟克拉西主义（即旧民主主义），依我现在的看法，都只认为于理论上说得好听，事实上是做不到的。""因此，我于子升和笙（即李维汉）二兄的主张，不表同意。而于和森的主张，表示深切的赞同。"[1] 毛泽东的信函在旅法会员中反响巨大，多数会员渐渐抛弃无政府主义、工读改良主义等幻想，转而信仰马克思主义和革命救国理念。

毛泽东不仅希望留法会员继续深入学习研究马克思主义及十月革命理论，而且在 1921 年元旦，约集何叔衡、周世钊、彭璜、任培道、陈书农、陶斯咏、熊瑾玎等十余名长沙会员，齐集文化书社大会三天，详细讨论旅法会员蒙达尼会上的两类意见以及"改造中国与世界"之途径与方法。最后，绝大多数会友明确趋向赞成蔡和森的意见及建党主张，信仰马克思主义，认同俄式革命，批判了萧子升的改良主义思想，从而使国内外学会形成了统一的、目的性更强的革命组织。这个年会与蒙达尼会议成为新民学会发展的一个重要转折，会员逐渐懂得理想信念对于革命团体的重要意义，奠定了新民学会由民主主义向共产主义转变的基础。

信奉工读主义的俭学生，多于 1921 年 1 月后，在面对法国社会的残酷和华法教育会的不负责任后，对工读主义产生怀疑直至否定。先进俭学生们在"二二八"运动中主张争取生存权、求学权、劳动权的一系列斗争中，逐渐认识马克思主义及中国革命的必然。开放里昂中法大学的斗争，可以说是留法勤工俭学史上一个重要的转折点，虽然这场斗争没有达到它预期的求学目的，但影响却是极其深刻的。它使多数人认清通过工读

---

① 《新民学会资料》,《中国现代革命史料丛刊》, 人民出版社 1980 年版。

来达到救国的目的是不可能的，也使勤工俭学生中的一些组织，从观点不一致到达成共识。很多人放弃了各种各样的信仰，转而接受马克思主义，走上了革命的道路。

随着留法勤工俭学运动的发展，在经历了三次大规模斗争运动的洗礼后，青年学生们各自的世界观、人生观、价值观在残酷的社会现实和当时各社团组织的不断沟通交融下，逐渐趋于明确。赴法勤工俭学的女性，在同男同学一起求学奋斗、探索真理、参与爱国运动的同时，也同样确定了各自的人生走向。或投身革命事业，或献身科学、教育事业，她们中的大多数人尽自己所学所能，为民族独立与国家振兴做出了巨大的贡献。堪称中国近代，乃至现代妇女解放运动的先驱，和探索真理的勇士。

参与留法勤工俭学运动的女性，可以说是当时中国先进知识妇女的代表，她们不畏世俗的眼光，与男子一道求学求知，更令人敬佩的是，她们拥有走出国门，为理想奋斗的勇气与耐力。在这群先进女性中，除了"巾帼不让须眉"，与男子一同从事共产主义革命事业的妇女领袖外，还有专心治学，献身科教文化事业的女性知识分子。她们同样用自己的努力，向国人乃至世界，证明了自己的价值，用自己的行动，抒写了留法勤工俭学史上一篇靓丽的篇章。

留法勤工俭学运动之所以在中国近代史上占有举足轻重的位置，是因为在留法勤工俭学运动中诞生的中国共产党旅欧支部和旅欧中国共产主义青年团，早期无产阶级革命者、新中国成立后的杰出领袖，在这次运动中崭露头角、脱颖而出，也可以说是勤工俭学运动这种特殊形式，孕育培养了这一代革命家，对中国革命进程及中国历史演进产生了深远影响，其中的许多留法勤工俭学生后来成为新中国的开拓者。"非官方的赴国外勤工俭学的形式，是对我国传统留学教育的重大突破"①。而留法勤工俭学运动中教育与生产劳动相结合的发展模式至今仍具有重要的借鉴价值，启示

① 王建：《留法勤工俭学运动与中国社会的现代化》，《人文杂志》2001 年第 5 期。

我们"知识技能兼到，言之即能行之"①。

大批从留法勤工俭学运动中诞生的共产主义战士，在异国他乡寻找、探求救国真理，在西方资本主义国家勤工俭学的切身经历，给了他们更多机会实践与思考。1921年的三次斗争，让他们最终认识到工读主义无法达到改造社会的目的，资产阶级的民主与人权也不像想象中的理想；通过对马克思主义各类名著学习与研究，他们明确了只有社会主义才可以救中国，这些年轻的无产阶级革命战士便投身到轰轰烈烈的救国图存之战中。

巾帼不让须眉

（一）

在这个光怪陆离的世界，没有谁可以将日子过得行云流水。但那些怀揣梦想与坚定信念的人，在岁月山河中历经劫数，遍尝百味之后会更加生动而惊艳。时间是一个旁观者，也往往是一个手法高明的塑造者。那些在留法勤工俭学运动中脱颖而出的巾帼，面对残酷的社会现实，及诸多的利益诱惑，能够始终坚持自己的信念，有些人在强权和死亡面前，依旧保持自己对党和国家的忠贞，堪称女子中的大丈夫。她们许多都是早期在国内积极从事爱国学生运动的女性领袖，其中的很多人抱着"教育救国"的理想奔赴法国，并在勤工俭学的实践中，逐步确立了马克思主义信仰。从以前的足不出户到后来的无产阶级革命家，她们身体力行地撑起了半边天。她们为新中国的成立做出了巨大的贡献，她们的精神直至今日仍感染着我们。由此次留学运动诞生的女性革命家有向警予、蔡畅，她们回国后不顾个人安危，奔走在革命一线，为中国革命事业奉献了自己的全部，为中国妇女解放运动贡献了巨大的力量，向警予在斗争中惨遭反动派杀害，蔡畅在新中国成立后，担任要职。

---

① 湖南省长沙师范学校编：《徐特立文集》，湖南人民出版社1980年版。

"革命夫妻有几人，当时蔡向各成仁。和森流血警予死，浩气巍然并世尊。"这是新中国诞生前夕，国民党元老，著名诗人柳亚子缅怀红色革命伴侣蔡和森与向警予的诗句。蔡和森、李立三等人在开放里昂中法大学运动失败后，被中国驻法使馆和法国政府遣送回国，向警予因有孕在身，暂时留在法国，并一直在为解决留法勤工俭学女生拖欠学费、无力偿还的窘迫状况而多方交涉。1921 年冬她乘船回国，抵达上海与蔡和森会合，二人在上海过着简朴的生活，向警予拖着有孕的身体，与丈夫一道，继续从事革命事业。向警予很快加入了中国共产党，并被分配在中央机关从事妇女工作。当时中共中央关于妇女运动的指导文件，大多由她提议，与妇女解放运动相关的各类问题，她也都曾做过非常深刻精彩的阐述。可以说，向警予引领当时的中国女性，深入剖析了中国妇女问题，并开辟了中国妇女解放运动的新纪元。1928 年 3 月，由于叛徒宋若林的出卖，向警予在武汉被捕，反动派威逼利诱、使用各种手段迫使向警予招供。但她始终坚持信仰，没有丝毫动摇，视死如归，表示"愿以身殉"①。5 月 1 日，这位伟大的中国妇女运动领袖，在武汉慷慨就义。

（二）

蔡畅在 1923 年加入中国共产党，1924 年秋，随同其他十几名同志被旅欧党团组织派往苏联莫斯科东方劳动大学学习。蔡畅将刚刚诞生不久的女儿李特特交给母亲照管，便赶赴莫斯科开始了四个月的学习。与丈夫李富春一同回国后，她便投入到国内的革命工作中。白色恐怖时期，一千多名妇女运动领袖被国民党逮捕杀害，蔡畅数次侥幸逃脱。1934 年，担负中共重要职务的她，虽身患严重胃病，也依然参加了著名的二万五千里长征②。1948 年，蔡畅出席了在匈牙利首都布达佩斯召开的国际民主妇联会议，这次她被推选为国际民主妇联副主席。会上她慷慨激昂地发表演讲，

---

① 何鹄志：《向警予传》，上海人民出版社 1990 年版。
② 徐焰、马祥林：《重解长征之谜》，北京人民出版社 2007 年版。

宣布中国人民即将取得最后的抗战胜利，新中国即将诞生。她端庄娴雅的风度、谦虚和蔼的品格给与会的各国妇女留下了良好的"东方女性"形象。新中国成立后，蔡畅一直致力于中国的妇女工作，当选为第一届全国妇联主席。

留法勤工俭学运动以它特有的方式，培养了一代英豪，这其中不乏大批的共产主义革命家、新中国第一代领袖人物。与此同时，它还孕育出一批致力于科学教育事业的爱国人士，他们在法国学有所成之后，大多放弃了国外的优厚待遇，返回祖国，以自己的知识和特长，为祖国的崛起与昌盛贡献着自己的力量。与革命者相比，他们的理想与奋斗目标虽有些许差异，但救国图存、为祖国奉献自己的力量是他们共同的信仰。这其中不乏女性知识分子，这些留法女子在法刻苦攻读，回国后多任教于各类学校，培养了无数人才，对我国的科教文化事业，可谓功不可没。她们中多数人选学文科作为专业，少数选择了理科、医科及药学，一人选学经济学，一人选学家政，还有一部分人成了近代女画家。

这些献身科教事业的留法女性，同在法国的无产阶级革命女性一样，用自己的方式思考着救国图存之路，她们凭借坚忍不拔的毅力，在男权至上的社会里，用实际行动证明了女性的能力。她们身在异域，克服诸多困难，不仅向法国展示了中国女性的智慧与魅力，也向近代的中国宣告女人同男人一样可以接受教育，并取得成就。

劳君展和魏璧就是在留法勤工俭学运动中诞生的中国早期女性科学家。劳君展与魏璧均出生于官宦之家，但都不屑于权贵，不追求个人享受，在深受封建礼教压迫的旧中国，她们以智慧和魄力选择了属于自己的华美人生。她们立志攻读数学，先转入里昂中法大学，后又进入巴黎大学学习数学。

劳君展在巴黎大学师从著名科学家居里夫人研究放射性物理学，是居里夫人培养的唯一一名中国籍女博士。与许德珩结婚后，她工作于居里夫人的镭研究所，师生之间建立了深厚的友谊。在追随居里夫人进行科学探索的同时，劳君展还完成了中共留法总书记夏霆安排的革命任务，即用她流利的法语，对外宣传中国革命。她生动的法语演讲曾获得法国《人道报》记者的称赞，法共议员马赛先生也曾送花向她致意。

在法国从事科学研究的同时，劳君展依旧心系祖国。1926年国共达成第一次合作，留法学生也开始相继回国，先行回国的许德珩执教于广州中山大学。但当时国内政局并不稳定，4月蒋介石发动政变，致使大批革命者被杀害，许德珩也随即逃往武汉。1927年8月，劳君展回国抵达武汉，夫妇二人在白色恐怖时期，开始了他们颠沛流离的生活。

劳君展回国后任武汉大学数学系教授，汪精卫叛变后，她与丈夫转赴上海、广州，先后担任上海暨南大学、广州中山大学教授，为国家培养了许多栋梁之材。1930年，许德珩因讲授科学社会主义及翻译马克思的《哲学之贫困》等书而遭到迫害，两人随即从上海迁往北平，劳君展先后在北京大学、北京女子文理学院担任高等数学教授。期间她与昔日留法同学魏璧和严济慈共同翻译了由巴黎大学数学教授 EmestVessint 和 PaulMontel 合著的《高等数学大纲》（劳君展负责翻译积分学部分，魏璧翻译微分学部分，严济慈翻译了理论力学部分，后均由商务印书馆出版），对我国高等数学的教学工作做出了贡献。

除了对科教事业无私地奉献外，劳君展还与丈夫许德珩一道积极投身革命活动。她参与了北平学生发动的抗日救亡的"一二·九"运动。白色恐怖期间，她还不顾个人安危，以请客吃饭为由，将自己的住处提供给中共地下党员召开重要秘密会议，并亲自担任警戒。1936年秋末，在得知解放区物资匮乏后，许德珩、劳君展夫妇与周炳琳、魏璧夫妇一起，筹资购买火腿、布鞋、钢笔和怀表，并委托北京中共地下党负责人邢西萍（徐冰）和夫人张晓梅转交给身在陕北的毛泽东，以表示他们对抗日、对革命及对中国共产党的支持。1945年9月3日，日本帝国主义签字投降，许德珩夫妇与众多教授一道在重庆举行座谈会。为纪念抗日战争及世界反法西斯战争的胜利，他们提议建立永久性政治组织——九三学社。为了争取国内的民主与和平、维护1946年初政治协商会议达成的诸项协议，作为九三学社创始人的许德珩与劳君展，和广大爱国知识分子一道进行了艰

苦卓绝的抗争，为新中国的诞生贡献了自己的力量，这极大体现了中国近代知识分子的爱国情操。新中国成立后，劳君展继续在科教事业上奉献着自己的光和热。在担任中国人民大学数学系教授期间，她为祖国的社会主义建设事业培养了诸多人才，可谓贡献卓著。

魏璧也与很多留法学生一样，于1926年学成回国，1927年任教于武昌中山大学，经蔡元培介绍与许德珩的同学——周炳琳相识并在广州结婚。魏璧先后在中央学术学院当秘书，及担任东南大学数学教授。除与劳君展合译法文数学书籍外，她还积极组织社会福利事业。她曾在南京创办一个大型的慈善机构，即后来的南京救济院。新中国成立后，魏璧先后在中国人民大学和北京大学担任数学教授及法语教授，1951年，她参与了"开明青年丛书"中《方程式》一书的编写工作，该书于1952年出版。新中国建立初期她还曾被推荐担任在北京召开的世界妇女和平大会法语翻译，她流利的法语受到当时国际友人的一致好评。同期的范新顺毕业于里昂大学工艺化学系，学成回国后，他任教于贵阳师范学院，担任该院理化系主任。

（三）

留法勤工俭学运动中的女性，受五四新文化运动的影响，用实际行动开始了中国妇女的自我解放运动，她们挣脱封建枷锁，勇敢地踏出国门，独自面对异国生活的困难艰辛，在法国为了求学与生计多方筹措资金。国外生活的困苦并没有消磨她们的斗志，反而激励她们更加刻苦地学习。她们中的大多数积极上进、努力好学，堪称巾帼不让须眉的杰出女性。

特殊的环境，培养了特殊的一代。正如爱默生所言："当一个青年人站起来面对这个大莽汉——这个世界——并勇敢地抓住他的胡须时，常会吃惊地发现，胡须脱落在他手上，原来它只是系上去吓唬胆怯的冒险者的。"那些敢于突破传统束缚的新女性，用实际行动向我们诠释了什么是丰厚的人生。在法国勤工俭学期间，她们有的确定了马克思主义信仰，回国后积极参与组织爱国革命运动，成为中国早期优秀的女性革命领袖；有的则专心于学术科研，学成后大部分返回祖国，活跃于中国的科教文化界，为国家培养了大批栋梁之材；还有的回国后虽未工作，但早期旅欧勤工俭学的经历，使她们同样成为中国新女性的代表，影响着近代中国的妇女解放运动。她们之所以至今仍被历史所铭记，是因为她们懂得"如果有一天我们湮没在人潮之中，庸碌一生，那是因为我们没有努力要活得丰盛"。这段发生在异域的中国教育史实，不仅对近代中国的发展走向起到了至关重要的作用，而且对中国封建礼教的冲击，及对近现代中国的科学文化事业的发展，同样起到了推动作用。这其中的女性，更是不应被历史忽略的重要群体，可以说她们为中国妇女解放运动开启了新的篇章。

第五章　师友情缘

独立寒秋，湘江北去，橘子洲头。看万山红遍，层林尽染；漫江碧透，百舸争流。鹰击长空，鱼翔浅底，万类霜天竞自由。怅寥廓，问苍茫大地，谁主沉浮？

携来百侣曾游，忆往昔峥嵘岁月稠。恰同学少年，风华正茂；书生意气，挥斥方遒。指点江山，激扬文字，粪土当年万户侯。曾记否，到中流击水，浪遏飞舟？

这首大气磅礴的词是毛泽东于1925年12月写就的。当时革命形势高涨，群众运动风起云涌。时年33岁的毛泽东重游橘子洲，意气风发，豪情奔放。长沙是湖南的省会，正是毛泽东早年求学和从事革命活动的地方。毛泽东在词中说"携来百侣曾游"，"恰同学少年"，这"百侣"和"同学少年"，既有毛泽东在一师的同学，也有新民学会的同志，还包括当时革命的重要据点周南女校的部分师友，毛泽东与他们建立了牢固的师友情缘。可以这样说，在毛泽东的革命生涯中，周南人占据着重要的位置，在此前的篇幅中，对此已有部分纪实。下面，就那些与毛泽东关系密切、友谊深厚而此前涉及甚少的部分周南师生，如周震鳞、徐特立、杨树达、周世钊、朱仲丽、丁玲等，钩沉史实，梳理脉络，形成章节，整理成文。

道老是我的祖师爷

——毛泽东与周震鳞

周震鳞（1875—1964），字道腴，湖南省宁乡县人。1902 年，与黄兴共同毕业于两湖书院。放弃留学日本，决意回湘办学，开化湖南风气。曾任湖南高等学堂（湖南大学前身）教务长，后又在长沙创办宁乡驻省师范，并帮助朱剑凡创办周南女塾。参与创建"华兴会"，参加过"中华革命党"反袁斗争。新中国成立后，多次受到毛主席的亲切接见，并任新中国政协委员和全国人大代表。

回湘办学得遇高才

1902 年，周震鳞和黄兴毕业于两湖书院。他们也算是两湖书院的高才生，在学生和湘、鄂两省的士绅之中享有盛誉。清政府命令各省选择优秀学员送往日本留学时，两人都被选中。黄兴被选送日本弘文学堂，周震鳞也被拟派往日本士官学校。黄兴终于成行，但是周震鳞却因为张百熙而留了下来。

1902 年，张百熙被清政府任命为管学大臣，负责举办京师大学堂，同时主持选派学生留学东西洋事宜。一直和周震鳞熟识的邹永成，受张百熙的聘任，帮助举办京师大学堂，他举荐周震鳞充任地理第三教习，并写信给周震鳞，劝他不要去日本。得到邹永成的举荐，张百熙奏调周震鳞前来京师，协助办学。此时，周震鳞已 28 岁，是去是留，他心中倒是很费一番斟酌。正值此时，湘省的一些士绅也因周震鳞学名极高，一致函电相阻，劝他不要赴日或北上京师，邀约她回湘办学，振兴家乡教育。为此，周震鳞与挚友黄兴曾交谈多次。黄兴认为这正是转移湘人顽固脑筋、养成多数革命党员、宣传运动革命的绝好机会。他极力劝说周震鳞回湘办学，不必前往北京。周震鳞心中深同此感，乃不顾一切回到湘省，兴办新学。

1903 年夏天，周震鳞"鉴于官立学堂之扩张困难，私立学堂之孤危易惹指摘"，首倡把设于长沙望麓园的宁乡试馆改为宁乡驻省中学堂，后又改为宁乡驻省师范（即今日宁乡师范前身）。

在周震鳞回湘兴办新学过程中，还有一件极为重要的事。那就是帮助朱剑凡创办周氏家塾和后来的周南女学。

1905 年 5 月 1 日，朱剑凡将自家半边园林开辟为校舍，并且变卖了在宁乡的私有地产，用所得款项购买了地皮扩建了房舍。毁家兴学，办起了周氏家塾。周震鳞对朱剑凡创办女学给予了大力支持。他热情鼓励朱剑凡发展教育文化事业，希望通过教育来实现民主革命的成功。他不仅帮助朱剑凡精心筹建周氏家塾，还亲自到周氏家塾中担任地理教员。在课堂上，他教学生学习地理知识，同时教他们手绘地图。更重要的是他向那些曾经足不出户的女学生们讲述近代中国的屈辱历史和祖国的大河河山，激起了她们的爱国热情，并向他们宣传革命思想和战斗意识。

为了促进女学风气，支持朱剑凡的教育事业，周震鳞除了将女儿送到周南外，甚至还将自己的母亲、妻子、妻妹送进学堂就学。

1905 年一天早上，外面下着大雪，周震鳞起床不久，正在庭院散步，欣赏雪景。这时，有一个与他年岁相差无几的陌生人求见。来人自称徐特立，是长沙五美乡人，请求周校长收录他入宁乡驻省中学速成师范班就读。当时速成班的招生工作已经结束，周震鳞见来人心意诚恳，便叫他过两天再来校补考。徐特立直言不讳地对周校长说："我已经在三个学校报考，算术和博物两科总也不能及格，如果是通过考试，我是不能考上的。"周震鳞对来人的诚恳态度非常欣赏，同时对他的回答也颇感惊异，于是饶有兴趣地问道："你既然考不上，又为什么来到这里要求上学呢?"徐特立说自己家境贫困，父亲和兄长都是种田的农民。他本人 9 岁开始上私塾，15 岁时辍学，后来只在家中读些劝世文和歌本文之类的书籍，借以增长知识。在这中间还学过几个月的医学。到 18 岁时开始在乡下教授蒙馆，一教就是 10 年。对于《四书》《尚书》、古文都能讲解，也能吟诗作文，书法也有一定的研究，篆隶楷书也都写得不错。说着话，他把自己的读书笔记、授课文稿和习字作品从提篮中拿出来，双手递给了周震鳞。周震鳞本人对于吟诗作文、舞文弄墨，自是样样精通。他品读徐特立的文章，欣赏徐特立的习字，对其身世深表同情。他握着徐特立的手说："原来你是一位考不中的高才，以我看单凭你的文章就有资格当上我们学校的教员，又何必再进师范学习呢？"徐特立也丝毫不加掩饰地说："说实在话，我在乡下教蒙馆也是小有名气的，以此谋生还权且过得下去。可是当今世界潮流日新月异，如果依旧是用古旧的东西教育下一代，民族的前途岂不困殆？所以我想进入新学堂，学习一些新知识，以图用新知识教育下一代……"徐特立的这番述怀，深得周震鳞的赞许。"真有志气。我们办这个学校，不只是为了培养几个有新知识的教员，而是要造就一批有才有志之士，为国家为民族干出一番事业。我决定破格批准你免试进入速成师范班学习。"就这样，徐特立终于得遂夙愿，进入了新知学堂。

就这样，后来被毛泽东称为"最尊敬的老师"的徐特立开始了与周震鳞的师生情谊，也为之后周毛的关系奠定了情谊基础。

还未相识却早已相知

1911 年 11 月 3 日，周震鳞在长沙金盆岭召集新旧两军开会，进行慷慨陈词。时为湖南新军二十五混成协五十标第一营左队列兵的毛泽东也挤在人群中间听到他这样说："现在清朝皇帝还没有退位，敌人的兵力还很强大，因此，摆在我们面前的战斗任务非常紧迫。大家都是爱国者，革命者，新旧两军决不容许互相歧视，互相排斥；而是应该严守纪律，听候黄总司令编调援鄂北伐，共同奋斗……"①演讲震撼人心。周震鳞在金盆岭大会上号召团结，宣传革命，显示了他坚定的革命信念。在台上慷慨激昂的演说家怎么也不会想到台下的听众中有一位后来影响了整个中国历史的人物——毛泽东。这一次，毛泽东与周震鳞在湖南长沙金盆岭广场的不期

---

① 周震鳞：《谭延闿统治湖南始末》，《辛亥革命回忆录》，文史资料出版社 1962 年版。

而遇，拉开了他俩关系的序幕。

听完了周震鳞的激昂演讲后，正值青年的毛泽东内心久久不能平静，他在思考着当时中国的真正出路。对于台上的演讲者，毛泽东也充满了敬慕与好奇，希望能有机会了解那位大胆、激情、浑身充满了正义力量的革命者。

或许冥冥之中注定两人会有各种交集，毛泽东了解更多关于周震鳞的思想和行为源于一位重要人物——周世钊。周世钊是周震鳞的族侄，同时又是毛泽东1913年春天到1918年夏天在湖南省立第四师范和第一师范学校的五年半的同班同学，并且之后长时间地与毛泽东一起奋斗。毛泽东从周世钊那里了解到周震鳞从事的革命活动：金盆岭大会后，湖南局势得到稳定，周震鳞受黄兴委派，任湖南筹饷局局长。1912年作为湖南省代表到北京与袁世凯面谈。袁世凯阴谋暴露后，他又积极投身于讨袁等一系列斗争。1916年，袁世凯死后，周震鳞追随孙中山参与护法运动和北伐。1921年被孙中山任命为湖南劳军使。1924年又任国民党中央第一届执行委员会执委，孙中山对他的工作表示高度赞赏："执事贤劳，钦迟无已。"之后，又亲自劝张学良易帜……

30年代，周震鳞居住在长沙，周世钊也在长沙教书。闲暇时，周世钊经常到周震鳞家中小坐，向家人讲述毛泽东的故事。据周震鳞长女周世贤回忆说："抗战期间，堂兄周世钊是长沙中等学校著名的语文老师，借讲坛宣传毛主席的抗日民族统一战线的方针政策，号召学生抗日救亡。不少学生陆续奔赴延安。有时周来我家问候先父起居，我们同样向他要求，请他介绍共产党的政策，先父坐在一旁，听得津津有味。"[1]

周毛二人都从周世钊那里加深了对对方的了解，虽然所走的革命道路不同，但是并不影响二人的彼此敬慕之情，时间在等待着他们的第一次会面。

---

① 周世贤：《周震鳞的家世和生平》，《湖南文史资料选辑》第15辑，湖南人民出版社1982年版。

"我老师的老师，是我的祖师爷"

1950 年 10 月 7 日，周世钊在与毛泽东会晤时，再一次提到了周震鳞。毛泽东说："周震鳞历来反对蒋介石，又是老同盟会的人，我们欢迎他来北京一游。"毛泽东让周世钊明年回省，把周震鳞接来北京。而此时的周震鳞正在家乡思考着自己还能为国家社会做些什么，当见到由京回湘的族侄周世钊后，心中忐忑不安，他一吐为快，诙谐地说："你告诉毛泽东，别让我饿死了。"如此袒露，表现了湖南人的豪气，也表现了他与毛泽东关系的非同寻常。很快，毛泽东就批示湖南省委，请他们派人护送周震鳞进京。

1951 年国庆前夕，周震鳞在长女周世贤的陪同下，从长沙来到北京。此时的周震鳞已经 70 岁高龄，虽然之前无数次来往于长沙与北京之间，但这一次他的心情与以往都不同。这一次他是站在了一个新中国首都的土地之上，到处都是一片祥和。抵京的第二天，毛泽东在中南海勤政殿设宴欢迎周震鳞，在场的有刘少奇、李济深、章士钊、王季范、邵力子、周世钊等。见到这么多的老朋友，周震鳞兴奋不已，紧紧握住了毛泽东的手。毛泽东风趣地说："您老人家真健旺，还有蛮大的劲啊！"然后又对着周震鳞和徐特立两位老人说："徐老是我的老师，道老（周震鳞字道腴）又是徐老的老师，这么一来，道老可算是我的老师的老师，是我的祖师爷了。"

1951 年 10 月 1 日，周震鳞穿着洁白的衬衫，穿上黑色的西装裤，平头修剪得整整齐齐，戴着黑边眼镜，精神矍铄地站在天安门城楼上观看新中国的大阅兵。中国人民解放军严整的军容，广场上游行群众的欢悦与宏壮，又一次让他深深地激动和兴奋。阅兵期间，毛泽东又特地走到这位"祖师爷"身边，与他亲切握手交谈，问长问短，十分关心。周震鳞对国家领导人的卓绝的风范和宽博的胸襟，由衷敬佩。

毛泽东对于周震鳞的生活也多有关注，特别嘱托内务部部长谢觉哉和统战部部长李维汉要关心照顾好周老。毛泽东盛情邀请周震鳞进京也有着多方面的考虑。有一次他到周震鳞下榻的北京饭店，适逢王季范也在，就对他们说："你们两位都是湖南的著名教育家，为革命培养了许多人才啊。"说完再次对周表示："徐老是我的老师，您又是我老师的老师。"他知道周在创办新学时开办体育课，希望周老能在体育教育方面多多出谋划策。

对于这位曾经是同盟会成员的"祖师爷"，毛泽东也时常给予"特殊的保护"。

1952 年 3 月 13 日，湖南省宁乡县二区竹山乡全体农民给毛泽东写信，检举周震鳞新中国成立前剥削压迫农民，新中国成立后还私藏枪支，将押金抵田，强迫佃户受田，疏散财物，抵抗减租退押，要求其女儿从北京将其带回来接受斗争，要他退回押金等。对此事，后来周用美回忆说："大姑周世贤曾对我说过，枪支是抗战时期薛岳存放在我们家的，后来吴奇伟任湖南省主席时就已交吴。至于强迫佃户受田等事，周震鳞已离湘赴京也不过问家中事务。"其实，早在新中国成立初，周震鳞就积极拥护新政府的土地政策，并且主动执行，将自己的全部书籍和字画捐献给湖南文物保管委员会。他还认真阅读各种学习材料，捐出自己工资的一半，作为国家购买飞机、大炮之用。只是农民不知道。后来此事闹得沸沸扬扬，不久毛泽东得知了此事，按党的对待民主人士的政策做了特殊处理。从毛泽东对此事的部分简短批语中可看出毛泽东对周震鳞在此事中的态度：

批语一

周总理阅后转李维汉同志阅存。此事不应当依照农民的意见处理。

毛泽东
四月八日

批语二

这些坏事是可能的，但周是老同盟会员，一向不附蒋，现是政协委员，应予以保护。

毛泽东
四月八日

此事之后，周对毛的宽阔胸襟和处理民主人士问题时的公正民主的作风感佩万分。从公的一面看，这可以看作是毛主席对于民主人士的公正民主；从私的一面看，我们也不能否认是毛主席对这位"祖师爷""太老师"在个人情感上的一种爱戴与保护。

周震鳞最后一次受到毛泽东主席的接见是在 1961 年春节。主席虽然工作繁忙，但没有忘记那些早年参加民主革命，为中华民族的解放事业和新中国的建设统一事业做出过贡献的老人们。在这些老人中，周震鳞既是他的同乡，又是他"老师的老师"，毛泽东对周震鳞似乎有更多的关心和照顾。

最后的会面

1961 年春节前夕，毛泽东让秘书打电话到周家，请周震鳞前往中南海，并特别关照："老人家来得吗？不要特别换衣服，莫着凉……"电话是周震鳞的儿子接的，放下电话就兴奋地把消息告诉给了父亲："主席日理万机，还这样细致地考虑老人的健康。"听后，周震鳞十分高兴，穿上平时穿的黑棉袍，戴着毛围巾，前去见毛泽东。见面时，毛泽东热情地握着周震鳞的双手，十分关心地询问他的身体和生活状况。当时摄影师按下快门，留下了这张令周家几代人为之激动的珍贵照片。周震鳞回到家中，内心仍难以平静，他手抚银髯，乐呵呵地对儿孙们说："毛主席十分乐观，论今道古，胸有成竹，中国就是再大的困难也压不倒他。""历代王朝都有安抚政策，而毛泽东的统战政策更胜一筹。"

周震鳞晚年尽管年事已高，须发尽白，但对毛泽东的诗词尤其热爱，经常手书毛泽东的《浪淘沙·北戴河》，对词中的"萧瑟秋风今又是，换了人间"钟爱有加。感受着新中国带来的幸福生活，他解释说此句就是他心情最贴切的写照。毛泽东为了给这位"太老师"更加安好的晚年，让中央人民政府办公厅的人员，给周震鳞送去皮箱、棉衣裤、皮大衣，逢年过节还送去现金。毛泽东还经常把国际友人、兄弟民族送给他的礼品，分送给周震鳞。

1964 年春节后，周震鳞因肺炎住进北京医院治疗，最终医治无效，于 3 月 28 日清晨 4 时病逝，享年 90 岁。

1964 年 3 月 31 日，社会各界在嘉兴寺隆重举行了周震鳞先生遗体告别仪式和追悼会，党和国家领导人及周震鳞生前好友毛泽东、周恩来、刘少奇、朱德、李维汉、彭真、徐特立、章士钊、周世钊等人以及各有关团体都敬送了花圈。周震鳞的骨灰安放在八宝山革命公墓。

毛泽东对这位"祖师爷""太师父"的求真务实的办学精神，坚持不懈、奋勇追求的为国为民的革命意志，始终充满敬慕景仰。他们共同谱写了一段段精彩传奇。

湘水滔滔，滚滚东流。毛泽东与周震鳞当年在岳麓山及北京中南海发生的故事早已过去数十年，但他们的情谊却一直还在湖湘人们之中流传，他们的精神还在继续鼓舞着广大的湖湘子弟。

大雨落幽燕白浪滔天秦皇岛外打鱼船一片汪洋都不见知向谁边往事越千年魏武挥鞭东临碣石有遗篇萧瑟秋风今又是换了人间

周震鳞

周震鳞手书《浪淘沙·北戴河》

永远的先生

——毛泽东与徐特立

徐特立（1877—1968），又名徐立华，原名懋恂，字师陶，湖南善化（今长沙县江背镇）人。毛泽东和田汉等著名人士的老师。1877年2月1日出生于湖南省长沙府善化县四都观音塘（今长沙县江背镇观音塘）。1905年入长沙城宁乡速成中学，毕业后在长沙周南女校任教。1913—1919年这一段时间，徐特立在湖南第一师范任教，成为毛泽东的老师，并被毛泽东尊为自己一辈子的老师。1968年11月28日，徐特立在北京逝世，享年91岁。党中央曾评价他"对自己是学而不厌，对别人诲人不倦""中国杰出的革命教育家"。

（一）

徐特立，1877年生于湖南长沙县一个贫苦农民家庭，父兄因愤于不识字受欺压，凑钱让他读私塾。他读了六年书，又因无钱而辍学，但他一直没有放弃学习，利用一切时间靠自学而精通古文、历史、地理和数学等知识。知识的浸润不仅滋养了他的心灵，更浇灌了他的思想。徐特立原名徐懋恂，特立这个名字是他16岁那年自己改的。16岁的徐特立乘船去南岳衡山的时候，看到同船的乡官小吏嫌船开得太慢，就对船夫拳打脚踢的现状后，心中甚是愤恨。于是当场就发誓：今后若当船夫，就只运猪绝不载人；将来若能取得功名，就只做教官，绝不当欺压百姓的贪官。南岳归来后，他就更名为徐特立，取意"独行特立，高洁自守，不随流俗，不入污泥"。

那是1893年，这一年，世上从此少了个徐懋恂，多了个徐特立；这一年，毛泽东出生；这一年，毛泽东与徐特立的故事拉开了序幕。

1905年，清政府废科举办新学，长沙办起师范学校，徐特立考入长

沙城宁乡速成中学，毕业后当高小教员，又应聘到长沙周南女校。当时受封建礼教的束缚，男老师讲课时要在讲台上挂着帷帘，隔着帷帘为女学生授课，人曰"垂帘施教"。一般男老师怕遭到人言非议是不愿意来这样的学校任教的，徐特立则毫无顾忌，一接到当时周南女校的校长朱剑凡先生的邀请，就毅然决然、满腔热情地来到周南女校。在周南任教期间，他不仅教授国文，还兼教数学、地理、历史，无论哪门科目的课堂都受到了学生的热烈欢迎；他不仅承担教学工作，还不断学习、交流，推广先进的经验，帮助周南的教师改进自己的教学①。这个时期，除了教育理念在不断更新成熟，徐特立的革命思想也在不断地进步，并身体力行地激励了许许多多的青年学生。

一次，徐特立在课堂上做时事报告，历数洋人欺侮中国人而满清政府则对外屈从、对内残酷镇压的事例，讲到激愤之处，热泪如雨，悲愤至极，他忽然从讲台上走到厨房拿来一把菜刀，当着学生将左手的一个手指砍断一节，用血书写"驱除鞑虏，恢复中华"，以表达反抗帝国主义的决心，写完当场晕倒。这一"抽刀断指"的举动，顿时蜚声全省，激发起青年学生挑起救国救民重担的决心，徐特立也被当时进步思想者誉为最有血性的老师。

---

① 刘正华：《徐特立在周南》，《徐特立研究》2003年第4期。

这样一位特立独行、充满血性的老师，难怪毛泽东第一次经过徐特立的课堂时就久久驻足，念念不忘。

（二）

1911 年辛亥革命爆发，满怀民族热忱的徐特立积极参加湖南起义，被推为省议会副议长，翌年又任省教育司的科长。一身清正的他进入官场后，顿觉官场的黑暗与自己格格不入，不久便返回教育界，任长沙师范学校校长。1913 年秋，就在毛泽东考入湖南省第一师范不久，徐特立也来到了这所学校。徐特立的到来，在湖南一师的学生中引起了轰动。不少同学早就风闻这位徐先生是个了不起的人物，他只有六年半学历，却凭着坚定的决心和顽强的意志，利用一切机会博览群书、自学成才，执教 10 年间亲手创办了多所新式高等小学堂和长沙师范，门生遍及整个长沙城，在湖南教育界享有"长沙王"的美誉。而且这位先生不仅知识渊博，教育理念也十分先进，更难能可贵的是先生虽年近不惑，浑身却流动着和学生一样年轻沸腾的血液。对这样一位传奇的教师，同学们都充满了期待，毛泽东也是如此。

1913 年下学期，湖南第一师范开学不久，这一天，毛泽东在阅览室看了一阵书后，正要穿过教学楼，一个抑扬顿挫、洪亮有力的声音传入他的耳中。他立刻走到教室的窗口，看到了一位神采飞扬的中年教师正在讲台上挥斥方遒。直到这节课结束，毛泽东一直站在窗口，再没有挪动一步[1]。这是毛泽东与徐特立的第一次会面，从这次会面起，毛泽东与徐特立开始了密切的交往。1913 年至 1919 年，徐特立担任湖南一师的教育学、各科教学法及修身等科教员，由于他人品高尚，思想进步，学识渊博，教学精湛，故而在师生中威望甚高。他以自己的人格魅力和高尚师风赢得了毛泽东的尊敬和爱戴，从而成为毛泽东在一师中关系最为密切的老师之一。

---

[1] 黄露生：《毛泽东与徐特立》，《徐特立研究》1999 年第 4 期。

毛泽东十分钦佩徐特立的治学态度和治学方法。他知道，徐先生少年时代只读过 6 年私塾，后来除在宁乡速成师范读了 4 个月书，到日本进行过短期考察之外，没有进过别的学校，他渊博的学问都是自学得来的。一天课后，徐特立正坐在教师休息室看书。毛泽东走了进来，他问道："徐先生，您读书的经验，可谈一些出来，让我们仿效吗？"徐特立亲切地回答说："润之，我认为读书要守一个'少'字诀，不怕书看得少，但必须看通，看透。要通过自己的思想来估量书籍的价值，要用一个本子摘录书中精彩的地方。总之，我是坚持不动笔墨不看书的。这样读书，虽然进度慢一点，但读一句算一句，读一本算一本，不但能记得牢固，而且懂得透彻。"当时一师学生课外自学已成风气，但在读书中存在着贪多图快、不求甚解的毛病，因而读得多，忘得快，效果欠佳。针对这种情况，徐特立结合自己长期积累的"读书以少为主，以彻底消化为主"的经验，提出了"不动笔墨不看书"的"读书之法"。他认为：先生的思想是先生的，学生的思考是学生的。学生只有多动笔墨，才能将自己的思考记录下来，在再度思考中进步。青年时代的毛泽东，很重视徐先生的读书经验，也是实践徐先生教学主张最有成效的人。毛泽东读了约十万字的《伦理学原理》一书后，写了一万二千字的批语，还写了《心之力》等文章。徐特立曾夸奖毛泽东是全校学生的楷模，并专门到毛泽东的指导教师杨昌济那里把批语和文章要过来，自己也加上批语，发到学生手中，要大家都来效仿。经过徐特立几年的熏陶，及至一师学习后期，毛泽东已把"不动笔墨不看书"当作读书的习惯定势，坚持不辍。他听课写有"讲堂录"，课后读书有读书笔记和批注，阅报读报写摘记或札记。同时，还有选抄全篇文章的选抄本，以及摘录精要的摘录本。

当时，学校的老师在社会上有着相当的地位，许多人还保持着前清绅士的派头，冬裘夏绸，衣冠楚楚，穿的不是中式长袍马褂，就是西装革履。他们每天到学校上课，也都要雇请三人抬的轿子，以示阔气。徐特立却与众不同。他虽然当过省议会副议长，又曾担任长沙师范校长，是全省有名的教育家，而生活却极简朴，穿着也极普通。一年到头，布衣布鞋，有时甚至穿补丁衣和草鞋，活像个乡下人，故有"徐二叫花"之谑称。徐特立在一师任教时，住地与学校有十来里地远，他每天总是步行到学校，从不坐轿子。遇上下雨天，他就穿着木屐钉鞋，撑着朱红纸伞，腋下挟着讲义课本，按时到校上课。徐特立对个人和家庭生活开支，总是千方百计地节省，吃的一般是粗粮、蔬菜。他的夫人一直生活在五美乡下，在家喂猪种菜，贴补家用。当学生问及为什么不迁家进城时，徐特立说："城里生活费高，不如住在乡下省钱。"为了筹资兴学，他节省每一个铜板，每次回家看望家人，80里路全靠步行，连往返的午餐也舍不得花钱，带些家炒的薯片之类的东西，聊作路上充饥之用。徐特立这种艰苦奋斗、勤俭节约的生活作风，对毛泽东影响很深，此后，他一生加以效法，并发扬光大。在一师读书时，毛泽东就是一个克勤克俭的学生；后来身为党的领袖的毛泽东，更是一直保持着这种优良品质，一生一以贯之地坚持清廉作风。

　　1915年5月7日，日本帝国主义向北洋军阀递交"哀的美敦书"，提出旨在灭亡中国的《二十一条》，袁世凯为了给自己登上皇帝宝座寻找靠山，竟然答应了日本提出的全部条件，使中华民族蒙受了千古奇辱。全国人民掀起了一场声势浩大的反袁运动。一师是当时政府认定的"动乱窝子"，自然也是湖南教育界开展反帝倒袁运动的中心。因之，毛泽东和他的老师徐特立等率先响应，立即放下书本，走出课堂，积极投身于这场斗争之中。5月9日，《湖南公报》发出袁世凯正式承认《二十一条》的号外："北京电，交涉已和平解决矣！""四十八小时届满，无耻地屈服了！"消息传来一师，师生群情激愤。毛泽东更是义愤填膺，他在学校进步教师徐特立等人编印的揭露袁世凯卖国行径的补充教材《民耻篇》上奋笔疾书："五月七日，民国奇耻。何以报仇？在我学子！"表达了他要勇敢地站出来，和进步的青年学子一道，肩负起为国报仇雪耻的决心。徐特立是一位具有反帝反封建精神的知识分子。他早年深受康梁学说影响，思想颇为激进。在周南女校任教时，受长沙流传的《猛回头》《中国魂》等革命刊物的启蒙教育，民主意识日渐浓厚，认定只有推翻清朝专制政府，中国

才有出路。"五·七"国耻后，徐特立与学生毛泽东和其他进步师生相互呼应，展开了一系列的反帝倒袁活动。5月7日，袁世凯承认《二十一条》的当天，徐特立通过新闻媒介得知消息后，立即同杨昌济、方维夏等先生商议，决定编写一本书，彻底揭露袁世凯卖国求荣、企图复辟帝制的丑恶嘴脸，通过他们几天通宵达旦的努力，一本题为《国耻篇》的小册子与广大师生见面了，师生们进行反袁斗争有了武器。稍后，袁世凯复辟帝制的活动加剧，指使他的亲信在全国各地成立所谓"筹安会"，大演"劝进"丑剧。湖南也出现了这股复辟逆流，禁止各报刊登载反对帝制的文章，压制各种反袁言论，反动气焰十分嚣张。为了对这股逆流进行反击，徐特立和毛泽东、蔡和森等进步学生，共同主编了一本反袁小册子，汇集了康有为、梁启超、汤化龙的反袁言论，定名为《汤康梁三先生对时局的主张》，到处散发。1916年6月，袁世凯在护法运动的压力下，众叛亲离，只当了83天皇帝，就在全国人民的唾骂声中死去。随后，北洋军阀汤芗铭也兵败离湘。包括一师师生在内的湖南人民的反帝倒袁斗争，以胜利宣告结束。

徐特立与毛泽东同在湖南一师只有5年时间，却在毛泽东的思想和习惯方面都造成了深远的影响。毛泽东后来曾回忆说："我在湖南第一师范求学时，最敬佩的两位老师，一位是杨怀中先生，一位是徐老。"

（三）

1918年，带着在一师求学期间不断成熟的思想和各位名师在各个方面潜移默化的影响，毛泽东从一师毕业了。自此，他和老师徐特立为了各自的事业分别了。从这一年开始，徐特立的人格继续影响着毛泽东，而毛泽东也开始用自己的实际行动回馈自己的先生，甚至帮助自己的先生走向更为先进的革命道路。

1919年，年届42岁、执教20余年的徐特立，在反动军阀的迫害下，感到报国无门，前途无望，决心走自己的学生毛泽东、蔡和森开辟的路——赴法勤工俭学，做一个"扶拐棍的留学生"。有人对他说，你这么大岁数了，学法文会有不少困难的。徐特立答道："我今年 42 岁，一天学一个字，7 年可以学会 2555 个字，那时我不到 50 岁，假如一天学两个字，到 46 岁以后就可以学通一国文字。我尽管笨，断没有一天连一两个字也学不会的。"在法国，徐特立先是通过半工半读考入巴黎大学，又参与了进占里昂大学、争取学习权利的正义斗争。未料竟遭华法教育会负责人吴稚晖之流和法国军警的镇压，毅然结束了在法国的留学生活，于 1924 年回到阔别 5 年的祖国，回归让徐特立不免欣喜，但紧接着他又陷入了迷茫，他说："1924 年我从法国留学回来后，还是继续办教育。不过这时我思想上很苦闷，感到教育救国的路行不通。"

正当徐特立对前途悲观失望，思想处于彷徨消沉的时刻，毛泽东与他久别重逢了。这时的毛泽东已经是中共中央的重要领导人物之一，正加紧宣传共产党关于同国民党实行合作的路线、方针和政策，以期完成国共合作，共同北伐，打倒军阀，实现共和的大业。1925 年的春天，毛泽东因病从中共中央的所在地上海回到湖南，一边养病，一边从事农民运动。这次回归故里，毛泽东在长沙拜会了阔别多年的老师徐特立，师生进行了促膝长谈。毛泽东对老师说了两段话：

"社会制度不好，恶势力当道，是没有人管教育的。你辛辛苦苦培养出来的人才，说不定会被人用去干坏事，为虎作伥。可见在现时教育救国的路是行不通的。只有动员广大民众起来革命，彻底砸碎旧的社会，建立一个平等的社会，创造一个劳苦大众的天下，教育才有希望，才有出路。"

"共产党革命的目的，就是要造就这样一个全新的社会，而眼下正全力做这样的事业。待到革命成功之日，便是发展全民教育之时。"

毛泽东向徐特立谈了自己对中国农民运动的看法和主张，也吐露了此次返乡将全力推动湘省农运的计划，最后恳请老师出山参加和支持湖南农民运动……这次会见对徐特立产生了很大影响，是他思想观点转变的起点，也是他整个人生转折的开始。之后，他参加了湖南省农民协会，并担任教育科长，兼任湖南农村师范农运讲习所主任，融入了轰轰烈烈的湖南农民运动这股激流。

（四）

徐特立虽然 50 岁才加入共产党，但中国共产党却在毛泽东的建议下为徐特立祝寿两次。1934 年，当红军开始长征时，徐特立已是 57 岁的老人了。然而谁也没有想到，他竟然义无反顾地随红军主力离开江西，开始了二万五千里长征，向渺无人烟的雪山草地进发，从而成为红军队伍中年龄最大的长征老兵。当红军胜利到达陕北后，徐特立已是年近 60 的花甲老人了。1937 年 1 月，毛泽东在党中央的一次会议上提出，要为从雪山草地跋涉过来的徐特立老人破例公开庆祝 60 岁大寿，他说并非出于他和徐特立的师生情谊，而是因为徐特立自 1927 年参加革命，特别是他以 57 岁高龄参加长征，以超人毅力克服难以想象的千难万险，胜利到达陕北的壮举，已成为红军队伍中让人振奋与感动的楷模，为他祝寿的目的在于鼓舞红军指战员的士气。党中央一致拥护和支持毛泽东的这一建议。1947 年 2 月 1 日，徐特立年届 70。受中央委派，徐特立在抗战全面爆发后，曾奔波于第十八集团军和八路军驻湘办事处之间，为党的统战事业做出了重要贡献。1940 年回到延安以后，徐特立在边区异常艰苦的条件下，创建了延安自然科学院，为中国共产党培养出第一批科技人才。当徐特立 70 岁寿辰到来之际，党中央经过慎重讨论，决定在全党再次为这位革命老人祝寿。此时，全国范围的解放战争已经打响，胡宗南的部队正在向延安步步紧逼。尽管战事紧张，但党中央仍然决定在撤离延安之前为徐老祝寿，并公开发表为徐特立祝贺 70 大寿的贺信。

如果说祝寿更多是出于稳定党的大局，那么一些微小的细节则更能流露出毛泽东对徐特立的尊敬和关怀。1947 年，胡宗南指挥的国民党军队已向延安包抄和逼近，毛泽东为了徐特立的安全，让他先撤离延安，他自己则率数万人马与 20 万敌军周旋。当徐特立离开延安时，毛泽东亲自去送行话别。当时，毛泽东检查徐特立的行李准备情况，发现没有热水瓶，立即命令工作人员从他仅有的两只热水瓶中拿来一只，送给了徐特立。新中国成立之初，毛泽东尽管政务十分繁忙，仍忘不了他与徐特立之间的师生情谊。一次，毛泽东特地派人来到徐特立的住地，邀请他到中南海家中吃饭。席上，还专备了几样家乡风味的菜肴招待老师——一碗湘笋，一盘青椒，这是两人都爱吃的。毛泽东抱歉地说："徐老，请你来，没有好菜吃。"徐老笑着说："人意好，水也甜嘛!"主席要让老师坐上席，徐老说："你是全国人民的主席，应该坐上席。"毛泽东马上说："您是主席的老师，'一日为师，终身为父'，您更应该上坐。"硬是让徐老坐了上席。毛泽东见老师穿着还像当年那样简朴，就将自己身上穿的一件呢子大衣脱下来送给老师，说是以表学生心意。徐特立接衣在手，激动不已。

徐特立与毛泽东在湖南一师相处的日子不过 5 年，但却对毛泽东的一生都产生了深远的影响，毛泽东在给徐特立庆贺 60 大寿的时候，特意为徐老写了一封信，其中有一句话用来总结徐老和毛泽东的交往最好不过："你是我 20 年前的先生，你现在仍然是我的先生，你将来必定还是我的先生。"

尊前谈笑人依旧

——毛泽东与杨树达

杨树达（1885—1956），字遇夫，号积微，湖南长沙人。清末留学日本，民初回国任湖南省图书馆编译，学贯中西，历任北京大学、清华大学、湖南大学、湖南师范大学教授。著述丰富而严谨，于语法学、修辞学、训诂学、语源学、文字学、古文字学、古文献学、考古学等诸方面均卓有建树，为一代宗师。民国前期在周南女师执教国文课，与朱剑凡、徐特立、周世钊等周南中学名师一直保有密切联系。

1913 年，湖南长沙的一名年轻人自日本留学归来，任教湖南省立第四师范。而就在这一年，另一名年轻学子也考入了第四师范。一个是杨树达，一个是毛泽东。在第四师范的课堂上，二人萍水相逢，相见恨晚。这一年杨树达 28 岁，毛泽东 21 岁。

相遇相识，亦师亦友

杨树达与毛泽东的相遇，正是杨树达归国后，教育与学术生涯的发轫时期。其夫人张家祓是周南历史上的首届本科生，毕业后留校任教，后又调往第一师范授课。夫妇二人都是毛泽东的老师。杨树达在其专业上有着非比寻常的成就和地位，这让毛泽东非常敬重，多次慕名听课。毛泽东经常向杨树达请教并讨论学术问题，而杨树达也喜欢将自己的学术著作赠送给毛泽东阅读。因为二人年龄相差不大，在学术上有共鸣，互相赏识而成为朋友。杨树达每有不顺心都会与毛泽东交流，将毛泽东视为自己非常珍惜的至交好友。

志同道合，共襄革命

毛泽东和杨树达在第一师范期间，中国正处在帝国主义侵略和封建军阀的黑暗统治时期，在激烈的斗争现实中，新文化运动在文化思想领域中轰轰烈烈地开展起来，并迅速地席卷湖南。在五四新文化运动的推动下，湖南人纷纷开始研究新文化，掀起了新文化运动的热潮。毛泽东与杨树达两人作为湖南革命的先锋战士，在革命的过程中建立起了深厚的革命友谊。

1918年4月14日，毛泽东与蔡和森等人发起成立了"以革新学术、砥砺品行、改良人心风俗"为宗旨的新民学会，并以它为核心，开展了反帝反封的革命斗争。在此期间，毛泽东做了许多宣传、发动和组织工作，成为五四运动在湖南的领导者。

受毛泽东热心革命的感召，次年6月，杨树达先生与长沙教育界知名人士陈润霖、朱剑凡、向绍轩等发起组织了一个以"输入世界新思潮，共同研究，择要传播"为宗旨的健学会。健学会举行了多次演讲，杨树达先生都积极参与。他曾经演讲《教育与白话文》，认为白话文能使人养成读书力，助长发表力，应该大力推广。这一学会的活动影响广泛，对新文化、新观念在湖南的传播起了推动作用。毛泽东在自己1919年7月创办的《湘江评论》中写道：健学会是"东方的曙光""空谷的足音"，表示"我们正应拍掌欢迎，希望他可做'改造湖南'的张本"①。在新民学会和健学会的宣传下，各大学校响应号召，创办刊物，宣传新思想。1919年10月，周南学生创办了湖南妇女界最早的革命刊物《女界钟》。

然而革命的道路并不顺利。

正当新文化运动如火如荼展开的时候，湖南当时的统治者——北洋军阀张敬尧对教育的摧残却在步步升级。部队常驻学校，损坏器具，把图书当柴烧。对于广大爱国人士焚烧日货的爱国行为，张氏兄弟居然率大刀队前来镇压。这些行为激起了湖南教育界、新闻界的愤怒。于是，毛泽东与杨树达先生共同掀起了"驱张运动"。1919年12月中旬，全省总罢课，

---

① 杨逢彬、杨柳岸：《近世训诂学巨子——记湖南省文史研究馆首任馆长杨树达》，《世纪》2008年第4期。

宣言称："张毒一日不出湘，学生一日不返校！"杨树达先生在此宣言上签了名。此后，他的署名频频出现在湖南各界的"驱张"宣言中。

由于杨树达先生在湖南新文化运动和驱张运动中始终站在最前列，1919 年至 1920 年，他与罗教铎一起被推举为教职员代表，与公民代表毛泽东、熊梦飞及学生代表 30 多人共同赴北京向北洋政府请愿。1 月 28 日，杨树达、毛泽东、张百龄、李思安、柳敏等 6 人被举为代表，进入新华门向北洋政府请愿。时值隆冬，北风呼啸，当局谈判代表迟迟不至，遇夫先生不禁心头火起。于是，当北洋当局谈判代表——内阁总理靳云鹏的秘书长出现之时，他一马当先，拍案而起。新中国成立后，毛泽东见到他还笑问："还记得当年驱逐张敬尧在新华门坐冷板凳的事吗？"

各赴前程，殊途同归

"驱张运动"之后，二人均各奔前程，迎来了人生当中的重要转折点。

毛泽东加入中国共产党，走上了无产阶级革命的道路。杨树达则相继在北京政法专门学校、北京高等师范学校（北京师范大学的前身）、清华大学、国立武汉大学、湖南大学、湖南师范大学等校任教并进行科学研究工作。在此期间，两人之间基本没了联系。杨树达虽有志于教育与学术，但是对于革命的热情与忠贞并没有减少。

杨树达先生依然非常关心国事时局，大力支持亲属参加革命工作，教育学生爱国救国。1944 年 3 月他创作《五溪岁月》，表达对日寇践踏、侵略中国的悲愤：

> 投荒寂处冷如冰，旧梦春明忘未曾。
>
> 走马西山云扑面，泛舟北海月为灯。
>
> 酒边惯听催诗鼓，户外时过问字朋。
>
> 何意国门来越寇，参天兵气九州腾。①

---

① 杨树达：《积微翁回忆录·积微翁诗文钞》，上海古籍出版社 1986 年版。

1945 年，毛泽东领导的共产党与国民党当局的斗争因为抗日战争临近结束而愈发激烈。杨树达先生参与发起组织九三学社，积极参加爱国民主运动，反对国民党当局的独裁和内战政策。九三学社支持中国共产党的各项政治主张，在北平、上海、南京、重庆等地积极参加中国共产党领导的反内战、反饥饿、反迫害等运动。1949 年 8 月，人民解放军进入长沙，杨树达先生还曾作为代表劝告湖南省代主席陈明仁接受中国共产党领导，促进了湖南的和平解放。1949 年 8 月 5 日，长沙和平解放，长沙全城，包括周南全体师生列队到小吴门外迎接中国人民解放军进城。

1949 年 1 月，在杨树达先生的动员下，九三学社发表宣言，响应中共中央毛泽东主席的八项和平主张，拥护召开新政治协商会议。1949 年 9 月，听到政协开会的消息，杨树达先生曾写下这样的话：“辛亥以后，国事扰攘，将四十年，国民望治甚殷，终归失望。人民军纪律严明，行动稳健切实。衰暮之年，或可及见升平，是余之幸也。”[1] 之后，应《民主报》之邀，杨树达还撰写了《实事求是》一文纪念中国人民政治协商会议第一届全体会议召开。

尺素往来，砥砺学术

中华人民共和国成立后，新中国万象更新，杨树达也与其他许多湘籍老知识分子一样，对毛泽东产生了一种崇敬心理。如他在 1950 年 12 月 31 日的日记中写道：“阅报载毛泽东《认识论》（编者按：系《实践论》之误），说详审致密。余谓列宁、斯大林、毛泽东三君不唯有政治才，亦富于学识。我国古来君师合一之象，今日见之矣。”[2] 将毛泽东与列宁、斯大林两人置于同等地位，并赞之为中国前所未有的“君师合一”，可见杨树达先生对毛泽东的评价是非常之高的。而毛泽东对杨树达先生也是极其重视的，毛泽东每次回到湖南，都要约见杨树达，后来杨树达每有不顺心

---

① 杨树达：《积微翁回忆录·积微翁诗文钞》，上海古籍出版社 1986 年版。
② 孙琴安：《毛泽东与杨树达》，《人文杂志》1993 年第 5 期。

之事，也常给毛泽东写信。

1951年，杨树达先生与湖南大学文学院院长兼历史系主任杨荣国在学术精神方面发生了矛盾，杨树达在回忆录中有一段记载："本校文学院长杨荣国发布文字于《新建设》杂志，引金文、甲文错误百出。"然后一一指出其错来。为此，杨树达不仅写文质疑，而且给毛泽东写了信。毛泽东曾将杨树达的信给李达看过。但令人感慨的是，后来有人转告杨树达："今日教授当以思想为主"①。杨树达一听，自悔孟浪，于是又给毛泽东写了一封信，对前一封信中的有些不当之处，做了一点说明。没过多久，毛泽东给他写来了回信，信中说：

违教多年，最近两接惠书，甚为感谢！所论问题，先生在第二封信里已作解决，我以为取这种态度是较好的。此复

顺致

敬意！②

毛泽东

五月十九日

1953年，杨树达先生担任湖南师范学院教授及湖南文史研究馆馆长，受到党和政府的尊重。毛泽东在这一年提出以"百家争鸣"为方针研究历史，并发起创办了《历史研究》杂志。鉴于杨树达先生在文学方面的伟大成就，时任《历史研究》总编辑的郭沫若在提及编委时，提名杨树达。

1954年11月25日，毛泽东、刘少奇、周恩来等自广州到长沙视察工作，共同约见了杨树达。杨树达连同唐生智、周世钊等人受毛泽东的邀请前往程潜蓉园相见。毛泽东与杨树达两人虽然已经分别三十余年，但一见面依然熟悉如故。两人交谈一会儿之后便共同乘车赴宴。宴席食物有中菜，也有西菜，大家边吃边谈，兴致很好。事后，为了答谢毛泽东的宴

---

① 杨树达：《积微翁回忆录·积微翁诗文钞》，上海古籍出版社1986年版。
② 《建国以来毛泽东文稿》第5册，中央文献出版社1991年版。

请，杨树达就把自己所著的几本书寄给毛泽东。毛泽东收到后，在 1955 年 1 月 29 日给他写了封答谢信，信云：

遇夫先生：

惠书及大著数种收到，甚谢。尊恙向愈，极慰。待完全康复之后，欢迎先生来北京一游。顺致敬意。①

毛泽东

一九五五年一月廿九日

在这前后，杨树达在学术研究上遇到了几件烦恼的事，这几件事都与中国科学院有关。中国科学院在审查杨树达的学术研究成果时，安排了没有学术根基的年轻人来审查。这些年轻人对杨树达的研究一知半解，随意地、武断地妄加评论。这让杨树达非常有意见，杨树达请求重审，竟然遭到了他们的讽刺。这让杨树达忍无可忍，于 1955 年 2 月 14 日给毛泽东写了一封信，认为审阅书稿是件重要事情，应该与天

毛泽东写给杨树达的亲笔书函

下学人共为之。并在信中反映了科学院在审查他的《耐林庼甲文说》书稿时有官僚主义作风，请求毛泽东看一下该书稿自序。毛泽东接读了杨树达的信后，知道自己的这位老师学问渊博，功底扎实，所提意见总有些根据，而不是有意与现在青年人的新观点作对。看过该书稿序言后，于 3 月 17 日做了批语："转科学院，请令有关单位予以注意。"同时给杨树达回信道：

遇夫先生：

---

① 孙琴安：《毛泽东与杨树达》，《人文杂志》1993 年第 5 期。

第五章 师友情缘

二月十四日惠书收读。序言已看过。并将大函转付科学院方面，请他们予以注意。

此复，

顺祝健康。①

毛泽东

三月十七日

与此同时，毛泽东想到杨树达年老体迈，怕他心绪不佳，特地派人前去安慰他。杨树达没想到自己在一气之下所写的信，竟引起毛泽东如此重视，自己反倒不好意思起来。

审时度势，情比金坚

1955 年 2 月在各地纷纷召开文艺界人士、高校师生座谈会、讨论会，开展对胡风思想的批判之时，毛泽东与杨树达两人也有过交流（或者可以说是争议）。著名诗人彭燕郊对两人的这次争论有过记录。根据记录内容，杨树达曾问过毛主席，胡风到底是怎么回事。毛主席回之称胡风是反革命，能掌握三千人的反革命，因此必须大力镇压。杨树达对之虽有疑惑和不满，但审时度势之下，依然采取拥护和支持毛泽东的态度，并在当时劝告当场的年轻人要隐忍。

1955 年 6 月 20 日，毛泽东视察湖南时，顺便渡湘江，再登岳麓山，杨树达作陪。其时杨树达已 71 岁，毛泽东特地为他准备了"卧舆"，而自己却废舆不用，步行上山，这让杨树达大为惊叹！登山后一起吃饭，两人在岳麓山顶的云麓宫和岳麓山下的岳麓书院均有深入交谈。9 月 30 日，中秋节这一天，毛泽东在北京宴请了杨树达。饭后，两人讨论了文字改革的问题。据记载，毛泽东在这一天曾对遇夫先生说："黎锦熙是提倡文字改革的积极分子，蒋竹如是文字改革的怀疑派，你是择善而从，由反对到赞成。"遇夫先生点头表示同意。毛泽东在一首题为《和周世钊同志》的

---

① 《建国以来毛泽东文稿》第 5 册，中央文献出版社 1991 年版。

诗中记载了此事。而杨树达也在当天的日记中写道：

"朱科长来，云京中有人来，欲相见，请到白鹤泉相候。即留朱同饮，乘朱车登麓山过爱晚亭口后，下车乘卧舆至白鹤泉藤椅上小寐。少顷，程颂公来，见告毛主席已来。旋见主席在泉市小坐，随登山到云麓宫，余及程乘舆，仍别有一舆似预备主席乘者，主席健步不乘也。程告余今日毛渡湘是游水而来，其健真可惊也。席间毛公杂谈，谈及在第四师范时，曾一次旁听余讲课云。"①

第二天，10 月 1 日，杨树达受毛泽东之邀，在北京天安门参加了国庆观礼，同行的还有周士钊等人。

魂归岳麓，情意长存

1956 年 2 月 14 日，杨树达先生因心脏病和消化道出血，与世长辞，终年 71 岁。16 日，毛泽东发出电报吊唁杨树达："惊闻树达先生病故，深为悼念，特电致唁。"② 其后，周恩来等中央领导亲自前去敬献花圈，好友郭沫若也致电吊唁，《人民日报》、《中国语文》、《科学通报》等报刊撰文哀悼杨树达先生不幸逝世，湖南省为他举行了隆重的追悼会，全省党政领导全体参加追悼会，护送灵柩至岳麓山安葬。

20 年之后，毛泽东亦与世长辞。毛泽东与杨树达近半个世纪的友谊，成为一段脍炙人口的佳话。他们的友情堪比伯牙与钟子期，高山流水，与世长存。

---

① 杨逢彬、杨柳岸：《近世训诂学巨子——记湖南省文史研究馆首任馆长杨树达》，《世纪》2008 年第 4 期。

② 《建国以来毛泽东文稿》第 6 册，中央文献出版社 1992 年版。

六十三年友谊路

——毛泽东与周世钊

周世钊（1897—1976），字惇元，又名敦元，别号东园。湖南宁乡东湖塘镇朝阳村人。著名教育家和爱国民主人士。历任湖南第一师范校长，湖南省教育厅副厅长，湖南省人民政府副省长，湖南省政协副主席，系第四届全国人民代表大会常务委员、中国民主同盟中央委员、湖南省民盟主任委员。在《毛泽东诗词集》中，留下了毛泽东与周世钊、柳亚子、郭沫若等人相互唱和的经典作品。

1927年5月21日，"马日事变"后，他在周南女校（即现在的周南中学）任教，并担任周南女校教导主任多年。

毛泽东和他的同窗好友周世钊1976年相继去世，但他们从少年的同窗好友，到伟大领袖与一介儒生之间，长达63年的交往情谊永留后世，光照人间。周世钊与毛泽东有着"三同"（同乡、同学与同事）与"三友"（会友、文友与诗友）的关系，两人坦诚相待，情意拳拳，友谊长存，始终不渝。

同学五载，并肩前进

毛泽东的故乡韶山冲与周世钊的故乡相距仅15公里，1913年，毛泽东与周世钊考入湖南第四师范同班学习。是年，周世钊16岁，毛泽东20岁。1914年第四师范并入湖南省立第一师范学校后，他俩仍在同班学习，二人情意甚笃，直到1918年毕业，长达5年半。

他们在校期间，正值旧中国黑暗统治时期，新文化运动的兴起，以及进步师长徐特立等的教诲下，深刻地影响了毛泽东和周世钊。从小立志救国救民的毛泽东，如饥似渴地学习，刻苦顽强地锻炼，积极参加反帝反军阀的斗争，并热心社会活动，组织新民学会，努力寻求革命真理，探索救国救民的道路。品学兼优的周世钊，酷爱文学，他既是工人夜校的管理员，又是积极参加新民学会的活动分子。

1917 年，毛泽东被选为学生会总务（主席），周世钊被选为文学部部长，他们一直并肩战斗，亲密合作。毛泽东好学不倦，善于钻研，富有坚强的反抗精神，非凡的胆识和机智，特殊的领导和创造才能和一种令人心悦诚服的吸引力，为先生所器重，为同学所景仰。同年 7 月，全校组织了"人物互选活动"，12 个班 575 位同学，选举结果，有 34 人当选，第一名是毛泽东，第二名是周世钊①。

同事教育，亲密无间

周世钊在第一师范毕业后，到长沙修业小学教国文，毛泽东到北京、上海筹办赴法勤工俭学事宜。1919 年 4 月，毛泽东回到长沙，由周世钊介绍住进修业小学并教授历史。在修业小学，毛泽东创办了《湘江评论》，积极领导了长沙的五四运动，周世钊也参加了这些活动。在修业小学，毛泽东、周世钊共同指导小学生合办《小学生》，受到北京的《每周评论》、上海的《星期评论》、长沙的《湘江评论》的鼓舞。在修业小学，毛泽东、周世钊的生活特别清苦，他们的友谊却更加纯挚笃诚了。他们共同为改造中国与世界，打倒列强、打倒军阀、救中国而奋斗不息。

蔡元培曾在周南女校做过的一篇题为《美术的价值》的演讲。湖南省教育会《名人讲演集》中未记载此篇，但却被毛泽东记录下来，篇首有毛泽东写的记者按："蔡先生话，有好些听不清楚。此篇所记，只其大略。开首两段，是周世钊先生记出交我的。"②

会友同道，同志相应

新民学会会友间通信较多，毛泽东搜集了会友间互相往来的书信，编

---

① 毛峥嵘：《毛泽东与周世钊》，《湖北档案》2010 年第 5 期。
② 余玮：《周世钊与老同学毛泽东的书信之交》，《党史纵览》2013 年第 9 期。

为《新民学会会员通讯集》，其中有一篇毛泽东致周世钊的信，长达两千余字。大意为要以一个人短促的一生，应当建立一个组织，合力办成一件大事。周世钊曾回毛泽东一信，劝其返湘。信中说："吾兄平时素抱宏愿，此时有了机会，何不竭其口舌笔墨之劳，以求实现素志之十一，相知诸人，多盼兄回湘有所建树。"① 这两位青年的友谊，体现了《易·乾卦》中的"同声相应，同气相求"的精神。

骏骨未凋，尚有生气

由于参加革命斗争，毛泽东领导了秋收起义，于 1927 年上了井冈山，后来经过二万五千里长征，胜利到达延安。直到 1949 年 10 月 1 日成立了中华人民共和国，毛泽东当选为中央人民政府主席。周世钊则在南京大学毕业后，回到长沙市周南女校等中学教国文课，一直在长沙过着"吃粉笔灰"的教书生活。期间，周世钊与毛泽东保持着信函来往。

两人一别就是数十年。这段时间，周世钊同毛泽东尽管不曾见面，但是他们的心是息息相通的。周世钊无时无刻不关心着毛泽东的动向，并赋有一诗，其中有一句为"九州明月系离肠"。毛泽东也曾多次写信给周世钊，介绍抗战情况或国共合作进展等。周世钊则常为毛泽东的安危担忧，写信提醒毛要警惕。

1945 年 8 月，周世钊得知毛泽东不顾个人安危，为争取和平建国而奔赴虎穴龙潭的重庆时，他立即寄信表达自己的问候之情，可惜这封信并未能送到毛泽东手中。

1949 年，长沙和平解放，由周世钊领衔。一些老新民学会会员和教师联名向毛泽东致贺电贺信。1949 年 10 月 15 日，毛泽东致函周世钊："迭接电示，又得 9 月 28 日长书，勤勤恳恳，如见故人，延安曾接大示，寄重庆的信则未收到。兄过去虽未参加革命斗争，教书就是有益于人民

---

① 周彦瑜、吴美潮：《毛泽东和周世钊谈抗美援朝战争》，《百年潮》第 2009 年第 9 期。

的。城南学社诸友来电业已收到，请兄转告他们，感谢他们的好意。兄为一师校长，深庆得人，可见骏骨未凋，尚有生气。倘有可能，尊著旧诗尚祈抄寄若干，多多益善。"周世钊看到回书，深受鼓舞，总是乐呵呵地对人说："毛润之称我'骏骨未凋，尚有生气。'"此后两人的友谊又有了新的发展。

书信交往，诗友诤友

1950 年，毛泽东的一位亲戚由京回湘省亲，毛泽东嘱咐她便道邀周世钊往北京参加国庆观礼。1950 年 9 月 28 日恰是中秋佳节，他们由长沙赴京时途经许昌，稍事停留，周世钊对境感怀，即兴吟诵了《七律·中秋北上》和《五律·过许昌》两诗。不久，周赠《五律·过许昌》诗给毛泽东[1]。

五律·过许昌

野史闻曹操，秋风过许昌。荒城临旷野，断碣卧斜阳。满市烟香溢，连畦豆叶长。人民新世纪，谁识邺中王！

1956 年 12 月 5 日，毛泽东回函周世钊，并附答词一首：

惇元兄：

两次惠书均已收到，情意拳拳，极为高兴。告知我省察情形，尤为有益。校牌仍未写，因提不起这个心情，但却时常在念，总有一天要交账的。时常记得秋风过许昌之句，无以为答。今年游长江，填了一首水调歌头，录陈审正。[2]

水调歌头·长江

才饮长沙水，又食武昌鱼。万里长江横渡，极目楚天舒。不管风吹浪打，胜似闲庭信步，今日得宽馀。子在川上曰：逝者如斯夫！

风樯动，龟蛇静，起宏图。一桥飞架南北，天堑变通途。更立西江石

---

① 《毛泽东和周世钊的交往》，《中国统一战线》2002 年第 2 期。
② 余玮：《周世钊与老同学毛泽东的书信之交》，《党史纵览》2013 年第 9 期。

壁，截断巫山云雨，高峡出平湖。神女应无恙，当惊世界殊。

暂时不会出国，你们的意见是正确的。

问好！

毛泽东

1956 年 12 月 5 日

1955 年，周世钊担任湖南教育厅副厅长兼湖南省立第一师范学校校长。此年 6 月，毛泽东到长沙视察，与周世钊相见，老友在旧地重逢，两人都十分高兴。毛泽东提出要在正涨着洪水的湘江游泳，周世钊担心毛泽东的安全，说出"现在湘江水涨，水又广又深，游泳也许不便"。毛泽东望着周世钊呵呵一笑，说："惇元，你不要说外行话啦！庄子不是说过：'水之积也不厚，则其负大舟也无力。'水越深，浮力越大，游泳起来当然越要便利些，你怎么反说不便啊？"此时，毛泽东已穿上游泳衣，从乘坐的小火轮上潜入浪涛汹涌的湘江。只见毛泽东时而仰泳，时而侧泳，神态极为安闲，显得一点也不费力气，就这样，整整游了一个小时。上岸以后，毛泽东对周世钊说："惇元，我已经三十多年未上岳麓山了，我们今天到岳麓山青年时期常去的爱晚亭、白鹤泉、云麓宫去看看吧！"周世钊当然非常高兴，说："我当然愿意和你旧地重游啊！"于是便和毛泽东等愉快地一起驱车上山。可汽车只能开到白鹤泉。白鹤泉再往上，坡陡路险，仅能步行。此时，准备好的三顶轿子已来了，毛泽东坚决不肯坐，坚持步行，直至山顶的云麓宫。周世钊看到毛泽东登上山顶，一点也不疲倦，便笑着对毛泽东说："润之，你锐气不减当年呀！"毛泽东说："对一个人来说，暮气不可有，锐气不可减呀！"

后来，周世钊在给毛泽东的信中附有一首《七律·毛泽东登岳麓山至云麓宫》：滚滚江声走白沙，飘飘旗影卷红霞。直登云麓三千丈，来看长沙百万家。故国几年空兕虎，东风遍地绿桑麻。南巡喜见升平乐，何用书生颂物华。

毛泽东读到这首诗，十分高兴，立即作了一首《七律·和周世钊同志》：春江浩荡暂徘徊，又踏层峰望眼开。风起绿洲吹浪去，雨从青野上山来。尊前谈笑人依旧，域外鸡虫事可哀。莫叹韶华容易逝，卅年仍到赫曦台。①

毛泽毛于 10 月 4 日写了一封信给周世钊，并将这首诗一起寄去。信中说："读大作甚有兴趣，奉和一律，尚祈指正。"周世钊读到毛泽东的信与和的诗，深为感动。他想：润之成了全国人民的领袖，但还是自己亲密的诗友啊！学生时代的毛泽东和周世钊都喜爱写诗，毛泽东担任一师学友会总务（会长）时，周世钊担任文学部部长，在他的带领下，一师学诗成风，寝室、调养室、自修室常闻吟诗之声。在这种浓浓的学诗、写诗的氛围中，毛泽东与周世钊成了最亲密的诗友，他们之间谁有了新创作的诗词，都会亲密地相互切磋，反复共同修改，直至两人都感到比较满意。他们的诗词水准，也在共同严格的相互切磋中，有了很大的提高。可以说，毛泽东以后写的气势磅礴的诗词，就是在这时打下了深厚坚实的基础。

毛泽东的诗词写得极为出色，赢得了全国人民由衷的赞美与热爱。此时，毛泽东仍然不忘周世钊这位学生时代的诗友，经常诚挚地向他索诗。在毛泽东给周世钊的一封信中，毛泽东真诚地写道："尊著旧诗尚祈抄寄若干，多多益善。"② 周世钊遵照毛泽东的嘱托，不断抄寄自己的旧诗和新作给毛泽东。就这样，以诗词为桥梁，两位学生时代的亲密诗友，联系得更加频繁和紧密了。

1958 年 7 月，周世钊当选为湖南省副省长，受任新职，思绪万千，于 10 月 17 日致函毛泽东，陈述心怀。只隔一周，毛泽东就复函周世钊，信中说："赠书收到？受任新职，不要拈轻怕重，而要拈重鄙轻。古人有云贤者在位，能者在职，二者不可得而兼。我看你这个人是可以得而兼的，年年月月日日时时感觉自己能力不行，实则是因为一不甚认识自己，二不甚理解客观事物，那些留学生们，大教授们，人事纠纷，复杂心理，

---

① 余玮：《毛泽东的"密友"周世钊》，《政协天地》2011 年第 5 期。
② 余玮：《周世钊与老同学毛泽东的书信之交》，《党史纵览》2013 年第 9 期。

看不起你，口中不说，笑存之，如此等等？我认为聪明，老实二字，足以解决一切困难问题"。① 这封长信，给周世钊极大的鼓舞。

1961 年 12 月 26 日是毛泽东 68 岁生日，他兴奋地提笔给周世钊写了一封复信，其中又与自己的诗友谈了诗：

世钊同志：

惠书收到，迟复为歉。很赞成你的意见。你努力奋斗吧。我甚好，无病，堪以告慰。"秋风万里芙蓉国，暮雨千家薜荔村。""西南云气来衡岳，日夜江声下洞庭。"同志，你处在这样环境中，岂不妙哉？

毛泽东

1961 年 12 月 26 日

此后不久，毛泽东写出了举世闻名的《七律·答友人》。

七律·答友人

一九六一年

九嶷山上白云飞，帝子乘风下翠微。

斑竹一枝千滴泪，红霞万朵百重衣。

洞庭波涌连天雪，长岛人歌动地诗。

我欲因之梦寥廓，芙蓉国里尽朝晖。

诗中"友人"到底是谁，引起了人们广泛的兴趣，并进行过多方面的探讨。1964 年 2 月 4 日，毛泽东亲自写道："友人，是一个长沙的老同学。"这位友人，就是毛泽东的诗友周世钊，由此可见，这两位诗友在诗词上的交往之深②。

肝胆相照，诤友情意

1966 年"文化大革命"运动开始以后，69 岁的周世钊对这场运动的兴起很不理解。这两位友人的友谊经受着新的考验，是袖手旁观，还是火

---

① 文工：《周世钊："贤者在位与能者在职"兼得的爱国民主人士》，《湖南省社会主义学院学报》2011 年第 1 期。

② 严农：《毛泽东与诗友周世钊》，《世纪》2007 年第 1 期。

上加油，抑或直言谏劝？最终周世钊选择了后者。他致函 73 岁的毛泽东主席，要求到北京见面，陈述他的意见。

中共中央办公厅复函转达毛泽东的话说："不必来京，事情可以合理解决。"在红卫兵的眼里，周世钊是副省长，必定也是"走资派"，要找他的黑材料，就必须抄家。6 月初的一天，一队红卫兵高举"造反有理"的旗帜，冲进住在长沙市教育街的周世钊住宅，以搜查"黑材料"为名，翻箱倒柜，抄走了现款和存折人民币 1 万多元，拿走了一些名人字画、线装书和衣服之类的东西。当红卫兵从箱子里拿出一件很高级的狐皮大衣时，周世钊的夫人余宣说："这件狐皮大衣是 1950 年毛主席请周老到北京见面时亲自送给周老的。"红卫兵才未将这件狐皮大衣拿走。当红卫兵从箱子里搜出毛泽东给周世钊的一大堆信，看到每封信都是称周世钊为"惇元兄"或"东园兄"时，就问周世钊："惇元和东园是哪一个？"周世钊回答说："惇元和东园都是我，是我的别号。"有一名红卫兵马上说："你是个反对毛主席、反对毛泽东思想的典型人物。毛主席比你大得多，你怎么要他称你做兄啊？你这不是反对毛主席、反对毛泽东思想是什么？"① 周世钊面对这群娃娃的无知和可笑的追问，只好摇头叹息，不予回答。这群娃娃们何曾知道：毛泽东在同旧友的通信中，给周世钊的信是最多的，从谈诗论词，酬唱奉和，到研究历史唯物主义，探讨对任新职的态度，既有对他从事教育工作的鼓励，也有对他接触实际的督促，情意拳拳，亲切感人。娃娃们诬他反毛泽东思想，周世钊真感到不可理喻。

1967 年，红卫兵抄了周世钊的家后，周世钊曾进京见到毛泽东，陈述了被抄家之事，搞坏了他的好些旧书，毛泽东曾风趣地说："这对不起你，由我负责赔偿，你那些旧书，我这里都应该有，任你拿去，你不要心存芥蒂，湖南的事，你还是要管的。"周世钊答道："今天这个局面，民主党派还能起什么作用，连个庙都没有了。"毛泽东说："庙可以重修嘛，

---

① 余玮：《周世钊与老同学毛泽东的书信之交》，《党史纵览》2013 年第 9 期。

我出点香火钱。"①

谏言之后，毛泽东曾让周世钊在北京休养了一段时间，并鼓励他出去看看，了解北京的情况。在一次谈话中，毛泽东问周世钊："你到北京以后到了什么地方，看了些什么东西啊？"周世钊说："我到北京看望了谢老（觉哉）、徐老（特立）、王季老（季范）、张国老（国基）、楚中老（中元）几位老师友。除此以外，我每天就是看书看报，有时也上街走走看看。我住在北京饭店。北京饭店东侧就是王府井大街的南口，每天有很多全国各地的小报，有时我也买几张看看。还到北京大学和清华大学看了看。我看见这两个大学里，主席的语录很多。在清华大学校园里还有主席的塑像。"②

毛泽东说："我很讨厌那些东西。到处搞些语录干什么呀！我早就跟他们讲过，不要到处搞语录，不要到处搞红色海洋，不要搞那么多红本本。那是极大的浪费。他们就是不听我的。现在他们又到处搞什么塑像，说这是什么忠忠忠。我看他们那样搞并不是对我的什么忠，他们是要我站岗。"③

周世钊 1967 年住在北京的时候，正是北方水果成熟的时节。毛泽东两次派人送了两箱很大一个的水蜜桃给他吃。由于水蜜桃又好又多，吃不完，秘书将一部分水蜜桃托人带回长沙。周世钊的夫人余宣吃了，赞不绝口，说："感谢主席的厚爱。"④

1972 年 8 月，周世钊再次坦率陈书于主席，恳切地陈述了八个问题。在当时的气氛下，如果不是来自对祖国、对人民、对领袖、对友人的赤诚之心，来自畏友、诤友、挚友的气魄，怎能够仗义执言呢！？

① 《毛泽东和周世钊的交往》，《中国统一战线》2002 年第 2 期。
② 彭期龙：《毛泽东鲜为人知的故事》，《领导科学》1993 年第 12 期。
③ 余玮、吴志菲：《周世钊与毛泽东 63 年交往传奇（四）》，《红墙见证——家事国事天下事》，中共党史出版社 2010 年版。
④ 计小为：《与周世钊先生交往二三事》，《纵横》2008 年第 7 期。

情意绵长，永驻史册

1976 年 4 月，周世钊病重住院。由于年老体衰，他的病情越来越严重。中共湖南省委和省委统战部的负责同志，多次到医院去看望他。79 岁的周世钊感谢同志们的关照，说："我的病不要紧，吃点药会好的。你们不要告诉毛主席，不要惊动他老人家，他比我们忙得多，辛苦得多。"① 中共湖南省委办公厅还是及时向中共中央办公厅和毛泽东汇报了周世钊的病情。83 岁的毛泽东得知数十年的老友周世钊病危的消息后，眼泪簌簌流下。在自己躺在病床的情况下，他委托中央办公厅从北京医院选派两名医生乘专机飞往长沙，为周世钊治病。可惜，就在北京医生抵达长沙的当天——4 月 20 日晨 6 时，周世钊与世长辞了。4 个多月以后——9 月 9 日毛泽东逝世，举国哀悼。毛泽东和周世钊的友谊长达 63 年。生未同庚，逝却同岁，肝胆相照，百世流芳。他们的友谊永留人间，长驻史册。在纪念毛泽东 90 诞辰的时候，中共中央文献研究室编辑的《毛泽东书信选集》中，毛泽东给亲朋故旧的信函中，给周世钊的最多，共选入了 10 封。

---

① 余玮、吴志菲：《周世钊与毛泽东 63 年交往传奇（四）》，《红墙见证——家事国事天下事》，中共党史出版社 2010 年版。

相识半生的忘年交

——毛泽东与朱仲丽

朱仲丽（1915—2014），原名朱慧，1915 年 2 月出生于湖南长沙。是明朝开国皇帝朱元璋的后裔，长沙市周南中学创始人、著名民主革命先驱、革命教育家朱剑凡的爱女，无产阶级革命家、党和国家领导人王稼祥的夫人。3 岁开始进入周南幼稚园开蒙学习，5 岁时成为周南一年级学生，并于周南校园内第一次见到毛泽东，是周南优秀学子的代表人物之一。1936 年获得医学硕士学位，1938 年赴延安并加入中国共产党，担任毛泽东等多位领导人的保健医生，为白求恩大夫做过手术。新中国成立后担任中苏友谊医院中方院长及中华医学会副秘书长等职务。1981 年以 66 岁高龄加入中国作家协会，著有《女皇梦》《毛泽东》等多部反响较大的文学著作。2014 年 2 月逝世于北京。

1915 年 2 月，正值中国农历新年之际，这时候的长沙气温还很低，在新年的热闹气氛和父母的殷切期盼中，朱仲丽出生了。她是朱剑凡的第八个孩子，是最受宠的小女儿，也是朱家所有孩子中与毛泽东交往最久最密切的人。毛泽东对朱仲丽来说，不仅仅是父亲的一个朋友，更是她革命道路上的师长和知己。他们的年龄相差了二十多岁，却能像朋友那样亲切交谈，这段忘年之交的情谊占据了朱仲丽几乎人生一半的时间，是她人生最珍贵的经历之一。

幼时初见毛叔叔

幼时朱仲丽的家已经变成了周南女校，在这里，她 3 岁进入周南幼稚园，5 岁上周南小学一年级，在周南的学习生活一直持续到 13 岁。周南是民国女子教育的乐土，也是当时长沙许多进步青年开展革命活动的根据地，时常往来于周南校园的有识之士数不胜数。小时候的朱仲丽生活在周南的校园内，可以经常见到与父亲共同从事革命活动的蔡和森、李维汉、王震以及周南女校的学生向警予、杨开慧、丁玲等，当然也包括青年时期的毛泽东。

　　毛泽东与朱剑凡先生是至交好友，尽管他们相差十岁，但是共同的革命经历让他们结下了深厚的革命战斗友谊。五四运动期间，毛泽东创办的新民学会活动得到了周南女校的大力支持。1920 年夏，毛泽东正与何叔衡商量筹划创办一个用新思想、新文化启发和提高群众觉悟的书社，朱剑凡正是这个书社的主要投资和赞助人。当时毛泽东还受到朱剑凡的邀请，住进了周南女校校园。当时年仅 5 岁的朱仲丽就在家中，见到了穿着一身灰布夹袍的毛叔叔，毛泽东亲切地称她为"八妹子"。在朱仲丽晚年写作的回忆录中，她对幼时常常在周南校园内见到的毛叔叔的印象依然十分深刻：

　　此后，我常看到毛泽东。有时我见他在我家庭院中散步，不时停下来，凝目四望，若有所思。有一次，他笑着对我说：

　　"你爸爸喜爱你，说你聪明活泼。你五岁就是堂堂的小学生了，真了不起！"

　　我天真地回答："毛叔叔，爸爸也喜欢你咧！他说你先进，爱听工友农友的话。毛叔叔，那是些什么话？是不是叫你吃饭时，好好吃，不要把饭粒掉在地上？是不是叫你当泥木匠去？"

　　毛泽东听了大笑起来。他轻轻地摸着我的脸，说："好孩子，难怪你爸爸喜欢你。你要好好读书。很多道理，你慢慢会明白的。"

　　"毛叔叔，我门门课考得很好！"

　　"好，那就好！"毛泽东高兴地看着我。

　　我两眼瞪着，又问："毛叔叔，你为什么要取一个怪名字，叫二十八画生呢，真不好听。"

　　毛泽东笑道："我是喜欢来新花样，用数目字代替名字，节约呀，省事呀……"

我插嘴："是不是还有保密呢？"

毛叔叔说："你真聪明……"

得到毛叔叔的表扬，我很高兴，蹦蹦跳跳又玩去了。①

这段回忆是朱仲丽与毛泽东幼时相识的深刻记忆。当时的朱仲丽只觉得这位毛叔叔让人感到十分亲切和愉快，不会想到 18 年后还能在革命圣地再次见到这位父亲的密友，湖南的老乡，不会想到那个时候的毛叔叔已经是被中国广大工农群众寄予了深切希望的主席，也更加不会想到此后他们的相交会是那样的亲密与令人难忘。

青年再见毛主席

1937 年 7 月 7 日，日本帝国主义发动了震惊世界的"七七事变"，日军全面侵华开始。当时的毛泽东已经在延安指导革命工作，积极推动中国人民的全面抗战。1936 年朱仲丽从上海东南医学院硕士毕业后，就到了南京中央医院实习工作。日军全面侵华开始时，朱仲丽已经从南京回到了长沙。当年年底，在八路军长沙办事处的介绍下，朱仲丽告别了母亲，奔赴革命圣地——延安，于 1938 年 2 月到达延安并担任陕甘宁边区医院外科医生。根据朱仲丽后来的回忆，到达延安后不久，她又见到了十多年前在周南女校寄住过的毛叔叔。

毛泽东怀旧地望着朱仲丽，他想起了当年的小八妹子，想起了朱仲丽的父亲朱剑凡校长。

毛泽东眨着眼，"我在长沙看见你的时候，你正爬在你爸爸的脚上，什么也不懂，今天倒学会了向我敬礼！"

毛泽东像谈家常一样的轻松愉快："是个医生了！"又问："读了几年？"

朱仲丽恭敬地回答："读了五年，实习两年，才算毕业。"

"噢！"毛主席摆摆头，"一共七年，是医学硕士、医学博士啰。牌子

---

① 李涛：《毛泽东与巾帼英豪》，长征出版社 2011 年版。

响当当的!"毛主席笑眯了眼。

"不!"朱仲丽害羞地,半天才挤出一个不字,"我的经验不多呀!"

毛主席深深地吐了一口气,似乎在想什么,沉默片刻:"你的父亲朱剑凡是一个难得的教育革命家,死早了,太可惜。他何时去世的?"

朱仲丽的表情低沉,望着对面坐着的毛主席难过地说:"我爸爸逃难至上海,开了一个地下酒店,忧国忧民,痛恨蒋介石,向往苏区,忧出胃病来,竟然不治而去。"

毛主席长吁了口气之后,手拿着香烟却又忘了点燃,老握在手中。"时间过得真快,你成了科班毕业的大医生。嗯……当医生的人,有一颗救死扶伤的好心,要用马列主义武装头脑,否则,就会成为一个自私自利的医生了!"

朱仲丽连连点头。"是的,毛主席,是的。你还记得,你年轻时候,住在长沙周南女校,把一只痰盂失手打烂之后,急得要赔钱给我爸爸的事吗?"说完又怕不礼貌,不知不觉把舌头吐了出来。毛主席哈哈大笑,笑得两肩头直往上耸:"你不要吐舌头,没有讲错,是有这回事,你的记忆力惊人……你父亲无论如何不要我赔钱。"①

延安再次见面,他们回忆起了当年毛泽东居住在周南女校的往事,他们共同缅怀已过世的朱仲丽的父亲、毛泽东的好友朱剑凡先生,同时还就朱仲丽学医的经历谈到了共产党队伍的建设……尽管再一次见面已经是18年以后了,尽管他们的年龄与身份都相差甚远,但是作为湖南老乡,作为同样为中国革命事业奉献的家庭的出身,使他们在见面时总有说不完的话题,俨然是一对忘年之交。在这次会面中,朱仲丽还将母亲亲手制作的湖南特产———一包火焙鲫鱼当作礼物送给了毛泽东,这是毛主席当年住在朱家时最喜欢的家乡腊味之一,让毛泽东十分感动。

从 1938 年到 1964 年,二十多年的青年和中年时期,朱仲丽几乎一直

---

① 朱仲丽:《我知道的毛主席》,《四川党史·在延安初见毛主席》,中国青年出版社 1998 年版。

都与中共的领导人一起，作为他们及其家属的保健医生，见证了那段真实的峥嵘岁月。在这期间，与毛泽东的交往相识的许多细节直到朱仲丽晚年都还记忆犹新，这其中有几件事情在朱仲丽的记忆中印象极为深刻。

第一件事是关于毛主席的健康。作为主席的保健医生，朱仲丽经常为主席看病。在延安初次见面的时候，朱仲丽就给毛主席提出了三个请求：一是请求多散步，二是请求少吸烟，最好戒掉，三是请求增加睡眠①。毛泽东由于长时间的伏案工作，患上了慢性肩关节炎，朱仲丽每天都要为主席的肩膀和手臂热敷、按摩几十分钟。为了让主席多活动，尤其是手臂活动，朱仲丽还教毛泽东跳舞，并陪同打麻将，取得了较好的治疗效果。尽管当时的条件艰苦，还是会定期举行舞会，多年后朱仲丽在《文汇报》上发表了一篇名为《我教主席跳舞》的文章，其中写道：

"当杨家岭礼堂盖起来之后，每星期举行一次跳舞晚会，毛主席已学会了狐步舞，开始学跳华尔兹了。全国解放以后，我也和毛主席跳过舞。这时，他已经会跳好几种舞了。毛主席曾经和我说过，跳舞这个运动不错，能休息脑子，使人两腿有力，还是一个联系群众、与群众交谈的好场所。"②

第二件事情就是毛主席为朱仲丽的婚姻牵线，成了她和王稼祥的媒人。朱仲丽与王稼祥的第一次见面是在1938年中共六届六中全会闭幕当天的小型会餐晚会上，当时毛主席向同行的王稼祥等人介绍了他这位来自湖南长沙的小老乡，还跟朱仲丽开玩笑说让她来当牛皮公司经理，当时王稼祥就对活泼又大方的朱仲丽印象深刻，正好朱仲丽的姐夫萧劲光与王稼祥个人感情十分要好，毛泽东就打趣王稼祥，告诉他下一次要见朱仲丽，就去找萧劲光。不久，王稼祥果然去找了萧劲光，让他带姨妹子去王稼祥处玩。在毛泽东的牵线下，在姐姐姐夫的撮合下，1939年元宵节，朱仲丽与王稼祥在认识不到半年后就举行了婚礼。几十年之后，毛主席还对朱

① 李涛：《毛泽东与巾帼英豪》，长征出版社2011年版。
② 叶介甫：《朱仲丽与领袖的情感交响》，《红岩春秋》2015年第2期。

仲丽说:"你把王稼祥同志的身体照顾得如此结实,这是你的功劳,你们可算延安的模范夫妻,假如没有那次我和你说牛皮公司的话,王稼祥同志就没有机会见到你,至少会推迟时间……"① 朱仲丽自己也说,毛主席做了他们夫妇俩的媒人。

第三件事是朱仲丽记忆中的毛泽东的湖南乡情。1949 年 9 月底的一天,新政协正在筹备召开,朱仲丽与王稼祥已经搬进了中南海居住。当时朱仲丽准备回湖南长沙探亲,毛主席知道以后,希望朱仲丽代他去看望杨开慧的母亲杨老太太以及开慧的哥嫂杨开智夫妇,并将自己亲手写给杨老太太的信和一件皮大衣以及二百块钱交给朱仲丽,希望朱仲丽买点礼物将这些东西一并带给杨老太太一家人。回到长沙的第二天,朱仲丽就带上毛主席的嘱托和礼物,来到了杨老太太的家。朱仲丽带来的毛主席的礼物和问候,让杨老太太一家十分感动,他们一起回忆起了年轻时候的毛泽东,一起谈到了往年的革命时光,在新中国即将成立之际,回想往事,均感慨万千。不久后朱仲丽回到北京,向毛主席描绘了看望杨老太太一家的情形,并带回了杨老太太写给毛主席的回信,让主席不禁又想起了在长沙生活、求学的历历往事。

1951 年,朱仲丽的母亲因患乳腺癌来到北京治疗,朱夫人提到二十年代初毛泽东居住在朱家的时候,非常喜欢她做的腊肠、火焙鲫鱼和油茄子,所以尽管当时已经 69 岁了,还身患癌症,朱夫人还是亲自下厨做了火焙鲫鱼和油茄子,让朱仲丽带给毛主席,让他尝尝地道的湖南家乡口味。让朱仲丽没有想到的是,毛主席不仅对这两样菜赞不绝口,还在随后宴请苏联驻中国大使尤金博士的宴会上,专门端上了一盘油茄子,当时朱仲丽以外交部副部长夫人的身份参加了这次宴席:

我和稼祥的座位都在毛主席这一桌。当那碗油茄子蒸肉上来之后,毛主席对尤金夫妇说:"这是仲丽同志的妈妈送给我吃的湖南家乡菜,请吃!"

<hr>

① 杜忠明:《毛泽东当"红娘"的故事》,中央文献出版社 2010 年版。

尤金大使夫妇手握筷子指向我，又指向那碗热气腾腾、色香味俱全的油茄子，费了很大劲儿，终于把油茄子送入嘴中，惹得全桌人大笑起来。

妈妈做的油茄子，今日在宴席上为中苏之间的友谊尽了一分力量。[①]

可以看出，不论什么时候，主席都时刻记挂着家乡的亲人和家乡的味道。也正是这种浓浓的乡情，让毛泽东和朱仲丽这两位相差了 22 岁的忘年之交在革命工作之余，感情更为深厚。

晚年伤心送主席

1964 年 8 月底，年近 50 岁的朱仲丽在中南海春藕斋的晚会上，再一次见到了毛泽东。当时他们还兴致极高地谈到了秋天去北戴河的话题，却不想，这竟成了朱仲丽与毛泽东的最后一次见面。

很快，"文化大革命"开始了，无数开国元勋惨遭迫害，这其中也包括了王稼祥夫妇。1974 年，王稼祥受迫害逝世，朱仲丽在悲痛之余又听闻毛主席的身体健康每况愈下，最终提笔给主席写了一封信，希望能加入毛主席的医疗小组，照看主席的生活。但是这封信犹如石沉大海，一直没有回音。1976 年 9 月 9 日，病魔最终还是夺去了主席的生命，全国人民都万分悲痛，朱仲丽听到这个消息，更是瘫倒在沙发上。至此，几个对她生命影响最大的男性——父亲朱剑凡、丈夫王稼祥以及长辈、师长、友人毛泽东都一一离世，其悲痛之情旁人恐怕难以体会。

一个月后，"四人帮"被粉碎，十年浩劫结束，朱仲丽获得平反并恢复了工作。不久她接到时任中央组织部部长胡耀邦的秘书打来的电话，邀请她参观刚刚建成的尚未对外开放的毛主席纪念堂。望着躺在水晶棺里的毛主席，朱仲丽眼前浮现的是几乎占据她半个人生的二人相识、共同奋斗的过往，她知道，再也没有一位伟人能让她如此钦佩，也再没有一位朋友能如此地让她相伴交心……

1979 年，64 岁的朱仲丽开始写作，先后出版了十多部长篇小说。其

---

① 李涛：《毛泽东与巾帼英豪》，长征出版社 2011 年版。

中以她和毛泽东相识相处的经历写成的著作有多本，《我知道的毛主席》《毛泽东王稼祥在我生活中》、电视连续剧剧本《毛泽东》（48 集）等，都有较大反响。与毛泽东相交的几十年的时光，成了朱仲丽一生最难忘的人生片段之一。

忘年之交，情谊难忘。

纤笔一支谁与似

——毛泽东与丁玲

丁玲（1904—1986），现代女作家、散文家。原名蒋伟，字冰之，又名蒋炜、蒋玮、丁冰之，笔名彬芷、从喧等，湖南临澧人。1918年就读于桃源第二女子师范学校预科，1919年转入长沙周南女子中学。后入岳云中学就读。1923年底处女作《梦珂》发表于《小说月报》，其代表作有《莎菲女士的日记》和《太阳照在桑干河上》，后者于1951年

1922年毕业于周南女校的丁玲

获得斯大林文学奖。1955年和1957年，丁玲两次遭受"极左"路线的残酷迫害，1984年，中央组织部为她平反。1986年3月4日，因病在北京逝世，享年82岁。

人生，总因各种不同的机缘相识。丁玲与毛泽东的认识以及两人后来的交往，就是如此。

1904年10月12日，湖南临澧一家正走下坡路的名门望族诞生了一位千金小姐。她就是丁玲。祖父做过大官，留下值得炫耀的财产和威风；伯父上山当了和尚，一个叔叔做了土匪；父亲蒋浴岚，聪明、慷慨、洒脱，却抽上了大烟，刚刚三十岁出头就病逝了。母亲姓余，闺名曼贞，生在常德书香人家，幼年读私塾，学会了写诗作画。她羡慕唐朝武则天的时代，女人能做事能考官，便把自己的名字改为蒋胜眉，字幕唐。丈夫死时，她才三十岁，家庭已经破产，那些上门来吊丧的差不多都是同时来讨钱的债

主。正像丁玲在小说《母亲》中描写的那样："在女人中，她是一个不爱说话的。生得并不怎么好看，却是端庄得很，又沉着，又大方，又和气，使人可亲，也使人可敬。她满肚子都是苦，一半为死去的丈夫，大半还是为怎样生活；有两个小孩子拖着她，家产完了，伯伯叔叔都像狼一样的凶狠，爷爷们不做主，大家都在冷眼看她……靠人总不能。世界呢，又是一个势利的世界，过惯了好日子，一朝天塌下来，真受苦……"

1910年湖南常德县城吹来了变革的风，几个留日学法政回国的青年，沟通了小城与外界的联系，他们兴学办报，十分活跃。母亲受新鲜事物的影响，卖掉家产，母女同入常德女子师范求学。三十岁的母亲在师范班，六岁的女儿在幼稚班。这一件事迅速轰动了当时的整个县城。"那时我随着守寡的母亲在这里肄业。这事现在看来很平常，但那时开学那天，学生们打扮得花枝招展……我母亲穿得很素净，一件出了风的宝蓝色的薄羊皮袄和黑色百褶绸裙。她落落大方的姿态，很使我感到骄傲呢……有些亲戚族人就在背后叽叽喳喳，哪里见过，一个名门的年轻寡妇这样抛头露面！但我母亲不理这些，在家里灯下攻读，在校里广结女友。"① 丁玲的母亲挣扎着，从封建思想、封建势力的重围中闯出来，走的是一条崭新的路，给女儿做出了榜样。刚毅、自强的母亲对女儿从不娇宠溺爱。她十分重视对孩子的教育，亲自教女儿读《古文观止》《论语》《孟子》。在母亲的影响下，丁玲很小就能背诵唐诗。

在学校，母亲与后来著名的女革命家向警予结为至交，她们在一起发誓："振奋女子志气，励志读书，男女平等，图强获胜，以达到教育救国的目的。"丁玲称向警予为九姨。一年后，母亲和向警予来到长沙湖南第一女子师范学校读书，丁玲也跟去上学。1916年前后，母亲担任了常德女子小学的学监，又创办俭德女子小学，丁玲也回到常德，她喜欢一个人坐在后园或躲进舅舅的书房阅读小说和林琴南翻译的外国小说，连《小说月报》和《小说大观》也能看。每到寒暑假，九姨来常德小住，带来

① 丁玲：《向警予同志留给我的影响》，《收获》1980年第1期。

不少新闻、新事、新道理，以后她去法国勤工俭学，仍然常常来信，介绍外面世界的新思潮，为丁玲打开了了解世界窗。1918 年暑假，丁玲以第一名的成绩考取县第二女子师范预科。1919 年，具有划时代意义的五四运动爆发，丁玲这个十四五岁的少女已成了活跃分子，她剪去长辫，上街游行、讲演、辩论。这年暑假后，在九姨向警予的推荐下，丁玲辗转来到了九姨以前就读过的母校、当时比较进步的长沙周南女子中学。

"我们到了长沙后，径直到了周南学校，最使我惊奇的是当晚我就进行考试，我是插班生，只有一个人考。主考的是中学二年级的语文老师陈启民，又名陈书农。考试地点就在二年级课堂，题目是'论述来考之经过，在一盏煤油罩子灯下，我坐在这边写文章，他坐在那边看报。我没有写经过，只写了我对周南女校的希望。他当场看了，批准我在二年级学习。我简直高兴极了，我认定了这是个好老师。"因为丁玲对陈启民十分的认可，使之前本来很喜欢数学的她，开始对国文课产生了极大的兴趣。只要是陈老师上课，丁玲就会听得特别认真，以至于多年后她仍时时"想起陈启民老师教我们读都德的最后一课，秋瑾的'秋风秋雨愁煞人'等时的光景"①。此外，陈老师还讲新思想、新文学，常常把报纸上的重要文章画上红圈，把《新青年》《新潮》等进步刊物介绍给学生看。

在国文教员陈启民的启发下，丁玲阅读了《新青年》、胡适的《尝试集》和郭沫若的《女神》等进步书刊。陈先生发现丁玲写作的才能，着意培养她，鼓励她多写多看。丁玲第一学期就写了三本作文、五薄本日记，有两首白话诗还在当时长沙的报纸上发表出来。这时丁玲对功课有了偏爱，对文学发生了浓厚的兴趣。

1921 年的丁玲与杨开慧等人，在新思潮的影响之下，暑假自己组织补习班，秋季开学之后便转到长沙另一所男子中学就读，成了该校的第一批女生，男女同校，这在当时湖南教育界，是一个创举。这一年的暑期补习班，也是丁玲与毛泽东结缘的开始。当时的补习班，就是邀请的毛泽东

---

① 丁玲：《我的中学生活片段——给孙女的信》，湖南人民出版社 1981 年版。

来授课的。只不过后来的毛泽东忙于参加组建中国共产党的工作，于6月份和何叔衡一道离开了长沙赴上海，从事开天辟地的伟业。

1921年之后，毛泽东和丁玲，一个成了领导工农革命武装斗争的领袖，一个刚登上文坛便成了轰动文坛和读书界的著名作家。10年之后，即1931年，这一年丁玲的丈夫胡也频加入了中国共产党的左翼作家协会，但不久被秘密杀害。此时的丁玲在老家短暂停留之后，继续从事革命活动和文学创作，并且向党中央提出去中央苏区的要求，决心踏着烈士的鲜血，完成胡也频未竟的事业。党组织根据丁玲特殊的情况，决定留她在上海主编《北斗》。这时候，丁玲还不是中国共产党的党员，但她坚决服从了党的决定，并在近一年之内加入了中国共产党，成了左翼作家联盟的党团书记。之后逐渐认识了鲁迅、冯雪峰等人。在上海等待赴陕北的日子里，冯雪峰给丁玲讲长征的故事，讲毛主席，讲遵义会议，讲陕北，让丁玲内心更为澎湃，觉得自己已经冲出黑暗，接近光明，找到了自己人的队伍。

1936年中秋，丁玲和聂绀弩化名并假扮夫妻离开上海赴西安。一路上经过国民党关卡的检查。到达西安的第二天，正急切盼望党中央从陕北派来接头的人早早来临。傍晚，果然从住所小旅馆门外闪进一个穿长衫的商人，原来是潘汉年。这个潘汉年就是当年介绍胡也频和丁玲加入以鲁迅为旗手的"左联"的人，胡也频牺牲之后，正是他和冯雪峰一起来看望她，要她去参加秘密工作。这时候，他对丁玲说，我以为你不要进去了。我希望你能到法国去，那里有很多事情等着你去做，你是能发挥作用的，你知道吗，红军需要钱，你去外国募捐，现在你有最有利的条件这样做……显然，这不是潘汉年个人的意见。这个问题太新鲜了，法国、巴黎、马赛曲、铁塔、博物馆……这一切，不是自己十几年前曾经向往过的吗？丁玲说："在幻想里面出现过的那么瑰丽的海市蜃楼，现在摆在我面前，我只要一点头，就会有一只信赖的手来牵引我。可是，现在，我却只有一个心愿，我要到我最亲的人那里去，我要母亲，我要投入到母亲的怀抱，那就是党中央。只有党中央，才能慰藉我这颗受过严重摧残的心，这是我三年来朝思暮想的，现在这个日子临近了，别的什么地方我都不去，我就只要到陕北去，到保安去！"她就这样固执地用这一句话回答了潘汉年，潘汉年很懂丁玲此刻的心境。聂绀弩返回上海继续工作，丁玲等待着去保安。

1936 年 11 月 1 日，丁玲在党组织安排下，离开西安，由张学良所部东北军的一个连护送，奔赴保安，当月 12 日胜利到达。党中央旋即召开欢迎会，毛泽东、周恩来、张闻天和博古等中央领导人都到场了。会后，丁玲到毛主席的住所拜访，毛主席亲切问她想干什么，丁玲毫不犹豫地说想当红军。毛主席告诉她，还来得及，过几天可以随前方总政治部杨尚昆同志等一道去前线，那里还有同国民党部队的最后一仗要打呢。

11 月 15 日，在毛泽东和张闻天等中央领导人的支持下，丁玲主持召开会议，筹备成立文艺协会。11 月 22 日，文艺协会举行成立大会，大会由李伯钊主持，丁玲报告筹备经过。会上，毛泽东提议协会的名称应该是中国文艺协会，与会的全体会员一致通过。在成立大会上，毛泽东、张闻天和博古都发表了讲话。毛泽东说苏维埃成立已很久，已做了许多伟大惊人的事业，但在文艺创作方面，我们干的很少，今天这个中国文艺协会的成立，这是近十年来苏维埃运动的创举。毛泽东还指出，"我们要文武双全，现在中国有两条战线，一条是抗日战线，一条是内战。要结成抗日民族统一战线，把日本帝国主义赶出去，争取中国民族的独立解放，首先我们就要停止内战，怎样才能停止内战呢，我们要文武双方面来。要从文的方面来说服那些不愿意停止内战者，从文的方面去宣传教育全国民众团结抗日。如果文的方面说服不了那些不愿意停止内战者，我们就要用武的去迫止内战者。所以在促成停止内战，一致抗日的运动中，文艺协会都有很重大的任务。发扬苏维埃的工农大众文艺，发扬民族革命战争的抗日文艺，这是你们的伟大的光荣任务。"成立大会通过了会章，选出了干事会，丁玲、成仿吾、李伯钊等 16 人当选为干事。

11 月 23 日，中国文艺协会举行第一次干事会，丁玲当选为中国文艺协会主任（会长）。会议决定出版不定期的《红色中华·副刊》，丁玲写了《刊尾随笔》作为发刊词。她开门见山地写道："战斗的时候，要枪炮，要子弹，要各种各样的东西，要这些战斗的工具，用这些工具去摧毁敌人；但我们还不应该忘记使用另一样武器，那帮助着冲锋侧击和包抄的一支笔！"接着便说："我们要从各方面发动，使用笔，用各种形式，那些最被人欢迎的诗词，图画，故事，等等，打进全中国人民的心里，争取他们站在一条阵线上，一条争取民族解放抗日的统一战线上。"最后，她大声疾呼："革命的健儿们，拿起你的枪，也要拿起你那一支笔！"

11 月 24 日，丁玲随杨尚昆等奔赴前线陕北的定边县，参加了这里的广州暴动纪念大会，之后即写了《广暴纪念在定边》。此次行动被称作"北上"，一路上，丁玲写了通讯、散记和速写等七八篇，编为《北上》，未及出版便大多遗失了。

1936 年 12 月，西安事变发生没几天，丁玲随彭德怀和任弼时领导的部队从定边南下，途经甘肃，前往位于山西三原县的红军前方司令部。部队经过甘肃庆阳的时候，丁玲收到毛泽东的一封军用电报，内容是毛泽东赠她的《临江仙》词一首："壁上红旗飘落照，西风漫卷孤城，保城安人物一时新。洞中开宴会，招待出牢人。纤笔一支谁与似，三千毛瑟精兵。阵图开向陇山东，昨日文小姐，今日武将军。"这是毛泽东给予丁玲的高度赞赏，至今尚未发现中国作家中有第二个人享有这种殊荣。

从定边到三原，丁玲称之为"南下"。在此时期中，她写了散文《彭德怀速写》《到前线去》《南下军中之一页日记》《记左权同志话山城堡之战》等文章，编为《南下》。

1937 年 1 月 30 日，丁玲随部队抵达三原。2 月间，在前线邂逅老朋友美国记者史沫特莱女士，并奉周恩来之命陪史沫特莱赴党中央的新址——延安。不日，毛泽东把他那首赠丁玲的《临江仙》词用毛笔书写出来给了她。为了防止在战乱中丢失，丁玲把毛泽东手书的《临江仙》寄到抗日大后方的重庆，请胡风同志保存起来。胡风知道它的珍贵，把它装在一个牛皮纸的信封里，在信封上特地写了"毛笔"二字，置于自己的一个皮包夹层内。1955 年，胡风遭劫，公安人员在查抄他的家时，发

现了这个信封，但未看里面装了什么，夹层中这一宝物，才幸免被抄。到了"文化大革命"当中，造反派把这个信封抄去。还好，他们也未发现夹层里的这件墨宝。胡风冤案平反前夕，有关部门给胡风退还抄家物品，"毛笔"竟然完好无损地回到了胡风手中。1980年胡风回到北京以后，便把这件墨宝"完璧归赵"送还给了丁玲。当年《新观察》杂志把它发表了，这就是我们今天看到的"毛笔"。

丁玲到达延安不久，毛泽东又问她想干什么事情，丁玲仍旧回答说想当红军。于是毛泽东给红军总

从军时的丁玲

政治部主任罗荣桓同志写信，任命丁玲为中央警卫团政治处副主任。丁玲觉得自己与红军指战员才相处了几天，几乎什么也不懂，怎能当他们的领导呢？她对毛泽东说："当主任，我能行吗？"毛泽东说："你能行，不会就学嘛！你总愿意学习吧？天下无难事，只怕有心人。你想当红军，说明你愿意学习红军，只要肯学，一切都可以学会的。我们闹革命，搞武装斗争，开始也不会嘛，还不是学中干，干中学，慢慢学会了。"丁玲喃喃地回答："我是愿意学的，到陕北来什么都要学，可这是要我当领导，当主任啊！"毛泽东把嗓门提高了一点儿，继续说："当领导也不难，只要钻进去什么都好办了。我看当好主任无非是那么几条嘛，首先是放下架子，深入实际，团结战士，团结干部，搞好各方面的关系，其次要多动脑子，注意学习别的领导好的工作作风和方法，取长补短，把上级精神吃透，把政策变成群众行动，再就是严格要求自己，身先士卒，理论联系实际。"丁玲感慨良深地说，毛主席的这些教导太重要了，够她受用了后半辈子。

丁玲在保安只住了两个礼拜就上前线去了,这次从前线回到党中央的新址延安,她更像回到了家里,回到了母亲的怀抱。她简直变成了一个活泼可爱的女学生,用普通的纸装订成一个小本子,到处请她所敬佩的人题字。

在延安,毛泽东常常找丁玲聊天,据一度和丁玲住在一个地方的朱正明回忆:某天晚上,毛泽东只随身带了个"小鬼"来访丁玲,外边和街上非常的黑暗,室内只有洋蜡烛光燃着。毛泽东坐在炕上同丁玲等闲谈,背靠着墙,一只脚就踩在炕沿上,不断地吸着香烟,天上地下的乱扯,这情形就好像是一家人吃了晚饭闲谈消遣,而毛泽东就是一个家长。他们谈到了湖南的乡情,过去的朋友,牺牲的革命同伴,以及出卖了党和同志们的叛徒,他们谈到了当年求学的湖南一师范、周南女校等。炕下面是可以生火的,当火生好了的时候,毛泽东竟挨着火炕门,在泥地上随意地坐了下去,一个最高的革命领袖,能够这样的平民化,实属少见。

1948 年,丁玲写成著名的长篇小说《太阳照在桑干河上》,于 1952 年获苏联斯大林文艺奖,并被译成多种文字,在各国读者中广泛传播。

新中国建立后,丁玲致力于社会主义文学事业,先后任《文艺报》主编、中央文学研究所所长、中共中央宣传部文艺处长、中国作协党组书记、副主席和《人民文学》主编等职;还担任了全国政协委员、常委、国务院文化教育委员会委员、中国妇联理事、中国文联委员和党组副书记、全国人大代表等社会职务。

1955 年和 1957 年,丁玲两次遭受"极左"路线的残酷迫害,被错划为"反党小集团"、右派分子,下放到黑龙江垦区(现今汤原农场)劳动 12 年,"文革"中又被关进监狱 5 年。历史是公正的。粉碎"四人帮"后,丁玲的冤案逐步得到平反。1984 年 8 月 1 日,经中共中央批准,中央组织部印发了《关于丁玲同志恢复名誉的通知》,通知中推翻了多年来强加给丁玲的一切不实之词,充分肯定了丁玲半个多世纪的革命生涯,重申丁玲是我们党忠诚的、有贡献的党员。

年已八旬的丁玲又重新出现在中国文坛上,焕发了青春。虽然经历了

二十多年的坎坷生活，丁玲对毛泽东仍是一如既往，内心充满着崇敬和仰慕。

当有外国记者问："现在对毛泽东的看法与过去对毛泽东的看法有无变化？"

丁玲发自肺腑地说："毛主席是伟大的，没有毛主席就没有新中国。……主席对我个人是不错的，虽然他老人家后期犯了一些错误，但他是值得我们尊敬的领袖。毛泽东思想始终是我党的集体智慧和光辉的指导思想……我的终身遗憾，就是没有在毛主席生前，能听他说那么一句话：丁玲改造过来了。"①

丁玲历尽人间沧桑，饱受冤屈不公，但她依旧无怨无悔地这样说。

世易时移，斯人已去，留下千载传奇。

---

① 李涛：《毛泽东与巾帼英豪》，长征出版社 2011 年版。

第六章　湘水余波

　　毛泽东思想是马克思列宁主义的基本理论与中国革命具体实践相结合的产物，是马克思主义中国化的第一个重大理论成果。中国共产党自成立起，就以马克思列宁主义为指导，开始了全新的中国革命。以毛泽东为代表的中国共产党人，把辩证唯物主义和历史唯物主义运用于无产阶级政党的全部工作，在中国革命的长期艰苦奋斗中形成了具有中国共产党人特色的立场、观点和方法，丰富和发展了马克思列宁主义，形成了适合中国情况的科学的指导思想——毛泽东思想。1945 年，毛泽东主持召开中共第七次全国代表大会，做出了《论联合政府》的报告。也就是在这次大会上，毛泽东思想被确定为中国共产党的指导思想。党的"七大"党章规定："中国共产党以马克思列宁主义的理论与中国革命的实践之统一的思想——毛泽东思想，作为自己一切工作的指针，反对任何教条主义的或经验主义的偏向。"

　　2013 年 12 月 26 日，中共中央在北京人民大会堂举行纪念毛泽东同志诞辰 120 周年座谈会，中共中央总书记、国家主席、中央军委主席习近平发表重要讲话指出："在革命和建设长期实践中，以毛泽东同志为主要代表的中国共产党人，根据马克思列宁主义基本原理，形成了适合中国情况的科学指导思想，这就是毛泽东思想。毛泽东思想以独创性理论丰富和发展了马克思列宁主义。毛泽东思想教育了几代中国共产党人。它培养的大批骨干，不仅在新民主主义革命、社会主义革命、社会主义建设时期发挥了重要作用，也为新的历史时期开创和建设中国特色社会主义发挥了重要

作用。"邓小平同志说："毛泽东思想这个旗帜丢不得，丢掉了实际上就否定了我们党的光辉历史；任何时候都不能动摇高举毛泽东思想旗帜的原则，我们将永远高举毛泽东思想的旗帜前进。"①

　　一种伟大思想的诞生，总离不开特定的社会经济文化的时代与历史背景。毛泽东思想是中国共产党人智慧的结晶，是以毛泽东同志为主要代表的中国共产党人创建的科学思想，这一思想体系的标志性人物与代表性人物是毛泽东，因而研究毛泽东思想的发轫与形成，离不开对作为个体的毛泽东所生活的地域与时代的研究。出身湖南农家的毛泽东，发蒙时接受的是私塾教育，幼时熟读四书五经等儒家经典。1910年秋天，17岁的毛泽东来到离家50里外的湘乡东山高等小学堂，在此求学半年，这是毛泽东第一次离开家乡。之后毛泽东于1911年至长沙的湘乡驻省中学学习，半年后的1912年春，毛泽东以第一名的成绩考入湖南全省高等中学堂（第二年改为第一中学），后又于当年7月暑假前离开省立一中，每天去湖南省立图书馆自学。1913年春，毛泽东又以第一名的成绩考入湖南公立第四师范，次年第四师范合并到第一师范，在湖南第一师范学校求学的1914年至1918年，算是毛泽东较完整地接受专业教育的阶段。正是在这段时间以及前后几年，青年毛泽东开始了救亡的思考与探索，广泛接触深刻影响湖南教育文化，乃至深刻影响中国革命未来的教育文化界知名人士，从朱剑凡、徐特立、杨昌济等教育前辈，到向警予、蔡畅、杨开慧、帅孟奇、劳君展、黄彝、曹孟君等学界精英，毛泽东与这些"周南人物"相互了解，相互影响，共同进步。所以说，毛泽东系统思考研究中国教育、文化、社会、民主革命的理论，并形成自己的思想体系，这个思想体系既是这个特定时代的社会历史发展产物，也是与这个时代特定群体的互动结果。

　　周南女校作为一个特定的时代产物与历史见证，在地域文化、人物活动、情感历程、时代因缘以及历史发展的时空大背景下，都与毛泽东有着

---

　　① 新华社2013年12月26日电。

特殊的逻辑交集。以周南女校为观察点，管窥毛泽东教育思想、新民主主义革命思想、妇女解放思想的发轫与形成，既有理论意义，也有实践价值。因此，研究毛泽东思想的发轫与形成，周南女校是一个很有价值的参照物。

周南女校与毛泽东教育思想

作为一位无产阶级革命家和政治领袖，毛泽东的教育思想博大精深，内涵丰富。毛泽东强调教育的政治和社会教化功能，强调党对教育事业的领导权，提出教育与生产劳动相结合，提倡受教育者的全面发展，都是毛泽东教育思想的重要方面。毛泽东教育思想的起源、发展与形成，是随着毛泽东个人人生经历发展而完善的一个动态过程。而"教育与生产劳动相结合""德、智、体三育并重""教育为无产阶级政治服务"以及"平民教育"等基本经验与基本观点，则是毛泽东青年时代教育思想的一个重要内容。以周南女校为代表的地域教育文化和 20 世纪早期的时代面貌，为毛泽东早期教育思想的发轫与发展，提供了厚实的文化根基和社会土壤。

教育与实践相结合

周南女校由朱剑凡于 1905 年创办，初名"周氏家塾"，设二年制简易师范科，附以小学和幼稚园。1907 年更名为"周南女学堂"后，于清光绪三十四年（1908）增设缝纫课，并开辟饲养园，这是周南中学进行教育与生产劳动相结合的最早实践。朱剑凡特别提倡学校向普通劳动人民开门，他与徐特立一道，在长沙最早创办平民夜校，招收的学生全是丫头、婢女和贫苦孩子。朱剑凡自己的第七个儿子朱竟之，在中学毕业后也按照父亲的要求，远赴沪东铁工厂当学徒工。

周南女校的教育与生产劳动结合、勤工俭学、工学并重的教育思想和教育理念，自学校创办之日起，就一直薪火相传，从来没有改变。即便是

在那个动荡的革命与战争年代，周南教育之风气，也是一脉相承，存续如初。抗日战争爆发后，周南女校因敌机的狂轰滥炸而被迫疏散到湘潭，后迁安化，返长后李士元主管校务，重视学生品德养成，延续学科教育与课外活动、劳动生产的结合，其中园艺、采集标本以及课外科技劳动实践等，既持之以恒又丰富多彩。

而践行周南教育思想的教育家朱剑凡、徐特立、李士元，正是与毛泽东有着亲密交往而又深刻影响着毛泽东教育观念的湖南教育界名流。可以说，周南女学、周南教育群体人物以及当时整个湖南教育界的实践，是青年毛泽东观察教育、思考教育并形成教育思想的重要因素。

1918 年前后，周南女校成立了周南女子赴法勤工俭学会，之后扩大为湖南女子赴法勤工俭学会，推动湖南一批妇女赴法勤工俭学。据相关记载，1918 年 6 月，在长沙第一师范附小新民学会召开的一次会员会上。确定进行留法运动，由萧子升和蔡和森负责进行，"毛主席在湖南则进行号召和组织工作"。1919 年 9 月，在蔡和森、毛泽东的推动下。长沙青年学生、教育界联合组织华法教育会湖南分会，在长沙开办留法预备班。向警予和蔡畅、陶毅等人也开展湖南妇女赴法勤工俭学的筹备工作，利用周南女校暑假同乐会，积极宣传赴法勤工俭学。朱剑凡帮助设立了法文班，为志愿赴法的学生补习法文。1919 年 10 月，先以周南女校为试点，成立了周南女子勤工俭学会。11 月，在周南召开湖南女子勤工俭学会成立大会，拟订简章，分发到全省各女校，并在湖南《大公报》发表，极大推动湖南女子留法勤工俭学运动。积极响应了毛泽东所发起的留法活动号召。1919 年 12 月，"湖南女子留法勤工俭学会，现已在周南女校内成立"。1920 年初，又成立"湖南女子留法预备团"。新民学会会员先后有 18 人赴法勤工俭学，其中来自周南的有熊叔彬、向警予、蔡畅、熊季光等四人①。

1918 年 8 月，正是因为组织湖南赴法勤工俭学运动，毛泽东才第一

---

① 赵广军：《五四时期毛泽东与长沙周南女校》，《船山学刊》2009 年第 2 期。

次到北京，这也是当时的周南女校乃至湖南教育界在教育思想与教育观念上与青年毛泽东产生直接交集的有力见证之一。

1919 年，毛泽东在《湖南教育月刊》发表"学生之工作"，提出学生要"一面读书，一面从事生产工作，半工半读"。青年毛泽东反对教育与生产劳动相脱离，反对教育成为"贵族和资本家的专利"，因为这样将"生出智愚阶级"。在上文中，精细务实的毛泽东甚至提出了工读主义的具体方案，包括"学校教授之时间，宜力求减少，使学生多自动研究及工作。应划分每日之时间为六分，其分配如左：睡眠二分，游息一分，读书二分，工作一分；读书二分之中，自习占一分，教授占一分"等。其中的"工作一分"，就是指生产劳动，包括园林种植、田地耕作、林业、畜牧、蚕桑养殖、鸡鱼饲养等。同年，毛泽东在《夜学日志首卷》中写道："社会之人皆学校毕业之人，学校之局部为一时之小学校，社会之全体实为永久之大学校。"之后，毛泽东计划在岳麓山建立工读新村，进行教育与生产相结合以及半工半读的教育实践。

德智体全面发展

1957 年 2 月 27 日，毛泽东在扩大的最高国务会议上做《关于正确处理人民内部矛盾的问题》的报告，提出："我国的教育方针，应该使受教育者在德育、智育、体育几方面都得到发展，成为有社会主义觉悟的有文化的劳动者。"这一教育方针，不仅指明了社会主义教育的培养目标，而且为中国教育理论体系的建设指明了方向。而早在青年时期，毛泽东就提倡德、智、体全面发展，可以说这是他教育思想的一贯观点，也是他后来提出德、智、体几方面全面发展理论的思想基础。在这一方面，以周南女学为典型代表的当时湖南教育先进理念与实践，潜移默化地影响着毛泽东的教育认知。

在执教周南的湖南教育名流的极力倡导和亲自践行下，周南女校特别注重学生的德育、智育和体育的并行发展。学校创建者朱剑凡早年留学日本，回国后学以致用，将日本较为先进的教育教学方法融入周南，并在此

基础上改良光大。朱剑凡结合中国社会实情，在进行科学、文化教育的同时，强调培养学生的自治能力，提倡全面发展，比如学生自治会由学生选举产生，学校食堂、图书馆、校园都由学生自己管理。自治会学生干部，对内参加学校校务会议，与校长围桌而坐，共商学校大事，对外代表学校负责与各校的联系。这种局面，即便对今天各地的很多学校而言，也是难以做到的。

20世纪周南"泰安球王"的历史美誉，与周南体育教育的理念和成果密不可分。建校以来，周南就广泛延聘优秀体育教师，扩充体育设备，制订体育活动的规章制度，并建立了球队和运动队。早在1908年，周南女校就增设体育专修科，这在以女性人才培养为目标的周南女校，在那个教育思想观念还比较陈旧落后的时代，实属难能可贵。9年后的1917年4月1日，24岁的毛泽东在《新青年》上发表《体育之研究》一文。这不但是毛泽东一生中第一篇有代表性的学术论文，也是中国现代体育史上最早的文献之一。此文并非就体育论体育，而是从国力弱，"民族之体质日趋轻细，此甚可忧之现象"的高度谈起。1928年夏，周南女校的陈嘉钧等学生成立了湖南省第一支女子足球队，1929年参加长沙市秋季运动会女子足球比赛夺魁。1924年到1948年，周南学生体育代表队先后8次参加全省运动会，获女排、女篮冠军各5次，获女子田径总锦标6次，女子游泳、女子网球总锦标冠军各1次；先后3次选拔运动员加入湖南省代表队参加第三、四、五届华中运动会，获女子组总锦标冠军1次，女排冠军1次，各类锦旗13面；先后4次选拔运动员加入省代表队，参加第四、五、七届全国运动会，女子排球队勇夺第七届全国运动会冠军。

毛泽东极为尊敬的力推"三育并举"的徐特立，同样对青年毛泽东教育思想的发轫与形成产生了重要影响。徐特立1877年2月1日出生于长沙府善化县四都观音塘，年长毛泽东16岁。徐特立1905年入长沙城宁乡速成中学。朱剑凡与徐特立是好朋友，在周南女校创办的第二年春，朱剑凡先生便邀请徐特立来校教课，协助办学。当时徐特立还只有29岁，离开亲手创办的梨江高小，欣然应聘于周南①。

1919 年至 1924 年 6 月，徐特立在 42 岁时，远赴法国勤工俭学，并考察比利时和德国的教育。1934 年 10 月，徐特立更以 57 岁高龄参加了中国工农红军二万五千里长征，与董必武一起编入中央机关纵队干部休养连②。徐特立教育思想内涵丰富，自己更身体力行，后来年近七十时还参加了延安青年体育运动会的游泳比赛。徐特立积极主张培养"劳力与劳心并进"和"手和脑并用"的青年学生，大力倡导"三育并举，德育为先"的育人观，始终以"身教重于言教""教师主导、学生主体""不用一个模子塑造人"为教育目的，不断提升青年学生的综合素养③。正是因为徐特立学高身正，所以他长征时到达陕北后，中共中央为他庆祝 60 岁寿辰，毛泽东写信致贺，称徐老"今后还将是我的先生"。

与毛泽东交往很深的朱剑凡、徐特立、李士元、杨昌济等是与周南女校直接或间接相关的教育人物，他们的教育思想、教育观念乃至教育教学实践历程与成果，都深刻影响着湖南教育的发展，也就不可避免地深刻影响着青年毛泽东的学习、思想和成长。

1916 年 12 月 9 日，毛泽东在给黎锦熙的信中写道："古称三达德，智、仁与勇并举。今之教育学者以为可配德智体之三言。"1917 年 4 月 1 日，他又在《体育之研究》一文中系统阐述这一观点说："体者，为知识之载而为道德之寓者也。其载知识也如车，其寓道德也如舍。"具体阐述还有："儿童及年入小学，小学之时，宜专注重身体之发育，而知识之增进，道德之养成次之，宜以养护为主，而以教授训练为辅"，"中学及小学以上宜以三育并重。"青年毛泽东所倡导的德智体全面发展，与今天全面实施的素质教育实践有着很大的指导意义。

---

① 刘正华：《徐特立在周南》，《徐特立研究》2003 年第 4 期。
② 江来登：《徐特立人生轨迹及教育思想发展研究》，湖南人民出版社 2009 年版。
③ 唐顺利：《用徐特立教育思想增强大学生核心价值观》，人民网。

教育为无产阶级政治服务

1958 年 9 月 19 日，中共中央、国务院发出《关于教育工作的指示》，明确提出："党的教育方针是教育为无产阶级的政治服务，教育与生产劳动相结合。"这正是毛泽东早期教育思想的写照。扫描周南女校的办学历程，总结周南女校治校精英、执教名流的教育思想，可以看出周南女校与毛泽东教育思想的时代邂逅。

周南女校或者其代表人物如朱剑凡等，在与毛泽东的联系中，并没有直接提出"教育要为无产阶级服务"的理念，但是在两者彼此互动互通的岁月里，这一教育思想却以恰当的方式显露出来。朱剑凡无私公正，一生追求真理，紧跟时代潮流前进，还和李维汉、王震、曾三、郭亮等革命同志建立了深厚的感情，一直是毛泽东和中国共产党的忠实朋友。朱剑凡过世后，毛泽东曾对他女儿朱仲丽说："你爸爸是一个很有骨气的人，正大光明，可惜死得太早了，要不，就当上我们的教育部长了，可惜。"由此可见，朱剑凡及其教育思想、教育实践在毛泽东心中的地位已经达到了相当的高度。周南女校、朱剑凡与毛泽东"教育为无产阶级的政治服务"的观点的互动，综合起来主要表现在爱国教育思想、男女平权思想和民主教育思想三个方面。

一是爱国教育思想。在这方面，周南人物朱剑凡、徐特立既是理论家，也是行动派。1919 年 5 月，朱剑凡、徐特立号召并团结周南女校人士，支持学生与反动军阀张敬尧进行斗争，除游行示威和焚烧日货外，还带动湖南 72 所学校 1200 多名职员工进行总罢教。朱剑凡带头在周南、在湖南教育界施行彻底改革，引导学生自治，鼓励学生参加革命斗争和社会活动，阅读进步书籍，支持学生团体的创建，周南师生中十多人加入了新民学会，向警予、蔡畅、丁玲、陶毅、劳启荣以及朱剑凡的子女朱伯深、朱觉、朱仲芷、朱仲丽等先后走上革命的道路。1924 年至 1927 年，朱剑凡在广东参加北伐前的准备工作，在长沙参加反帝反封建群众运动的组织工作。1927 年"四一二"反革命叛变后，长沙举行声势浩大的声讨蒋介石反革命罪行大会，朱剑凡担任大会执行主席，发表慷慨激昂的演讲，并因此遭通缉，被迫远走日本。1929 年回上海之后，又签名参加宋庆龄、鲁迅、蔡元培等倡议成立的自由运动大同盟，并把自己的寓所作为党组织秘密接头和会谈休息的处所。朱剑凡多次表示入党愿望，把全家老小组成为一个战斗小集体从事革命工作①。

二是男女平权教育思想。朱剑凡最先决定创办女学，认为"女子沉沦黑暗，非教育无以拨明智，要自立于社会，有学识技能，才能拨于黑暗"，与其家室渊源有关。朱剑凡生母姚氏原是贫农家的女儿，被周达武掳为三姨太。姚氏到周家后，一直受大老婆的鞭挞虐待，朱剑凡在家里也受到歧视，因此从小就憎恨封建家庭制度，十分同情妇女受压迫的命运。为了解放妇女，开发民智，遂毅然兴学。周南的校歌就体现了周南女学解放妇女作育英才的教育思想："伤矣哉，昔日我。幸矣哉，今日我。数千年，深深锁，周南生也斯有天。洞庭南，湘水隅，山郁郁，水滔滔，酝美璞，育珠胎，周南生，水媚山辉。玉不琢，不成器，人不学，没才智。事竟成，需有志：我青年，毋自弃。譬如登山，莫蹉跎，一举云霄，爱周南，即爱自己，我青年共勉励。"周南师范第一班就培养了许多优秀人才，这些学生继承朱剑凡男女平权的教育思想，在全省掀起创办女学的高潮，如王珏创办培德女校，李宗莲回湘潭创办自得女校，陈舜琴回麻阳，向警予回溆浦创办女校等等，一时女学在湖南盛况空前。1919 年 11 月，长沙一名年轻姑娘赵五贞因反对包办婚姻，出嫁那天在花轿内自杀，朱剑凡支持学生创办的革命周刊《女界钟》为此出一期特刊。毛泽东创建的新民学会，早期会员中周南毕业生或在籍的师生占近四分之一。

三是民主、科学教育思想。周南女校在教育界率先实行革命性的改革：学生自治，师生同等；强调科学和新文化教学；主张学生思想、言论、信仰自由，提倡思想民主、学术自由；鼓励学生参加革命斗争和旨在改造社会的各种活动。支持学生创办《女界钟》半月刊，自由发表言论，

① 萧劲光：《纪念政治活动家、革命教育家朱剑凡先生》，人民网。

鼓励学生走出家门和校门。启发学生的政治觉悟，鼓励学生立志求解放，争民主。同时，五四运动前后，朱剑凡与徐特立、何叔衡、方维夏、董维键等一起接受马列主义思想。1918 年，朱剑凡、徐特立等组成健学会，毛泽东曾称赞这个组织是"东方的曙光""空谷的足音"。为了响应辛亥革命，朱剑凡带头剪掉辫子，砸了家里的神龛和"万代祖宗考妣"的牌位。朱剑凡是一位朴素的唯物主义者和无神论者，反对迷信，反对封建伦理道德，曾发表《论中国人"生的观念"与"死的观念"的谬误》这篇著名的演说词，演说词被毛泽东转载在《湘江评论》上。

1920 年夏，朱剑凡邀请毛泽东在周南校园小住，两人坦诚讨论各种社会问题。毛泽东发起成立了文化书社，朱剑凡解囊相助；毛泽东创建新民学会，朱剑凡鼓励周南学生及校友积极参加。综上所述，毛泽东"教育为无产阶级的政治服务"的教育思想，与其早期与周南女校的接触是存在必然联系的。

周南女校与毛泽东"教育为无产阶级的政治服务"教育思想的关联，有时空因素，有历史因缘，也有现实启迪。

当然，这里需要指出的是，"教育为无产阶级政治服务"这一观点，是特定时代的特定产物，我们既要搞清这一观点产生的时代历史背景，也要与时俱进地思考研究教育与政治的关系，但是不必要也不需要过度解读。"政治对教育的决定作用具有积极和消极的双重性，过分地强调政治对教育的决定作用，会使政治变成教育的桎梏。当然，开明的政治制度、政治环境、政党可以通过立法、拨款、制定好的政策体制机制，主动为教育服务，促进社会文化繁荣和教育的发展。开明的统治集团会自觉地维护大学自治、学术自由，自觉地坚守以人为本、思想自由，自觉捍卫言论自由，自觉地促进社会的民主、公平、自由和人的解放。对教育进行宏观指导、微观放开，让教育自由、自主、和谐发展。然而，如果过分强调政治的作用或以政治取代教育，就势必会束缚教育的发展，使教育窒息、倒退，甚至摧残教育。"

周南女校与毛泽东新民主主义革命思想

1925 年中国共产党"四大"前后，以毛泽东为代表的中国共产党人运用马克思列宁主义理论，研究中国革命的实际，初步提出了新民主主义革命理论。

1939 年，毛泽东发表《中国革命和中国共产党》一文，首次提出"新民主主义革命"，全面论述新民主主义革命的对象、任务、性质、动力和前途等问题，把新民主主义革命概括为"无产阶级领导之下的人民大众的反帝反封建的革命"。1948 年，毛泽东在晋绥干部会议上讲话，第一次全面系统地提出新民主主义革命总路线和总政策，即"无产阶级领导的，人民大众的，反对帝国主义、封建主义和官僚资本主义的革命"，一般认为，这是新民主主义革命总路线完整的科学表述。新民主主义革命理论，是毛泽东思想的重要组成部分，是中国共产党领导中国人民夺取新民主主义革命胜利的锐利武器。

周南女校创建与发展的这段时期，正是青年毛泽东求学并将学校所学知识广泛深入地运用于社会实践的时期。新文化运动的开展、民主主义思想的深入、俄国十月革命的胜利、五四运动的爆发与发展以及马克思主义开始在中国传播等大事件，都是这个独特的时代和这段特殊的历史的产物。无产阶级领导资产阶级民主革命、实现民族独立和人民解放的道路，就是从这个阶段起步并发展成熟。毛泽东新民主主义革命思想的发轫与起源，与新民学会这个特定时代的特定组织关系密切，而与新民学会深刻关联的周南女校及其群体人物，就是研究毛泽东新民主主义革命思想的一条便捷通道。

毛泽东与新民学会

新民学会是毛泽东、蔡和森、萧子升等在长沙组织的进步团体，最初宗旨是"革新学术，砥砺品行，改良人心风俗"。"新民"一词的含义，

典出《礼记》"大学之道，在明明德，在亲民，在止于至善"。新民学会是我国在俄国十月革命以后成立的一个影响最大的革命团体，它是湖南省反帝反封建的核心组织。

1918 年 4 月 14 日，新民学会在湖南长沙刘家台子蔡和森家中召开成立会，与会人员包括：毛泽东（润之）、蔡林彬（和森）、萧旭东（子升）、萧植藩（子暲）、陈绍休（赞周）、罗璈阶（章龙）、邹彝鼎（鼎丞）、张昆弟（芝圃）、邹蕴真（泮芹）、周名弟（晓三）、陈书农（启民）、叶瑞龄（兆桢）、何瞻岵（叔衡）、李维汉（和笙）。同年 8 月，罗学瓒（云熙）、周世钊（惇元）、熊楚雄（瑾玎）、陈昌（章甫）、傅昌钰（海涛）、曾以鲁（星煌）、彭道良（则厚）等相继入会。会员增至二十余人。①

新民学会创建以后，毛泽东提出会友应有计划地去俄国或法国，以研究当时世界先进思想理论和主义学说，为中国所用，很有"师夷长技以制夷"之目的。

追逐"五四运动"的时代潮流，新民学会组织领导了多次湖南各阶层人民的反帝反封建斗争，包括 1919 年 11 月至次年 6 月的驱逐镇压"五四运动"的反动军阀张敬尧的斗争、1920 年 9 月至 12 月湖南首倡的湘省自治运动等。"五四运动"后，由于大多数会员接触到马克思主义和劳工运动，思想上发生了重大变化，学会宗旨遂修改为"改造中国与世界"，这是新民学会历史发展的一个重要转折。1921 年 1 月初，毛泽东、何叔衡等人邀集在长沙的新民学会会员开新年大会，毛泽东在会上重申学会的目的是"改造中国与世界"，主张建立一个布尔什维克式的党。新民学会的重大历史贡献，便是孕育了中国第一批共产主义者，包括毛泽东、蔡和森、萧子升、何叔衡、罗章龙、李维汉、谢觉哉、向警予、杨开慧、蔡畅、夏曦、萧三、郭亮等。1920 年下半年，大批新民学会会员加入了中国社会主义青年团和共产主义小组，1921 年后，学会逐渐停止活动。

---

① 《回忆蔡和森》，人民出版社 1980 年版。

毛泽东、新民学会与周南女校

"五四运动"前后的很长一段时期，周南女校与毛泽东一直保持着较为密切的联系。对于那个时期毛泽东主导、倡议的早期革命活动与学生运动，学校不仅给予了充分的信任，而且在宣传、参与、互动等方面，都提供了强大的实际性支持。

以新民学会为平台，毛泽东与周南女校建立了良好的合作关系，并一直指导着周南师生中新民学会会员的革命活动和周南的学生运动，推动着周南女校的妇女解放运动。同时，这些运动又密切地配合了毛泽东在湖南所发动的新文化政治和文化运动，使湖南的五四运动成为全国较有成效的政治文化运动。

毛泽东、新民学会与周南女校的联系，与周南人物密不可分，其中的突出代表就有朱剑凡、杨开慧、向警予、蔡畅、陶毅（陶斯咏）等。

创建周南女校后，朱剑凡紧随形势发展，积极向学生普及革命进步思想，并身体力行率领学生参与革命运动。从一九〇七年反对铁路国有，开展罢课运动，一九一一年光复湖南斗争，反对袁世凯称帝斗争，到"五四运动"前夕组织健学会，研究新思潮，宣传俄国十月革命，朱剑凡与毛泽东声息相通，思想与共，一起造就了浓厚的湖南革命的政治空气，形成了一种优良的革命传统。

除了朱剑凡是毛泽东与周南女校产生历史交集的重要人物，还有一个群体与毛泽东的长期交往，影响并促进了毛泽东新民主主义革命思想的发轫与发展。这个群体，就是新民学会中的周南师生。当时，新民学会女会员共有19人，而其中14人来自周南毕业生或在读的学生：向警予、蔡畅、陶毅、劳君展、魏璧、周敦祥、熊季光、熊叔彬、吴家瑛、贺延祜、吴毓珍、戴毓本、周毓明、许文煊等。另外，还有曾经执教周南的教员陈书农、李云杭、钟国陶等新民会员。早在1915年，尚在湖南第一师范读书的毛泽东写过一篇征友启事，分寄到长沙各个学校，自然也寄到了周南女校。毛泽东与蔡和森是新民学会的主要创办者，蔡和森的妹妹蔡畅

1916 年在周南附小执教。毛泽东与周南女校进步教员和学生相识即源于蔡畅。1918 年 4 月新民学会成立后，陆续在长沙各学校发展会员。周南作为长沙较为重要的学校，是新民学会物色的重点。周南学生魏璧、周敦祥、劳君展和女教员陶毅一起加入新民学会，因此有说"新民学会有女会员是从她们四人开始的"。

在 1919 年 11 月开始的驱逐军阀张敬尧的运动中，毛泽东与周南女校互动频繁，曾与周南教员陶毅、钟国陶、李云杭及学生李一纯等通信，在 1920 年 2 月毛泽东写给陶毅的信里，就提到过与李一纯的通信。周南学生劳君展、周敦祥、魏璧、周毓明、戴毓林等新民学会会员，也都保持着与毛泽东的交往联系。在新民学会组织留法勤工俭学、组织文化书社等活动中，毛泽东同样通过书信与周南的诸会员密切联系、互通声息。

1918 年 6 月，新民学会决定组织赴法勤工俭学运动。周南女校的向警予和蔡畅、陶毅等人积极组织湖南妇女赴法勤工俭学的筹备工作，11 月，在周南召开湖南女子勤工俭学会成立大会，来自周南的熊叔彬、向警予、蔡畅、熊季光等四人成为第一批赴法成员。

毛泽东于 1920 年 8 月发起创办"文化书社"，多名新民学会会员参加发起和投资，有记录的投资如下：朱剑凡投光洋一元、纸洋九元，陶毅投光洋十元，陈书农纸洋十元等，所以"新民学会的得力人物，就是文化书社的得力人物"。由于彼此间共同的信念，共同的理想，共同的志趣，加上长期以来惺惺相惜的密切交往，周南女校的新民学会会员在政治社会主张上几乎与毛泽东保持着一致。比如，1921 年元旦，长沙的新民学会会员聚会，研讨"改造中国与世界"的道路与方法，毛泽东指出：彻底改造中国的，只有激烈方法的共产主义，即所谓劳农主义，用阶级专政的方法，是可以预计效果的，故最宜采取。这一主张，得到了周南会员的鼎力支持，会议对各种主张进行表决时，毛泽东等人的主张得票最高。

五四新文化运动时期，马克思主义在湖南得以迅速传播，是与新民学会的努力分不开的①。正是因为周南女校及其群体人物与新民学会这个特定时代的特定组织的密切关系，才给后人留下一道通亮的窗口，由此可以管窥毛泽东新民主主义革命思想的发轫与起源。习近平根据党的十八大精神对毛泽东"毕生最突出最伟大的贡献"做了进一步的概括，就是"领导我们党和人民找到了新民主主义革命的正确道路，完成了反帝反封建的任务，建立了中华人民共和国，确立了社会主义基本制度。毛泽东从近代中国的历史和社会状况出发，研究中国革命的特点和中国革命的规律，发展了马克思列宁主义关于无产阶级在民主革命中的领导权的思想，创立了无产阶级领导的，工农联盟为基础的，人民大众的，反对帝国主义、封建主义和官僚资本主义的新民主主义革命的理论"②。

周南女校与毛泽东妇女解放思想

毛泽东的妇女观或妇女解放思想，是毛泽东思想体系中重要的组成部分。毛泽东妇女观或妇女解放思想的形成，同样有着复杂而深刻的时代社会背景。"毛泽东不仅谙熟中国传统文化，而且重视调查研究，善于深入社会了解国情和广大人民群众的具体实际。理论知识的积淀促发了他实践创造的行为。从此，开始了他从认识世界到改造世界的开拓历程。从韶山私塾到湖南一师，从组织成立新民学会到举办工人夜校，从与萧子升徒步游湖南诸县到游学北京，从组织湖南工人运动到领导全国革命战争的展开等等，都一一反映出毛泽东注重实践的性格特点③。让青年毛泽东从书斋里走出来，走进宽阔无限的社会实践中去的，是当时的湖南社会面貌，是湖南的教育现状，是无数湖南人的生命实践。这其中，周南女校及其群体人物，就是一个深刻影响青年毛泽东思维与思想的特定因素。而这一点，

---

① 刘金如：《新民学会与马克思主义在湖南的传播》，《湘潭大学学报》2007 年第 1 期。

② 《人民日报》，2014 年 1 月 7 日。

③ 杨金海：《毛泽东与马克思主义大众化研究》，河北师范大学博士论文，2011 年。

在毛泽东妇女解放思想上体现得更加突出。

朱剑凡与周南女校的女子教育实践和妇女思想

朱剑凡开启女学先声。1904 年夏，朱剑凡从日本学成归国，适逢清政府禁止女学。他立志创办女学解放妇女，启迪民智。1905 年农历五月初一，朱剑凡以长沙泰安里私宅花园房屋为校舍开办女学堂，为避清廷禁女学之忌，考虑家塾是中国办学传统，便将女学堂命名为"周氏家塾"。家塾设二年制简易师范科，附以小学和幼稚园。聘请周震鳞、陈润霖、姜济寰等男教师执教，采用"垂帘授课"之法，以塞顽固势力之非议。湖南之有女子师范自此始。

周南重视女子体育。女校肇建之始，就增设缝纫、音乐、体育等专修科，开辟图书室、学级室、饲养园、美育园等，丰富课外文体活动，并举行一年一两次的运动会，是湖南省开展运动会最早的女子学校。

周南女子教育载誉一时。1912 年 1 月，周南女学堂遵令改名为"湖南私立周南女子师范学校"（简称周南女校），校董黄兴捐银 2000 两助建校舍 4 楹。近而湘省，远而鄂、赣、苏、皖、闽、浙、燕、鲁、晋、豫、粤、桂及南洋等地，均有女子负笈前来求学，学生由百余人增到 400 多人。1915 年，周南女校举行建校十周年纪念，省府奖给"兴学育才"匾额。

周南女校是湖南乃至中国妇女解放运动与新民主主义革命的重要基地和平台。1916 年，周南女校校董会以长沙、衡阳、桃源三地先后成立省立女子师范学校，唯女中尚缺，便呈准省府停办师范部，改为普通中学。学校定名为"湖南私立周南女子中学"，是为湖南第一所正规的女子中学。一时间，名师荟萃，除资深的教育家徐特立外，还有革命家张唯一、周以栗、熊瑾玎、陈章甫和著名诗人吴芳吉、国学家李肖聃、唐梅村等都在该校任教。1918 年，朱剑凡和陈润霖等湖南教育界人士组织健学会，探索真理，改革教育。毛泽东著文称赞这个组织的出现是"东方的曙光，空谷的足音"。1919 年 5 月，朱剑凡带领师生参加了毛泽东领导的驱逐军阀张敬尧的斗争，驻省驱张团的团部就设在周南。在这期间，学校还成立了周南女子赴法勤工俭学会，后又扩大为湖南女子赴法勤工俭学会，推动了湖南一批妇女赴法勤工俭学。1919年秋，朱剑凡在教育界率先对周南进行革命性的改革，强调科学与新文化教育，主张学生自治，言论、信仰自由，鼓励学生参加社会活动。学生周敦祥等创办了湖南妇女界最早的一种革命刊物《女界钟》，向妇女传播新思想、新文化。新民学会在周南师生中发展了19名会员；14名女会员中，周南学生就占14人，周南也成为新民学会活动的重要场所之一，受到毛泽东、蔡和森的高度重视。浓厚的政治空气使周南形成了一种优良的革命传统，成为大批革命者的启蒙园地。向警予、蔡畅、丁玲、帅孟奇、劳君展、曹孟君、刘昂等都是这个时期的学生。

毛泽东妇女解放思想及与周南女校的渊源

1915年，以《新青年》创刊为标志的新文化运动爆发。这一运动有力地抨击了封建的宗法观与旧礼教。其中，对封建妇女观的批判是新文化运动的一个重要侧面。"五四运动"进一步促进了马克思主义与中国革命实践包括妇女解放实践的结合，毛泽东妇女思想正是此背景下开始形成。毛泽东最早接触到马克思主义和男女平等思想，正是受新文化运动的影响。而早在1905年，周南建校，这是湖南最早的女子学校。周南女校的开办，在湖南具有启蒙性质。从女学、《女界钟》、女新民会员到妇女运动，周南女校及其群体人物，与毛泽东妇女解放思想渊源很深。

毛泽东妇女解放思想，第一便是从中国国情出发，以求平等之实现。第二，以"婚姻自由"为突破口，具有鲜明的反封建特点。1919年11月，长沙青年女子赵五贞被父母强迫出嫁，反抗无效，在迎亲花轿中用剃头刀割破喉管自杀。此事引起巨大社会反响，长沙《大公报》为此先后发表了20多篇文章，毛泽东在12天中连续发表9篇文章，指出婚姻问题是个社会问题，赵五贞的死根源于社会，并号召人们向吃人的旧社会发动进攻，众多周南学子参与其中。第三，强调经济独立和开放女子教育对于

妇女解放的特殊作用。1920年11月25日，毛泽东曾致信在法国勤工俭学的向警予，"湘省女子教育绝少进步（男子教育亦然），希望你能引起大批女同志外出"，以提高国民的素质。教育的平等，为妇女职业的发展注入了强心剂。第四，强调女界联合，主张建立专门的妇女组织。在中国共产党内毛泽东是较早注意到革命必须唤起民众和建立相应组织的①。

毛泽东早年妇女观主要反映在1919年他为长沙女子赵五贞自杀事件所写的评论文章及一些笔记、书信、谈话中，这件周南学子深度参与的事件，发生在新文化运动兴起的时期，也是毛泽东世界观、人生观逐渐走向成熟的时期，毛泽东思想的形成与发展深受新文化运动的影响。毛泽东的早年妇女观的主要观点及与新文化运动的渊源，也可以在周南女校及其创办人朱剑凡身上找到痕迹②。

从新民学会、健学会到《女界钟》等组织团体、文学刊物，从朱剑凡、杨开慧、蔡畅、陶毅到丁玲、帅孟奇、劳君展、曹孟君、刘昂等周南重要人物，从"驱张"、勤工俭学到婚姻自由、男女平权等妇女运动和革命斗争，周南女校与毛泽东在那个时代相互影响，共同进步，携手谱写了一曲恢弘磅礴的中国妇女解放运动的大合唱。

党的相关理论对毛泽东思想及其产生的历程进行过全面概括，得出过很多经验型的结论，包括：毛泽东思想是由毛泽东倡导并在二十世纪中国革命中大范围实践的一种政治、军事、发展理论；毛泽东思想中比较重要的内容有"星星之火可以燎原""枪杆子里出政权""农村包围城市""游击战十六字方针""群众路线""团结一切可以团结的人""文艺为无产阶级革命服务""三个世界的划分""继续革命理论"，等等。改革开放后，中国共产党定义毛泽东思想为中国共产党第一代领导人集体智慧的结晶，而不是毛泽东个人的思想。党的相关理论也认定，毛泽东思想的产生和形成，是近现代中国社会和革命运动发展的客观需要和历史产物；新的

① 丁娟：《毛泽东关于中国妇女解放道路的思想》，国情网。
② 傅扬：《新文化运动与毛泽东早年妇女观》，《社科纵横》2012年第1期。

社会生产力的增长和工人运动的发展，为毛泽东思想的产生和形成提供了物质基础；新文化运动的兴起和马克思列宁主义的传入与传播，为毛泽东思想的产生和形成准备了思想理论条件；中国共产党领导的革命和建设的实践，是毛泽东思想形成的实践基础；毛泽东和以毛泽东为代表的共产党人的个人因素是毛泽东思想形成的必不可少的主观条件。而作为一个伟大思想的观察点与参照物，周南女校的创建与成长，周南群体人物的生命轨迹与历史活动，共同见证、相互影响并积极促进着毛泽东教育思想、革命思想、妇女解放思想的诞生、发展、完善，这是特定历史发展的必然，也是特定时代赋予的机缘。

附　录

【人物访谈】

九旬资深老校友访谈录

访者：成波文，长沙市周南中学校友会主席

李：李士璜，周南中学校友

采访时间：2015 年 4 月

人间四月天，专程造访周南中学九旬资深老校友李士璜大姐。92 岁高寿的李大姐鹤发童颜，蕙质兰心，博闻强识，被誉为周南的"活历史""活词典"。她能随意用中英文双语交流，遣词用句一流。与君一席话，如同走进了百十年周南史册。毛泽东与周世钊及周南之情缘便活脱出来，熠熠生辉。

访者：您是赫赫有名的周南资深校友，1944 年毕业于周南女校高 18 班。您好幸运哦！成了著名教育家周世钊大师的得意门生。

李：谈不上得意门生，周世钊大师是我心中最敬仰、最崇拜的好老师！1925 年至 1947 年他在周南女校执教语文并担任教务主任。他刚正不阿，忠厚善良，学识渊博，治学严谨。有幸成为周老的学生，是前世修来的福气。1976 年，老师走了，我伤心痛哭。师恩犹在，我探访师母。师母逝世前，床头仍然摆着我们赠送的小书柜，枕着的依然是我自己绣有一棵青松的旧枕套。老师珍爱自己学生的情义，学生更珍爱自己老师的教诲。

访者：毛泽东与周世钊为同窗密友，他们最崇拜的老师是谁呢？（恕冒昧去掉职务称呼）

李：首推徐特立先生。

访者：毛泽东与朱剑凡、徐特立、周震鳞、周世钊四位伟大教育家之间有何情缘？又与周南有何情愫呢？

李：徐特立是著名的革命家、教育家。曾被毛泽东尊称为"延安五老"之一。徐特立是朱剑凡的弟子，后协助朱先生创建周南女校，担任师范部教导主任和小学部主事。他博学多才，兼教国文、数学、历史、地理等课程。他曾与朱剑凡先生一起发动了长沙市最早的爱国反清罢课运动，创办了湖南最早的教育刊物《周南教育》周刊。20 世纪 20 年代初，毛泽东在朱剑凡府上住了一段时间，常促膝谈心，亲密无间。朱剑凡参加了毛泽东领导的"驱逐军阀张敬尧"的运动。又为毛泽东开设文化书店，带头捐助一百银圆，积极筹募经费。毛泽东称赞朱剑凡是"一个思想进步的人士""一个很有志气的人"。毛泽东与周世钊同为湖南一师徐特立的学生。在周南，徐特立、周世钊同为朱剑凡所聘用的语文老师。1918年，毛泽东与周世钊同是新民学会的第一批成员，是最亲密的会友。新民学会的很多成员是周南师生，周南校园是他们活动的重要场所。朱剑凡与徐特立同为 1919 年成立的学术团体健学会的创始人，坚持"教育造人""教育救国"的主张，讲演文章刊在《大公报》。毛泽东曾在《湘江评论》上称健学会是"东方的曙光""空谷的足音"。1920 年，毛泽东与朱剑凡、周世钊等人创办了文化书社，书社是新民学会精神的延续，用最快捷的方法引进中外各种新书报杂志；创办《女界钟》传播新思想、新文化。《女界钟》的稿件大部分来自周南师生。周震鳞是周世钊的堂叔和启蒙老师，

附
录

同盟会最早会员及华兴会创始人之一，辛亥革命元老，著名教育家。他与胡元倓、朱剑凡、黄兴等创办了明德学堂和周南女塾。周氏家塾开学后，在周南执教地理。徐特立、毛泽东先后受教于周震鳞，毛泽东尊称周震鳞为"太老师"。新中国成立后，毛泽东曾亲切接见并宴请周震鳞。师生之情，同学之谊，皆与周南有缘。

访者：士璜大姐，您在周南读书13年，从幼稚园到高中。毕业后几十年如一日，视周南为家，对周南的一草一木，一人一事如数家珍，连老师同学的生日都一一记得清楚，真不简单！当年周世钊在课堂上宣传毛泽东吗？

李：在课堂上，周老师常常给我们讲毛泽东少时有趣的故事。讲得最多的是毛泽东刻苦学习的故事。他学习的最大特点是独立思考，批判继承。毛泽东每天必到学校的阅报室，一看就是一两个钟头，非常认真仔细地看报，注重分析国内外形势的发展和变化。有时他把地图带到阅报室，看看报纸，又看看地图，有时把报纸上面所载各国城市、港口、江河的中文名称译成英文，还对同学说这样一举三得，即了解时事、熟悉地理、学习英文。第一师范的同学都称赞毛泽东是"时事通"。至今保留的毛泽东阅读过的《伦理学原理》一书，10万字的中文译本，就有12000字的批语，阐述自己的伦理观、历史观和世界观。学校设有一种考查学生学业与操行的办法，即"人物互选"。575个学生，当选有34人。票数第一的是毛泽东，49票，第二名的是周世钊，47票。在一师读书时，毛泽东就积极开展社会活动。秘密搜集了梁启超、汤化龙等人反对帝制的文章，编印了一本《汤梁二先生对时局的主张》。看到这册子的人，坚定了反对筹安劝进的帝制派的决心，一时反帝制的空气十分浓烈。若要救国救民，必须有一批志同道合的同志，结成一个坚强的组织。1918年，他们组建了新民学会，以"革新学术，砥砺品行，改良人心风俗"为宗旨。我们周南一直保存着一张珍贵的照片，即毛泽东率新民学会成员在周南校园的合影。听周南校友说，新中国成立后，周老不仅给学生讲毛泽东的故事，而且有声有色地赏析毛泽东诗词。1971年，在全市800多名中学语文老师学习毛泽东诗词大会上，周老师有声有色地上辅导课。在《语文战线》杂志上，刊有周老的《学好毛主席诗词，教好毛主席诗词》的文章。

访者：师恩难忘，听说您周南毕业多年，仍坚持每年看望老师。是否亲眼见到过毛泽东主席给周老师的信函手迹呢？

李：见到过，见到过！逢年过节，我会去周老家看望，也认识他家的儿女们。我常怀着好奇与尊敬的心情听周老师讲毛主席的故事，特别想看看毛泽东的信函手迹。毛泽东致周世钊信函有 36 封。1920 年就有信给周世钊。第一封信在辗转传阅中不慎遗失，幸一武汉老友复制了。新中国成立后，除第一封是国务院信笺打印的外，其余均为亲笔。书信手迹均由北京荣宝斋装裱成三大册，皆为织锦缎封面。（听说后来又由周老师女儿周彦瑜、女婿吴美潮编成大本书《毛泽东致周世钊书信手迹》）周老师从不以之炫耀于人。在我的一再请求下，我有幸看到了真本。在那个年代，是多么幸福荣耀的事啊。毛主席的书法是怀素体，大气恢宏，即算是改动得较多，也是美，也是艺术。这是任何书法家任何艺术家也无法效仿的。唯有伟人，胸怀博大，才能达到如此最高圣人境界。书信的内容充满了深厚的情义，高明的见解，伟大的思想。我女儿小岱听说我亲眼见到了书信真迹，硬吵着要到周老师家一睹真迹。女儿撒着娇向太老师索求，不想真的得到应允。那是一个大雪纷飞的夜晚，难得无客人干扰的情况下，我又与女儿一道分享了幸福与快乐，周老师站在旁边，声情并茂地解说当时背景。这是我一生中最幸福、最难忘的时光！

访者：李大姐，您亲耳听周老叙说过毛主席接见他的情景吗？

李：我非常幸运，详细听说过周老师讲述两次毛主席接见周老的情景。

1950 年 11 月，毛主席写信给周老，嘱其去北京相会。时届深秋，要北上适应严寒，就少不了大衣与皮鞋，周老师的积蓄全投资在周南女校从蓝田迁回长沙复校之事上，这次只好向友人借用。一日午后，主席看到周世钊老师，十分高兴，并问在漫长的旧社会，他是如何度过来的。周老师说："我是糊里糊涂过来的。"主席又问及这次到北京来看见了哪些旧友，

周老师告知，看到了王季范、胡愈之等。主席邀周老师逛景山公园。途中，周老师说："主席为国操劳，我给您的信，不必亲自作复，偶尔嘱秘书写几个字就行了。"主席说："对朋友的信是不能借手于秘书的，因为他们不知内情。但我不是一一作答，比如我写给柳亚子先生的《沁园春》中'数风流人物还看今朝'句，等我与总理回到延安后，×××就在报纸上发表他的大作，末句是'早回头是岸，还看明朝'。中华人民共和国成立后，他来过三次信，我均未作答。他舍得写，我也舍得不回。"共进晚餐，同学情谊更显浓郁。赠送周老羊裘一袭以御风寒，可见关爱备至。

1972年国庆节前，周世钊老师应邀去北京，在北京饭店住了好几天。周老师考虑到主席国事繁忙，打算请主席取消这次接见时，王海容来了，送来了四本线装书，不太厚。《秋雨庵随笔》，第一本封面上题签已掉，主席就在封面上右首以墨粗笔写着：惇元兄存阅，下款是毛泽东一九七二年九月二十四日。封面后用黑铅笔从中画了一条直线，将封面一分为二，左上方写上书名，下面写有作者——梁绍壬（红笔）。主席操劳国家大事，日理万机，竟如此细心。王海容传达主席心意，怕老同学无以消遣，特着她送来这一套古书，以解客中寂寞，借以安心等待。

10月2日，工作人员电告周老师，说主席拟在当晚八时接见他。汽车来到了北京饭店，来接周老师的是王海容和唐闻生。抵达中南海，在主席住处受到主席接见。寒暄之后，周老师特别关心主席的身体："林贼之死，大快人心，望主席以尊体为重……"主席说，关于林彪的事可改一首古诗为写照："豫章西望彩云间，九派长江九叠山，高卧不须窥石镜，秋风憔悴侍臣颜"，把"侍臣"改为"叛徒"就行了。另一首杜诗："群山万壑赴荆门，生长明妃尚有村。一去紫台连朔漠，独留青冢向黄昏。画图省识春风雨，环佩空归夜月魂。千载琵琶作胡语，分明怨恨曲中论。"你看，主席的胸怀多么博大，学识多么深厚啊！用两首诗评价林彪事件，幽默而形象！周老是我省著名语文老师，湖湘七才子之一。他说有名的古诗词及《昭明文选》能背诵出百分之七十以上，（上课不带教本）但这第一首写庐山的诗，竟不知出处。一对老学友以古诗词谈论国家大事，怎不让人敬佩啊!

话题一转,周老以省政协副主席身份,对当时存在的某些问题向主席汇报。主席吩咐工作人员请汪东兴过来听听。周老针对外侨、立法、出版、人民来信、教育等方面存在的问题谈了自己的看法,特别是人民向上级申诉,上面又将原函往下批,最后回到本单位,从原告变成了被告。主席指示汪东兴,要尽快改变这种状况,今后对人民来信,应予重视。同时主席提出,中央对湖南问题不日即有一个会进行研究,周老也参加吧!不日,周老以民主党派身份列席中央重要会议。

主席请周老转递了几封信件,其中一封是毛主席给保姆陈玉英女儿孙燕的。主席非常关心孙燕,名字都是他老人家改的。伟大领袖竟这么有人情味,怎不叫人惊叹折服?

访者:名师出高徒,您真不愧为著名教育家周世钊大师的得意门生!名不虚传的周南"活历史""活词典"啊!

(成波文采访于 2015 年 4 月)

【文献资料】

朱剑凡和大革命以前的长沙周南女校①

朱伯深

从毛泽东同志与外宾的一席话谈起

一九五九年，我任对外文化联络委员会党组成员兼欧美司司长。有天午后临下班时，廖承志来电，嘱我立即与民航联系飞机，明晨陪送在北京访问的美国黑人历史学家杜波依斯夫妇及美国女作家斯特朗，去武汉会见毛主席。我忙了一夜。

次晨我和丁西林、唐明照、浦寿昌三位同志陪送三位美国友人飞抵武汉，驱车直抵武汉东湖。毛主席和当时湖北省委书记王任重同志在一所别墅门口迎接。主客九人进入客厅，聚坐在会议桌旁，马上开始了对话十分活跃的茶会。

记得毛主席谈到"社会分化"时，曾风趣地指着我向外宾说："这个人是明朝皇帝朱元璋的后裔。"随即又指着浦寿昌同志说："这个人是美帝国主义的哈佛大学培养出来的。现在都是共产党员。"

毛主席和外宾共进午餐，餐桌中央放了一盘大蒜辣椒红烧肉，毛主席举箸请客人尝尝湖南烹调风味，大家都吃了。

饭后又回到会议桌上。毛主席首先笑问客人："你们知不知道刚才那

① 本文节选自 1982 年 9 月出版的由中国人民政治协商会议全国委员会文史资料全国委员会编写的《革命史资料》（9）中的《朱剑凡和大革命以前的长沙周南女校》。作者朱伯深，系著名革命教育家、周南中学创始人朱剑凡的长子。本文写作于 1980 年 11 月，录入时有删节。

盘湖南风味的菜是什么?"大家还没有搞清这句话的用意之前,毛主席已笑起来,说:"那是狗肉,你们之中大概有人不吃。你们都不知道是什么,也就都吃了。"大家也都笑起来了。

以上是二十年前的旧事。毛主席深入浅出地谈历史唯物主义与辩证唯物论,我很幸运地得以聆听,留下了特别深刻的印象。六十年代后半期起,林彪、江青反革命集团肆虐,我为诬陷所厄困,蛰居京都郊外十多年,直到一九八〇年六月才得恢复名誉。这期间全国妇联、湖南省妇联、北京市文化局、新华社几位同志几次来访,要我谈二十世纪初向警予烈士在长沙周南女校肄业的事迹,并特别问及先父朱剑凡提倡女子教育,创办周南女校的经过。毛主席一九五九年在武昌东湖谈"社会分化"的往事又不止一次地浮现在我的脑海中。

我的童年是在周南附小度过的。迄一九二五年夏我去上海进沪江大学为止,周南校园一直是我课余游憩之地。新中国成立后又从徐特立等同志那里,听到了许多故事,因而知道有关周南的人和事较多。先父的家庭背景、社会活动及其历年的思想变化演进,我也有所了解。现在把我知道的写出来。

先父是一九三二年夏在上海白色恐怖极端凶残的日子里患胃癌去世的。直到弥留之际,他对中国革命"无论道路怎样艰辛必然会取得最后胜利"这一点始终是乐观的。先父的一生反映了许多知识分子是怎样从旧民主主义革命的失败中承受考验,终于找到一条正确的道路,汇入历史的洪流的。新中国成立后,深知先父生平的徐特立同志告诉我,他四十年代在延安曾写过一篇先父生平事迹送给中央组织部。我的回忆录可作为有关革命史料的补充参考,不尽不实之处,还望就正于健在的老一辈。

封建地主家庭的叛逆

我家属湖南宁乡道林大屯营周氏家族。祖辈相传:明末清兵渡江,原明宗室吉王有一后裔,得到大屯营周氏家族人的庇护,认为己子,得免俘杀,以后繁衍甚众。这就是毛主席向外宾提到我家是明朝皇帝子孙的原

附

录

委。辛亥革命后，我家这支周氏家族人报官恢复姓朱的人很多。清时先父名周家纯，号吕生，入民国后换姓改名朱剑帆。"帆"字后又省写为"凡"。

十九世纪中叶，太平天国革命发展到了湖南。当时我祖父周达武是大屯营附近炭子冲一带采煤为生的矿工。应湘抚骆秉章招募，周达武投军，先后受到骆秉章与左宗棠的宠信，在湘川云贵陕甘新疆各省平定少数民族，围攻太平天国石达开西进的部队，由于他作战勇敢，官职升迁很快。左宗棠指挥湘军进入西北，周达武部驻兰州充总预备队，周达武本人任甘肃提督达十九年之久（一八七五至一八九四）。当时英俄帝国主义垂涎我西北，不断挑起西北回汉之争，左宗棠利用英俄矛盾与清朝在边境上的军事优势，影响清廷采取较为强硬的外交政策，夺回了汉代即已属于中国的疏勒等地。新疆改省，左宗棠保奏其营务处长魏光焘为第一任巡抚，魏光焘以后连续任过陕甘、两江、闽浙等地区的总督。一八九四年，周达武受清廷之命调升新疆巡抚，未及交卸原职即患病去世。魏、周同隶左部，结成儿女亲家，我母亲魏湘若是魏光焘第四妾所生的第二个女儿，我父亲母亲是在庚子年在长沙结婚的。

先父生于一八八三年，是独子庶子。嫡祖母戴氏没生儿子，她曾瞒着祖父，伪装有孕，回到原籍，秘密买了个男孩冒充是自己的亲生儿子。先父的生母是周达武的第二妾姚氏。她在家庭中一直受着戴氏的歧视。先父嫡兄周兼甫沉溺声色，嫡嫂汤氏嗜赌若命，还有他们的独生子寿峰也纵情烟花。周达武长期任清廷武官，积资甚多，在原籍湖南宁乡道林一带置有田产万余亩，并筑有冠甲湘中的一座城堡式大庄园（现为宁乡四都石家湾公社所在地）；在省城长沙还以巨资购得坐落城西北、占地八十余亩、全城首屈一指的苏州式园林。相传唐代有一个名叫刘蜕的进士在这里住过，故名蜕园。园中的南部临通泰街，为一大宅第，园的北部引水为池。叠石成山，池中石船水阁南北对峙，池的狭处还有石桥连接两岸。走廊斋榭分布四周，戏台及可容纳数百人的宴厅在园的中央。其后堂为高三层的奎星楼，登临其上，即可俯视长沙全城，纵览湘江麓山景色。园中庭院隙地遍植四时名花；更有乔木成荫，如银杏、梧桐、核桃、海棠、丹桂、紫荆、楮、柳、槐、柚等穿插于高台亭阁之间，倍显园林的格局幽雅清秀。一八九四年先父随祖父之丧回籍后，全家都住在这里。一九〇五年在这座园林里开办了周氏家塾，民国后改称周南女子师范学校，新中国成立后改为长沙市第一女子中学，以后又改为长沙第四中学。几十年来移石填池，增建校舍，园林早已不复旧观了。现在四中东部沿北正街的一部分校舍是新中国建立以后民革的李觉先生捐赠的。

由于先父的嫡兄嫂及其独子奢侈无度，不出十年，祖父遗下的田产已变卖过半。先父对封建官僚大地主家庭的专制淫威，及其兄嫂侄子的糜烂生活，怀着强烈的反感。结婚之后，他便要求分家，安置了祖母及我母，自己则带了许多当时他不能解答的个人的家庭的社会的问题，东渡日本留学去了。

就学日本东京弘文师范学院

二十世纪初，距曹雪芹创作《红楼梦》已一百五十多年了，中国的封建统治更加腐朽，濒于总崩溃前夕。两次鸦片战争，中日战争，八国联军入侵和许多丧权辱国的事件，造成中国日趋危殆的被瓜分局势，人民十分不满，发生了白莲教、捻军、苗族、义和团以及太平天国等遍及南北的人民起义。思想界也涌现出各种救国救世的主张。先父当时对现实不满，思有所作为，但入世未深，最初所考虑的，也只是限于富国强兵、教育生聚等朴素的资产阶级改良主义。他青少年时读过顾炎武、王夫之、龚自珍、魏源、谭嗣同等人的著作。到日本后，他进入东京成城中心学习日文，后曾考士官学校，以近视未被录取，改入弘文师范学院学习。

在东京的中国留日的各派政论家，就康梁保皇与孙黄革命展开了激烈的争辩。戊戌变法之后，康梁在国内外的号召力锐减。先父原来接近康梁的思想开始有了变化。他认识了华兴会的周震鳞（道腴）先生。周后来参加了同盟会，新中国成立后任政协委员，五十年代中期去世。

日俄竞夺满洲，在辽东半岛作战。一九〇三年，中国留日学生倡导组

附

录

217

织驱俄义勇队。先父与留学日本的三舅魏肇文参与这一运动，曾归国到南京动员外祖父——两江总督魏光焘反抗帝国主义入侵。魏异常震撼，勒令二人重返日本学习，不许再参与留学生的革命活动。先父对当权人物的幻想破灭了，仍返东京弘文师范学院，读完了他的课程。先父留日期间，思想上受周震鳞先生教育救国的影响较深，道腴先生鼓励他从事教育文化工作。先父在弘文师范学院的一些湘籍同学，如胡元倓、陈润霖、杨昌济、李士元等也都抱着教育救国的思想。他们回到长沙以后，胡创办明德学校；陈创办楚怡工学与小学；李曾任周南教务长，马日事变以后为周南女校校长；杨随后又去英国学习，返国后任教长沙湖南省立第一师范，以后又任教北京大学。这些留学生与徐特立老人都是清末民初湖南教育界的知名人士，但在以后国内大动乱的三十多年中，思想与活动都有较大的变化。

从周氏家塾到周南女校

一九〇四年夏，先父返国，道腴先生在长沙兴办宁乡速成师范，先父参与教学。徐特立老人曾在这个速成师范学习了四个月。这是徐老先生与先父订交之始。徐老对先父的感情一向是诚朴的，非常尊敬先父，直到先父去世，他哪怕写一个便条给先父，署名都是"受业徐特立"。

一九〇五年暮春五月一日，先父将住宅北的半边园林开辟为校舍，创办周氏家塾。园林的另一半，也由伯父廉甫租赁给胡元倓创办明德中学，直到辛亥革命前不久，明德在周南西园的对街自建了校舍才搬走。当时风气未开，不让女孩读书，一九〇三年长沙才先后开办了民立第一女学和淑慎女校，但这两校在一九〇四年秋均被清廷勒令停办了。两校一些失学学生如蒋保仁、蒋岱荪、罗正圭、罗正璧、郑业恒等都进了周氏家塾。近人追述，多把周氏"家塾"写为周氏"女塾"，"女"字实为"家"字之误。封建制度下的家塾才是合法的，先父以家塾名女校正是利用了这一点。道腴先生热诚帮助先父筹设周氏家塾，曾任地理教员，一面谈列强侵华形式，一面灌输革命思想。徐老学识渊博，在师范科教的课目较多，并兼任附属小学主事。最早的教职员还有姜济寰（国文）、彭伯樵（数学）、谢仁仲（英文）、吕筱山（物理、化学）、陈润霖（学校管理）、辜天佑（地理）、谭莲生（女，舍监）、杨起权（女，体育）。先父痛心自己母亲姚氏的遭遇，这是他办家塾的直接动机。我的母亲魏湘若是周氏家塾第一届速成师范科毕业生，担任过学校会计，二十年代初曾代理周南校长，拿出自己全部陪嫁的金玉首饰、珍贵皮服，资助先父办学。但我也留下了先父多次跪在姚氏祖母膝前，撒娇啼哭，乞求给钱，支付家塾经费的印象。祖母辛亥逝世后，先父才有家庭财产权。嗣后，周南历年填池筑地建筑校舍等土木工程，及置办教室桌椅、教学器材、体育设备等费用，都是先父变卖田产支付的。

辛亥革命后，先父呈准湖南省府改周氏家塾为周南女子师范学校，并将自己宅后的全部园林立契捐赠周南。原来这座园林系先父与伯父廉甫所共有，先父以宁乡石家湾大庄园自己享有的一半与伯父兑换取得了长沙城内园林的全部所有权，转让周南永为校址。先父留出了园林的南部住宅自用。这部分房屋，一九五二年我先母来北京定居，临离湘时呈报了长沙市委曹瑛同志将这住宅公交，划入长沙市第四中学校舍之内了。新中国成立后四中校内仍留下纪念先父的剑帆堂（礼堂）。但林彪、"四人帮"肆虐期间，该校自清末以来几十年所积存的档案卷宗和珍贵文物，均遭摧毁，荡然无存。剑帆堂的名称及先父遗像也曾一度被摘除。前几年据说已经恢复了剑帆堂的名称。但长沙第四中学是周南女校的原址，由于缺乏现场标志与史迹介绍，日久天长，仍有湮没的可能。

从早年与陈作新、谭延闿的交往看先父的为人

清末，长沙新军响应武昌起义刚十天，湖南立宪派的代表谭延闿就制造政变，杀害了焦达峰、陈作新正副二都督，自己夺得湖南省都督的职位。先父结识陈、谭都很早，突遇此变，受的刺激很大。私交、正义感和革命觉悟，一时都纠缠在一起了。

陈作新原名辅庭，醉心科举不中，探求变法失望，乃改名作新，参加

同盟会从事革命。由"辅庭"到"作新",实际上反映了他政治觉悟的飞跃。他居住在我家邻近的玉皇坪。他科场失利,投奔接近康梁的唐才常。唐在湖北搞自立军,谋泄遇害,陈才参加同盟会,入湖南兵目学校,毕业后在新军炮兵营及四十九标任排长。他在部队中鼓吹反清思想,几次暴露,终被撤职。幸而他诗文书镌无不精通,素为士林推重,因而在长沙多有同情者,得以潜伏下来。新军中,我家的一些族人与亲戚都是班排长,如周树臣(炮营)、周声棠、鲁涤平(四十四标)等,常是先父的座上客。陈作新给我家写过春联。他于辛亥春间结婚,夫人原系我家姻亲汤姓的寡妾,美貌贤惠,与先母同年生,我们叫她同年妈妈。她和先母一向交往密切。陈被害,我们全家都为之悲戚。当年他蹄声得得,跃马来访,谈笑风生,语惊四座的潇洒英姿,曾在我幼小的心灵中留下了极为美好的印象。

谭延闿是官宦子弟,清末最后一批翰林之一。其父谭钟麟亦系左宗棠旧部,曾负责左的西征兵站供应工作,以后官至总督。谭延闿亦为婢妾所生,自幼与先父建立了世交友谊。先父曾参加立宪派的辛亥俱乐部,与谭组织的宪友会相互呼应。谭对先父办女学是很支持的。长沙有名的四所私立学校——周南、明德、楚怡、修业——受到官方常年津贴,也是谭第一次督湘时批准的。一九二〇年驱张(敬尧)运动之后,谭又主湘政,他批准周南女子师范学校改为周南代用女子中学校(当时湖南还没有官立的女子中学),增加了常年津贴,并亲自来校,召集学生讲话。军阀混战,谭逢源于南北两政权之间,是典型的投机派,其部下赵恒惕倒向直系吴佩孚,谭又再度追随孙中山(谭氏民初参加过国民党)。先父从这时起才参与谭在湖南抵制赵恒惕的政治活动。以后先父随谭赴粤,赞成孙中山的联俄、联共、扶助农工的三大政策,参加了左派国民党。

"马日事变"时,因先父任长沙左派国民党市党部常务委员,长沙市政筹备处长(即长沙市市长)、长沙市公安局长,为何键、许克祥所通缉,家庭被抄封。一九二七年六月初,先父脱险到达武汉,李富春同志和蔡畅大姐接待了他,一同住在汉口旧法租界原湖北督军肖耀南的住宅内。

这是国民革命军第二军以李富春同志为副党代表兼政治部主任的军部所在地，军长是谭延闿。先父到楼上谭的书房里看他，谭问了"马日事变"的情况后，第一句话就是："湖南的群众到哪里去了？"带有责难的口吻。

也是在那些日子里，肖宅楼下先父住的左正房里，毛泽东同志经常来谈国内外政治形势和革命战略。先父患胃病睡在床上，聆听毛泽东同志的伟论，十分钦佩。七月下旬先父抱病去庐山，"八一"前夕由夏曦同志陪送，我与六弟朱叔平亦随侍在侧，取道星子县乘小舟渡鄱阳湖北驶，中流遇到飓风，幸得老舵工稳重救险，但已误了行程，没有赶上南昌"八一"起义。夏曦同志舍舟登陆追赶南进队伍，临别时嘱先父去上海养病等候消息。我随先父折返武昌会合母弟去了上海，自此先父开始了较艰苦的流亡生活。

一九二八年春，我奉父命自上海去南京谒谭延闿谋职养家。谭安置我在农矿部任科员，未到差即被南京市公安局捕去，诬我潜来举行暴动，并向我追询先父下落，我拒做回答。谭派其秘书吕蕊筹出面，将我移交法院特种刑庭，经查明并无暴动证据。法院开庭宣判我无罪释放。（一九六九年"文化大革命"中复查我的历史，一位青年同志谢友新跑遍了全国，终于找到了当年南京特种刑庭的主审法官王龙，为这个四十多年前的旧案，提出了我当年被捕没有出卖任何人的实况书面证明。）随后我返回上海家里，先父和谭延闿三十年的个人私交也就到此中断了。

迎接新民主主义革命到来的周南女校师生

先父一向不畏强暴，不信鬼神，早年就是一位朴素唯物主义的无神论者。辛亥革命时他不仅剪掉辫子，还砸了家里正厅供养的天地君亲师牌位的神龛。民国初年，孙黄反袁失利，云南蔡锷起义反对帝制，溥仪复辟未遂，各帝国主义者挑起各派军阀混战。直到一九一九年五四运动以后，中国人民有了无产阶级政党，先父一腔办女学为人民服务的热忱，才和全国各地进步力量一起，找到了可靠的政治领导，投入新民主主义革命的洪流。

附
录

周南女校诞生于反动黑暗势力猖獗之时，从一开始就是一个为争取女子受教育的权利与自由而战斗的集体。以家塾名学校，男教师在最初一段时期内，隔着竹帘讲课，这是为防止封建势力非难破坏的措施。由于教师们辅导认真，学生们冲破几千年传统的礼教习俗压迫，走出了闺门，带着严肃慎重的自尊心与世接触，因而树立了淳朴踏实的校风，取得家长的信赖与社会的称誉。周氏家塾总算坚持阵地站住了脚。辛亥革命后，正式命名为周南女子学校，赢得公开合法的社会地位，取得了斗争的胜利。周南女校前后毕业的几千女青年与教师们一起参与社会活动，终于为民族为国家培养了一批优秀的革命女战士，培养了一批革命的教育工作者。周南作为中国革命在湖南地区培养女战士的摇篮，并且团结部分师生成为一个小小的革命尖兵班，迄一九二七年马日事变，学校落入反动派手里为止，短短二十二年，终于较出色地完成其历史使命，以这样如实的评价，载入史册，是周南师生当之无愧的。

以下简述的都是与周南有关的一些人和事。

北洋军阀汤芗铭主湘时，地方顽固的封建势力为袁世凯称帝张目。先父被迫辞去了省立第一女子师范学校校长和城区小学学董职务。第一女师一批优秀学生如向警予（俊贤）、陶毅等都转学周南。湖南拥袁的筹安分会以叶德辉、符定一为正副会长，排挤一向较为正派的省教育会长陈润霖，煽动帝制派改组省教育会。先父挺身而出与符在会议上斗争。

先父办女学随时为学生及社会的需要着想，不断改进学校的教学内容，解决师资教材和设备的困难。周氏家塾没有幼儿园和幼稚师范科，先父特聘来了两位日本专家佐藤操子和松山雪子，帮助教学；办体操音乐科也特自上海聘来范慕英老师；办缝纫科更是不拘一格，选聘了在我家附近开成衣店的皮师傅任教师。皮师傅年近六旬，戴着老花眼镜，从镜框上看人，耐心讲解黑板上裁剪衣裤的粉笔图画，完全有老教授的风度。周南早年有一位摇铃工人袁顺生，刻钢板、油印讲义、教小学生做手工，糊彩色风筝尤为出色。先父就提拔他负责教学办公室的行政工作，新中国成立后受到退休养老的待遇。先父还亲自编写《教学法》《儿童心理学》等教材，刊印成课本免费供学生学习之用。

徐特立老人和周南早年的关系最为密切，清末他教师范科还兼小学主任。他和另一位鲁景森老师，民初曾由周南资送日本进修并考察日本各地小学教育。徐老自旅法勤工俭学返国后，还在周南中学教过修身、国文、数学等科目。徐老善良、严肃、热情、正直的高尚人品，六十年前在湖南即有定论。他的修身课在长沙各校是最受欢迎的，他自身的行动也为学生树立了革命的榜样。一九〇九年深秋，有一次在省教育会的演讲台上，徐老发言谈到当时政治的腐败，国势危殆，异常气愤，竟挥刀断了自己的左小指，以激励人心。他回到周南教员宿舍，先母为他裹伤熬参汤。许多学生用徐老断指流的血，在纸上写下"断指送行请开国会"。这次演讲会与当时立宪派派遣代表北上要求速开国会的请愿有关。

先父以"欢迎大家都负起责任办好周南"的方针，和以上所提到的各位前辈（要列举的实在太多了）先后合作无间，写下了他这段从事教育文化工作，寻求革命道路的历史。

当年在周南校园中，教职员与学生，无论是上课还是课余，对国际国内形势、学术问题、社会问题一直有着自由讨论研究的风气，足以媲美于民初蔡元培任校长时期的北大。周南虽仅是长沙城内一所女子中等学校，但对全国妇女的解放事业来讲，其星星之火的影响，还是深远的。周南室内运动场的墙壁上时常贴着学生的论文与绘画。五四运动高潮的日子里，这个场的四壁贴满了墙报，主笔是一个年仅十三岁的高小学生黄彰定（慕兰），文采词锋都十分动人。五四运动初起时，高小毕业班主任教师黄厘叔阻止学生参加罢课，积极分子周敦祥等得到先父的支持，组织全班和中学姐姐们罢课。周南还有学生自己组织的南化学会，毕业校友和在校同学借此时常集会，交换见闻，联络感情，谈论研究学术问题。成员中如向警予、蔡畅、陶毅、熊季光、劳启荣、魏璧、周敦祥、贺延祜等，以后都参加了毛泽东同志倡导组织的新民学会，其中向、蔡、熊随后成为中国共产党初期的女党员，在全省以及全国妇女解放运动中起着积极的先锋带头作用。

一九一九年，先父本人还参加了长沙教育界进步人士所组织的健学会，同时参加的还有徐特立、何叔衡等。先父有一次在健学会的学术谈论会上讲了《中国人对生与死的观念》，曾被毛泽东同志选刊在《湘江评论》上。我家里时常有周南学生来访，和先父谈各种问题：学习方面，择业方面，世界观，个人困难，家庭纠纷等应有尽有。如玉钰要在城南办培德小学；蔡葆仁要在城外碧湘街办幼幼小学；陈舜琴回麻阳，李宗莲回湘潭，向警予回溆浦，都在自己的县城里办小学；蔡畅同志、劳启荣、魏璧等要赴法勤工俭学；彭琦想学医；已故首都医院眼科罗宗贤大夫的母亲要求带了儿子住校，母子分别在师范科和附属小学学习……他们都曾来访，和先父商谈，总是带着疑难而来，又带着笑脸离去。还有较突出的一桩事：曾国荃以攻破太平天国天京有功被清廷封为伯爵，他的未亡幼妾养了一名吃斋念佛的清客友姑。由于我家和曾家是亲戚，友姑也时来我家。她善刺绣，先父聘她到周南教刺绣，说服她抛弃在曾家念佛的清客生活，取名李淑仪，作为工读生，一面教刺绣，一面进了周南最后一班的师范科。李淑仪年近半百，学习甚勤。我常见她在学校池边，高声朗诵李密《陈情表》一类的古文，音调清越，不顾其他同学在一旁仿效其声，发出天真的笑声。这位老大姐约在大革命失败后受聘到印尼教书，不幸在海船上患病身故，海葬在西南太平洋了。友姑虽不是惊天动地的大人物，但她做人的认真努力，使周围认识或不认识她的人都曾为之感动。先父一向以姊礼待李淑仪，为她开斋的那餐饭，先父首先敬她一箸豆芽肉丝，友姑神色自若地接在饭碗内，先父像个顽皮小孩那样，高兴地笑起来，带动了全桌先母和五个小孩的欢腾。先父曾称赞她是醒狮。她的死讯传来，先父患胃癌已势将不起，他缠绵病床受到震惊，以手按了剧痛的胃，随即忍痛平静下来使劲说："哀莫大于心死，而身死次之。"又说："友姑的精神不死。"先父虽然由于有了毛泽东、徐特立、向警予、蔡畅等知友和战友，而越来越感到不会虚度此生，但他同样看重李淑仪这类人的友谊，而且希望有成千上万的李淑仪涌现出来，这是他涉世之始就有的朴素天真的愿望。

周南的许多学生参加了革命，成为革命烈士，无名英雄，当代知名人

士，也产生过少数历史悲剧人物，在回忆周南时值得尽量列举其事迹作为史料补充。（记忆不全，请知情者补充）

师生中业已牺牲或谢世的有向警予、徐特立、方维夏、张唯一、周以栗、周竹安、陈启明、陶锡琪、陈章甫、沈望三、钟楚生、周毓明、劳君展（启荣）、陈书农、陶毅、曹孟君、杨云、朱坚（叔平）、周敦祥等，都是革命后代所敬仰的人物。

目前健在的有蔡畅同志、章蕴同志（杜蕴章）、丁玲（蒋冰之）、黄慕兰（黄彰定）、刘昂、邓裕志、邓裕兰、彭琦、苏镜、周砥、陈咏声、周敦祥等及我家的仲芷两姐妹。

周南附属小学的少数男生现在健在的还有我的兄弟仲硕、竟之与谭礼智、李铁铮等同志。李在我记忆中仍是一个戴银项圈的圆脸小黑炭，七十几年未见了，只知他在北京仍较活跃。北京首都医院已故的罗宗贤眼科大夫及我六弟叔平（共产党员，一九三一年组织派赴鄂豫皖苏区，后牺牲，年仅二十岁），他们都是周南附小男生。

二十世纪二十年代前后服务于湖南文化教育界的妇女很多是周南学生，如李咏南、吴剑、郑业恒、唐仲元、陶志武、文惠中、吴特民、李左汉、胡仲敬、张家绫、吴珊、张敏文、罗正璧等。

新中国成立后湖南文化教育界的骨干更不乏周南学生。如朱超（已故）、曹国智、贺益昭、旷璧城、贺益恩、周昭怡、周昭亿、任淑纯（现名任重威）、向大威等都是。

先父与毛泽东同志之交及广州之行

五四运动提出科学与民主，中国历史从此展开了新的篇章。先父很有幸地早在袁世凯称帝期间，由于和杨昌济（怀中）老人有留日同学的友谊，就知道了毛泽东同志。我还是小学生的时候，杨老在省立第一师范执教，时常来访先父。我有时陪侍吃饭，曾不止一次听到杨老谈毛泽东同志在一师学习的一些情况。据杨老说，毛泽东阅读课外书籍极勤奋，不顾作息制度，预备几个烧饼，留在锁上门的集体宿舍内看书，直到一口气看完为止；每逢熄灯之前，他停止阅读，必跑到水井旁洗冷水浴，监舍点名找不到他；考试他只选称心的题目作答，其他都不理，写起文章来洋洋万言，才华超众，见解精辟，一师的教员先生们都为之惊服，但监考老师以陪坐等候为苦。杨老还说，一师教务会议曾研究过毛泽东与众不同的这些特点，有的主张要以校规约束他，但许多老师如杨老、徐老、王季范老人都主张尊重其认真学习锻炼的精神，后一派意见占了优势。

二十世纪初，湖南许多教育界老一辈对毛泽东同志的期望是异常殷切的，其中最为热诚的是杨怀中老人。毛泽东同志对杨老所研究的伦理学曾有兴趣，是为二人忘年交往的密切关系之始。毛泽东同志渴望救国救民的强烈愿望，有许多带根本性的问题，在伦理学范围内是得不到解答的。杨老为人正直，忧国忧民并不后人，当他发现毛泽东同志为十月革命的胜利所鼓舞，冲破了伦理学的樊篱，展开了更广阔的视野，站到五四运动的前列之时，他自己也不再为伦理学的唯心论所束缚，来了一个思想解放的大飞跃，益加无保留地支持毛泽东同志的革命见解和行动，由师友关系进而结为翁婿。我不清楚先父何时何地第一次认识毛泽东同志，只知道一九二〇年夏，毛泽东同志作为先父的客人，住过我家后面的周南校园。这时我才第一次见到了他。在校园里，他时常闲步庭院，凝目四望，若有所思。我当时还是一个十七岁较为腼腆的青年，没有和他交谈过。有一天我独坐房内温习功课，听见房外大厅里有人打电话。话音刚落，又听见了打破瓷器的声音，并有向外急走的脚步声。从那一口带湘乡语尾的湘潭话来判断，打电话的就是毛泽东同志。我正在纳罕，传达室的苏树藩师傅走来，手拿二十枚铜钱向我说："毛先生要我寻个补碗匠将打破了的痰盂铜好。"我才知道毛泽东同志挂电话时失手了，听筒将电话机下面的痰盂打破了。从这件事可以看出，毛泽东同志以后为中国工农红军制定"三大纪律""八项注意"，并不是偶然的。

在毛泽东同志的影响下，先父积极支持五四运动以后湖南历次的进步学生运动。先父参加了毛泽东同志领导的驱张运动。毛泽东同志在长沙创设新文化书店，先父为之筹措开办费，自己出了一百元。毛泽东同志主编

《湘江评论》，先父为之写稿，也鼓励周南学生周敦祥等出版《女界钟》。谭延闿、赵恒惕争夺湖南政权，都想利用湖南省宪以左右全国政治。谭倾向于孙中山，先父竞选做了谭派的省议员。一九二三年陈炯明在广州叛变，谭奉孙中山之命，率部离湘援粤。先父丢掉省议员不干，随谭去了广州，开始参与国民党左派的政治活动，周南由先母代理校长。

先父行前还为周南新建了一所理化实验馆，建筑费不足，以周南房地契向上海恒丰纱厂湘籍资本家聂云台抵借了六千元。聂父是官僚资本家，母曾纪芬是曾国藩幼女。聂家在洞庭湖畔围湖造田，是特大地主。一九二七年春，湖南农民运动蓬勃兴起时，聂家曾申明将这六千元捐赠周南。一九二四年长沙基督教遵道会美籍邓牧师表示愿支援周南几名由教会付工资的英文数理教员，先母毅然加以拒绝。官僚资本家借钱支持教育基建，以校舍地契为质，是好意还是恶意，很值得分析研究。而帝国主义者侵略中国，无孔不入，对教育事业更十分注意，先母政治警惕性高，才未为所乘。

周南女校与先父母的关系在一九二七年马日事变时结束。当时反动军警搜查学校，勒令停课。经李咏南、吴珊、陶志武、魏友兰、朱佛根等以校友名义吁请教育界老前辈向政府交涉复课。原教务主任李士元启封学校，恢复上课。李士元自封为周南的校长，直至一九四九年长沙和平解放时为止。

和平解放前湖南地下党对周南是很关心的。较后一辈的同学们参加秘密革命活动情况，由于我已经远离家园二十多年，不甚清楚，只好请其他知情人士另文补充。一九四九年春，解放大军和平解放长沙，萧劲光同志是军管负责人，周南曾组董事会，选出劲光同志任董事长。随后周南又被编入长沙市中学建制，现列为第四中学校。从此周南在社会主义制度下，得到了新生。

参加国民党左派政治活动时期的先父

一九二四年春国共合作。先父赞成国民党提出的联俄、联共、扶助农

附

录

227

工的三大政策，加入了国民党，在党内是左派，并代表以谭延闿为首的湘军参加了国民党第一次代表大会。会后胃病大发，在广州珠江海珠小岛上的颐养园开刀后，又去澳门疗养了大半年，身体平复后才重返广州，积极参与了北伐的准备工作，为国民革命军及其他湘军培训入湘后的地方干部。先父在以李富春同志为班主任的中央政治训练班任教育干事，并讲授帝国主义侵略史。一九二五年冬，我自沪赴粤探亲度春节，听到了先父谈当时国内反帝反封建斗争的形势，提到许多重要的观点之时，他总要添上一句："这是毛润之的见解，很有道理。"

　　一九二六年先父参加了国民党第二次代表大会之后，取道香港、上海回湖南。这时北伐大军已进入湘赣。路过上海时我见到了他，他和我谈孙中山逝世后，广州国民党内部分化的情况，特别提到中山舰事件，表示对蒋介石不信任。夏末先父返抵长沙，任左派国民党市党部常委。二十年代初，湖南先有共产党组织，然后才成立各级国民党。北伐军攻克湖南时，全省国民党组织几乎都在共产党参加的左派领导之下，发动工农群众支援北伐军，声势极大。先父与徐特立、熊瑾玎、张唯一诸同志都是长沙国民党市党部建立时的主要负责人。当时毛泽东同志在两湖主要抓的是农民运动。一九二六年十二月起长沙陆续开了湖南工人代表大会和农民代表大会。在这时候蒋介石率部在江西北伐途中杀害了赣州工会委员长陈赞贤同志。长沙国民党市党部由先父领函通电谴责蒋的罪行。同时，两湖农村涌起了反地主恶霸，反封建宗法，要求解决农村土地问题的革命高潮。毛泽东同志的《湖南农民运动考察报告》传达开了，各县镇压了一批土豪劣绅。武汉中央政府宣布改组湖南省政府，先父被任命为省政府委员兼长沙市政筹备处处长和市公安局长。国民党右派在湖南搞了一个叫"左社"的反革命组织。先父积极地领导并参加了"与左社阴谋针锋相对"的斗争。长沙市公安局的特种刑庭也处决了一批臭名久扬的土豪劣绅，如叶德辉、俞浩庆和李右文等。不久何键、许克祥在长沙发动"马日事变"（五月二十一日）。来自武汉的右倾错误路线损害了湖南群众的积极性，否则，何、许两军阀的反革命政变是不堪几百万有组织有初步武装的工农群

228

众一击的。经过了一九二五年至一九二七年的大革命，先父和更多的我党负责军事、党政和工农群众运动的领导同志，如李维汉、王震、郭亮、夏曦等同志建立了深厚的战斗友谊。大革命虽失败了，但他却更坚定了，愿接受中国共产党政治领导，再接再厉革命到底。

一九二七年蒋介石在上海发动"四一二"反革命政变，屠杀工人。我当日因号召所在的沪江大学同学罢课抗议，被迫离校，返湘途中遇到夏斗寅叛变，火车交通在汀泗桥中断。我自蒲圻雇船到达岳州，再偷偷地爬上了一列专车到长沙，已是马日事变后三日。先父避居在西城姑母家，我为先父化装并偕同三妹仲芷乘国民革命军二军粮车安全到了武汉。先父在武汉，以及随后欲参加"八一"起义在鄱阳湖遇风，折返武昌，全家迁居上海等事情，前节都已谈过了。

一九二八年夏初，我侍先父到日本长崎，和姜济寰、邓寿荃一同住在大埔片岗。姜与徐特立老人清末在长沙的宁乡师范同学，也是先父的学生，曾任谭延闿的秘书长，参加过"八一"南昌起义，撤离潮汕，来到日本，其夫人毛士珍是周南学生。姜、邓二家比邻而居。先父化名"吕还庵"住在姜家。我进了长崎高山中国留学生补习班，先父向上海商务印书馆英文函授学校报名学英文。他赞成我投考长崎医科大学，以后可以藉行医掩护革命活动。但筹不出学费，学医的计划吹了，随后我与先父回到了上海。我找到了社会职业，在镇江做过江苏省土地测量局的绘图员，又去庐山鲁涤平的别墅辅导他的儿子学英文、数学。一九二九年底，我自南昌鲁家回上海省亲，先父很高兴地告诉我，经过总结经验，重整队伍，党领导的群众性革命活动，又在全国各条战线上活跃起来了。宋庆龄、鲁迅、蔡元培发起的自由运动大同盟正在筹组中。先父是发起人之一，我亦签名加盟。鲁涤平在报上看到了自由运动大同盟的发起宣言及我签名加盟的消息，很快来信（寄我舅父魏肇文转交），开门见山地说："贤侄既有政治活动，请不必再来南昌。"中国革命进入了最艰险的阶段，白色恐怖在上海日趋严重，先父的胃病更加严重了，但他对革命前途表现得异常乐观。直到一九三二年夏他胃癌扩散，弥留之际，听到党中央已在江西建立

附录

229

了中央苏维埃政权的消息，以十分欣慰的神态含笑而逝。

坚持晚节

先父病中时常深入浅出地将他的学习心得说给身边的儿女听，谈话中他爱援引毛泽东同志的话，总是说："还是要照'毛老爷'主张的做才行。"（"毛老爷"是先父晚年谈话时对毛泽东同志的昵称）他的上海寓所时常迁易，以策安全，来往的也正如唐朝刘禹锡《陋室铭》所说的，"谈笑有鸿儒，往来无白丁"。他的寓所一直是他所认识的老一辈革命家的联络通讯、会谈休息文娱的秘密地点。到过我家的，在地下党中央工作的同志有李富春、蔡畅、李维汉、萧劲光、熊瑾玎、朱端绶、张唯一、董维键、周以栗、方维夏、柳直荀、龚饮冰、周毓明、曹伯韩、夏曦、凌炳、毛干卿等。先父寓所，总有同志来下围棋，打麻将。先父看到这些同志们在战斗闲隙中还可以轻松半天享受些文娱，总是乐不可支地亲自当炊事员预备茶水。记得有一次李富春同志曾陪同聂荣臻同志来先父寓所做客，谈笑起劲。当时党组织经由李维汉同志与先父有联系。最近李老听到我在写有关先父这部分的回忆录，特给我们兄妹来信，对先父晚年在上海的政治情况也做了回忆，来信说："那时党内许多同志也都回到了上海（中央所在地），谈及剑老时，对他有好评。那时间我和他来往，他曾提出申请入党问题，我表示他的愿望很好，可以向中央转达。同时希望他多看点马列主义书籍和我们党的宣传刊物（我给他看过党的刊物），考虑成熟再正式提出申请，不幸他不久和我们永别了。"

一九三一年，先父开了一个酒店做居家掩护，最初在上海旧法租界辣斐德路，后迁沪东提篮桥旧公共租界东西华德路，一九三七年日寇攻上海时毁于炮火。开了酒店不几天先父胃癌恶性发作，进入旧法租界原霞飞路马浪路口刘之纲医师的申江医院，不久又迁入宝隆医院，没有麻醉剂就止不住痛，终无起色，延至一九三二年春末去世。张唯一、董维键、戴晓云等先父的生前好友主持丧事，安葬在上海公墓。葬毕舅父魏肇文在《申报》上登了一则代讣通告其他亲友。到了抗日战争时期，日寇占领上海，强将上海公墓铲平改筑飞机场。幸得周南的学生周砥同志闻讯将先父遗骸移厝附近庙行。新中国成立后，一九五三年先母在北京逝世，经领导批准，将先父遗骨运来北京与先母遗体合葬于八宝山烈士公墓。徐特立同志为立碑题名。张唯一同志一九三二年写了一篇悼词，在敌区白色恐怖之下，我将原稿保留下来了。熊瑾玎同志一九五三年亲为之书，石刻成墓铭。铭曰：

树植女校，肇公之业；拥护革命（原稿为"辨识群界"，一九五三年张唯一同志改为"拥护革命"），竟公之节；全公业者有夫人之懿德；成公志者公已寄期望于嗣哲；物化歇墟，魂萦新国；公之精神其不灭。

一九六七年"极左"思潮肆虐，个别狂妄之徒，倡导去八宝山刨掉先父母的坟墓，幸得陈镇雄、谢友新二同志驰报熊瑾玎同志，熊老出面极力劝说："朱剑帆一贯拥护党，生前是毛主席的知交，他两老的坟动不得。"才免于难。

结束这篇回忆录时又不禁想起了本文首段所记的国庆十年前夕，毛泽东同志在武昌东湖和美籍历史学家杜波伊斯等谈话的精神：客观规律不以人的意志为转移，社会总是要前进的！

（一九八〇年十一月）

附
录

周世钊与毛泽东的一次诗书往来

周彦瑜　吴美潮①

　　抗战初期，周南女校被迫西迁安化蓝田，父亲为了资助学校搬迁，倾其积蓄。因此，到了蓝田之后，家庭生活困顿，教学任务十分繁重。然而，父亲引以自慰的是，没有离开教员生活，没有堕落到反动的党痞团棍中去。在反动军阀何键血腥统治下的湖南，到处发生杀人流血的惨剧，到处展开"皮刀""钻子"的斗争，到处充满蝇营狗苟的活动，恶臭熏天，乌烟瘴气。父亲看到一些知识分子，一些旧日的同学纷纷投靠国民党统治集团，钻进国民党的党政军机关中去，以充当国民党统治集团的走卒为荣，陷于堕落、罪恶的深坑不能自拔。父亲从灵魂深处鄙薄这些人，认为他们是愚昧卑下和可耻的。因此，在这几年中，有人劝父亲任校长，或考县长，或参加高等文官考试，父亲都没被劝动。有人介绍父亲到国民党军队中当书记官，他也拒绝了。易培基在南京任伪农矿部长，曾要父亲去工作，他婉辞未去。父亲觉得在那样昏天暗地的环境中，教书是清高的工作，学校是世外桃源，培养抗战的学生是有利于民族的，他认为中国已到危亡的边缘，大家应该起来救国，学生应该用功学习，成为有救国本领的人。

　　1946年初，长沙的周南女校结束了逃难八年的蓝田历程，回到长沙泰安里旧址。父亲拖着疲惫的身体，携着妻小随校回到长沙，他回顾八年逃难教书生活，觉得年华虚度，一事无成，心里感到特别空虚。加之国统区法币贬值，物价飞涨，家庭生活十分困窘，心情更加烦闷。回长沙后，

---

　　①　周彦瑜，周世钊的女儿，现旅居美国，吴美潮系其丈夫。本文是两人对周世钊往事的回忆，听说周南正在筹办110周年校庆，特将往事撰写成文，发至周南校友会。

他虽在周南女校任教务主任，但遭到一些国民党、三青团骨干教师的暗中排挤，使他的教务工作开展起来很困难，更觉得意冷心灰，愁肠百结。

1946年，抗战甫平，内战烽火又起，父亲愤愤不已，在这种心情下，只得借粉条消磨时间，写诗发牢骚，写的诗随写随丢，多数不复记得，但有一首，父亲一直不曾忘记，那是对阔别多年正在领导中国人民解放斗争的挚友毛泽东无限怀念、百感交集下，写下的愤世与怀人兼而有之的《七律·感愤》：

七律·感愤（1946年）

人世纷纷粉墨场①，独惊岁月去堂堂。

沐猴加冕终贻笑②，载鬼同车亦自伤③。

卅载青毡凋骏骨④，九州明月系离肠。

烟尘满眼天如晦，我欲高歌学楚狂⑤。

有人曾对此诗做了如下注释：①粉墨场：用粉墨化装，登场演戏。②沐猴加冕：《史记·项羽本纪》："人言楚人沐猴而冠耳，果然。"《汉书·伍被传》："知略不世出，非常人也，以为汉廷公卿列侯皆如沐猴而冠耳。"沐猴：猕猴。冕：冠，帽子。猕猴戴帽，徒具人形。比喻人徒有其表而不具人性。贻笑：为人嗤笑。贻：留下。③载鬼同车：《易·睽》："见豕负途，载鬼一车。"④青毡：《晋书·王献之传》："夜卧斋中，而有偷人入其室，盗物都尽，献之徐曰：'偷儿，青毡我家旧物，可特置之。'群偷惊走。"因以青毡为士人传家之物。杜甫《与任城许主簿游南池》诗："晨朝降白露，遥忆旧青毡。"元好问《赠冯内翰》诗："青毡持去故家尽，白帽归来时事新。"骏骨：骏马之骨，比喻贤才。任昉《天监三年策秀才文》："朕倾心骏骨，非惧真龙。"元稹《献荥阳公》诗："骏骨黄金买，英髦绛帐延。"⑤高歌学楚狂：楚国隐士接舆曾以《凤兮歌》讽孔子，事见《论语·微子》。

诗题"感愤"，全诗八句均为伤时之感，嫉时之愤。世事纷乱，烟尘满眼，政坛上沐猴加冕、粉墨登场，刺时语也；青毡独坐，骏骨已凋，有

时却又不得不与鬼同车，自伤语也。楚狂接舆歌曰："凤兮凤兮，何德之衰？往者不可谏，来者犹可追。已而已而！今之从政者殆而！"父亲以此典作结，将他那傲世鄙俗之意表现得淋漓尽致。

当时，国民党统治区民不聊生，生灵涂炭，面对这"烟尘满眼"的黑暗世道，父亲联想到自己从事"教育救国"近30年，历尽沧桑，原来的一身骏骨已经凋损，壮志也已消磨，但对毛泽东等老友的感情依旧，"但愿人长久，千里共婵娟"，遥望远方，倍加怀念。由于自己没能跟随前往投入不朽的事业，又不免生出一种"载鬼同车"的伤感之意。在茫茫长夜之中，诗人洁身自爱，他要像古代楚狂人那样，高歌而去，追求无羁的自由天地。

九州明月系离肠，友人的心在明月之下仍是相互联系的。父亲在诗中称自己是"卅载青毡凋骏骨"。而毛泽东在1949年11月15日致父亲函中则不同意此一说法。毛谓："兄为一师校长，深庆得人，可见骏骨未凋，尚有生气。"

在这一来一往之中，足见出毛泽东对父亲的评价之高，也可见出两人的友谊之深。

回忆我的祖父祖母

仇君好①

周南女子学校第一位女学生

我的祖母刘庄先，乳名秀秀，是周南女校第一位女学生。她家境贫困，不识字会绣花，纺纱织布是好手，两岁订婚，十六岁时与十八岁的祖父成婚，相濡以沫七十二载。

祖父仇鳌字亦山（1879 – 1970），清末秀才，参加华兴会，1905 年同盟会成立，任同盟会东京总部湖南盟主。1911 年投身辛亥革命，同领江浙联军攻占南京，为创建共和而战。新中国成立，被毛泽东主席赞誉为"中国共产党的诤友。"

1912 年初中山先生辞去临时大总统，袁世凯接任。国内各省出现不同程度极其复杂和混乱情况。宋教仁、谭人凤、仇鳌、仇亮、张继、于右任等同盟会内骨干，都一致主张：发挥政党责任内阁制的作用，使国家走上民主政治的正轨。决定改组同盟会成立国民党，在全国范围内办一次胜利的选举。

地处国土中心腹地的湖南在辛亥起义以后不久，革命派的焦达锋、陈作新两都督一夜间被反动分子杀害；原属改良派的谭延闿，因利乘便继任都督。革命派与反动势力之间处于势不两立的胶着状态。不幸这时，原任湖南司法长的同盟会洪春台突然病故。湖南方面向北京同盟会总部请求，速派人回湘主持，解"乱麻难解"之危。

---

① 仇君好，刘庄先与仇鳌之嫡亲孙女，现居于北京。本文系作者首次所写关于其祖父祖母的纪念文章。其祖父仇鳌（1879—1970），国民党革命委员会中央委员，中南军政委员会委员兼参事室主任；祖母刘庄先，是周南女子学校的第一位学生。

附录

235

这时同盟会改组正在紧锣密鼓地进行，国民党成立大会正处筹划的紧要关头。同盟会北京总部研究再三，为了牢牢控制住革命党发源基地湖南，确保宋教仁在家乡湖南省议会竞选胜利。决定抽派主力骨干仇鳌放下刚刚步入正轨的国民党中央机关报《东亚新闻》报社社长工作，迅速回湘，主持工作，把握湖南政局，确保国民党在选举中获胜。

仇鳌先生与夫人刘庄先女士合影

仇鳌回到湖南长沙，湖南都督谭延闿非常谦恭地与仇鳌进行交谈，说出对当前湖南政局复杂、社会混乱的种种忧心。期望仇鳌主持湖南同盟会工作后，与之合作，稳定湖南大局。

仇鳌根据同盟会总部指命：接替洪春台任同盟会湖南盟主、支部长。负责党内外事务，出任掌管全省人事安排调动，民政事务的都督府民政司长。

仇鳌认真地向谭延闿讲解了孙中山先生提出的"民族、民权、民生"三民主义学说；讲明改良是没有出路的，只有坚持推翻封建专制，防止皇权复辟，建立民主共和政府，中国才有前途。谭延闿深表赞同。两人建立了初期信任，商议确定，谭延闿负责军方，仇鳌负责全省党务、民政、教育、人事等。这之后凡是革命党提出的办法，谭延闿都欣然乐从。

仇鳌迅速进行社会各阶层的民意调研，召集湖南省工商学各界代表恳谈会。湖南文化教育界知名人士，明德学堂校长胡元倓、湖南高等师范学校校长符定一、周氏家塾主持朱剑凡、湖南中路优级师范教员张干、湘阴师范江海宗、湖南第一师范教务王季范、上海《民国日报》主编任剀南（回乡省亲）也都被邀请前来参加。

仇鳌首先做了发展湘楚文化、兴办教育、提高民众素质、促进国大选举胜利的演讲，强调男女平等，妇女应自强自立，同来参加民主选举，并请到会代表畅所欲言，各抒己见。

前清举人湖南新化人张干（字次仑）扶正鼻梁上的无框眼镜发言：民众素质提高，方可鉴别忠良，参加选举，普及教育第一。扩师授教，优师授课，兴学育人，师范优先……

上海《民国日报》主编任剀南发言：民国成立，倡导男女平等，女子不识字，不能平等。何能知书达理，明辨是非？怎知选哪个？怎能去投票？全国半数人口被禁锢……

湖南高等师范校长符定一说：我们湖南应以选举为契机，为天下人解禁化锢。

湘阴师范江海宗高声附和：偏远村镇，更是不开化，女子连同桌吃饭之权也难得。乘选举之势，提高民权，讲究女权，显示三千万湖南人的新风尚。

座谈会中，大家将民主选举、普及教育、争取男女平等紧密联系在一起。踊跃发言，讨论气氛持续升温。

周氏女子私塾主持湖南宁乡人朱剑凡（原名周家纯）理直气壮、有条不紊地发言："民国成立，走向共和，倡导男女平等。女子不识字，何能知书达理，明辨是非？女子受旧礼教约束，想读书却跨不出自家门槛一步，确实为中华民族之大不幸也！此刻起，我'周氏女子私塾'更名为'私立周南女子学校'。"朱剑凡停顿片刻，昂声问道："现在'学校'出笼了。各位同仁，行程千里，始于足下，请从自我做起，鼓励女眷家属走出家门，进学堂、走上社会。秋瑾就是她们的榜样。"朱剑凡向周围扫视一圈，微微晃晃头说："就怕不好收学生呀！"

仇鳌带头鼓掌，郑重地说："我双手赞同'从我做起'的倡议。家纯兄，我替我内人报名，到你办的'周南女子学校'读新学，如何？"

话声未落，就见朱剑凡从座位上猛然站起，高声说："不可！必须请夫人亲自到我校报名为准！"

"我的内人，她是头一回进省城，冒见过世面的乡下婆娘。"仇鳌尴尬地解释。

"同盟会湖南省盟主夫人，不能例外!"朱剑凡摇动手臂，毫不客气地说。

"那，还是等我回家与内人商量后再定吧。"仇鳌顾虑地说。

"仇亦山! 你是真民主，还是托词封门?"朱剑凡紧追不舍地责问。

"正是真民主，才更须回家征求她的意见呀!"仇鳌答道。

"一言为定!"朱剑凡笑呵呵地说，"周南女子学校拭目以待。第一位报名的女生!"

"好!"大家一齐鼓掌。

朱剑凡校长直言提出："社会动荡不宁，筹资困难，办学经费贫瘠，请政府给以补贴。"

仇鳌爽快地说："远荫百年看育人，遗文千古有传人。育人为本! 拨款办学，是我们民政司的本职。"

"对!"会场里鼓掌声四起。

不久湖南民政厅就以周南女校董事长谭延闿的名义拨款补贴了。

散会后，仇鳌走出省政府，回到住所文星桥五号。女儿仇士怡快活地跑来拉开大门，仇鳌低头亲亲爱女的脸，伸开双臂迎抱向怀中扑来的儿子仇东吾。

妻子秀秀从厨房窗口伸出头来招呼着："洗手，端菜，吃饭了。"

一家人围坐方桌前，热热闹闹地吃起来。

仇鳌问孩子们："今日，可没淘气吧?"

孩子们异口同声抢着回话："冒!"

仇鳌认真地嘱咐孩子们说："这就好，你们妈妈，过几天就要去周南学校上学读书了。你们要听话，在家好好玩。"

女儿士怡问："周南是什么意思?"

仇鳌解释："中华民族千年诗词集《诗经》中，国风篇之首章题为周南，'周礼尽在，南化流行'。"

女儿士怡高兴地要求："我也要上周南女校。"

仇鳌高兴地承诺："长大后，一定送你上周南。"

妻子秀秀喜上眉梢，一瞬间，冷漠蔽去了喜悦，连连摇头，胆怯地说："乡下婆娘进学堂，抛头露面，不成体统，会让世人笑话的。"

仇鳌看出妻子求知的心愿，同情她受封建礼教压抑，不能自拔的难处，体谅地对她微微一笑，不语。直等到晚上孩子都上床熟睡，才放下手中的工作，走回卧室，坐在秀秀身边低声地说："乡下婆娘朴实大方、忠厚老实、孝顺父母、勤俭持家，谁能比？"一下子把秀秀逗得满面通红，摇手说："不！不是这个意思。"

仇鳌问："是什么？"

秀秀体贴地说："孩子要人照顾，一日三餐要人煮，房子要人收拾，我……我……"秀秀捏着手指数："还有，你没日没夜地忙……"

仇鳌听完后说："家乡寡妇二婶，无依无靠，请她来和我们住在一起，帮我们照顾孩子，煮饭炒菜，收拾房子，看家。现在她帮我们，她老了我们为她养老送终。这不两全其美吗？"秀秀点头。

仇鳌接着说："我要送你念书的学堂，离家不远，名叫周南女子学校，校长朱剑凡也曾留学日本，我俩早在日本就认识，是老同学老朋友。他回国后，为了推行女权，毁家兴学，在自家的'蜕园'中，腾房做教室，扒掉围墙，平为操场，是个了不起的人。"秀秀点点头。

仇鳌细声道："你我两家家境都贫困，订下娃娃亲后，岳丈省吃俭用，补贴我上学。今日有机会让你进学堂念书，也是我在结婚那日对你的承诺，多年来我在外面教书搞革命，而你上学之事一直记在我心中。"秀秀笑了。

仇鳌亲切地说："进学校念书，比我教你识字，所得知识要系统广泛，视野更开阔，上知天文，下明事理。来往信函，名签都认得，我出远门，写信回家，再不用找别人念，对吧？"

秀秀扬眉笑了，聪明憨直地问："这就是男女平等吧？"

"是的，男女齐力是平等，改旧兴学，就是革命。"

夫妻俩人和谐地交谈，相视而笑。

几日后，接到周南女子学校开学、报名通知。

仇鳌抽空到商店里选购了时尚的学生服，拿给秀秀试穿。打开抽屉拿出早已准备好的毛笔、墨盒、本册，削得尖尖的铅笔和橡皮。

秀秀新奇地指着橡皮问："这是什么?"

仇鳌拿起铅笔在纸上工整地写，一字字地念："周南女子学校。"又画个铜钱大的圈，用橡皮擦掉半个圈，笑着说："你来试试，这西式玩意。"

秀秀一边擦，一边开心地笑："新式东西真不错，一下子就看不见了。"

仇鳌说："新式学校里，新鲜事物会很多，只要平心静气处事，平等待人，就没有什么要害怕的。"停了一下，又说："学校离家不远，可是你这双松绑的三寸金莲，走路是很麻烦的。我已经为你订好了送你上学校的轿子，每日接送。"

报名之日，清早，秀秀早早起床为自己梳了个油亮的巴巴头，插上一支银钗，穿上七寸袖、斜筋、圆摆的白洋布衫，黑色贡缎百褶裙，白长筒袜，黑毛呢鞋，为了让脚显得宽长一些，特在鞋内长出的前端塞上一些棉花，用鞋袢袢将小脚紧紧地固定在鞋中，将自己缝绣了荷叶莲花的手帕塞在腋襟内，庄重大方。她随着在走廊久等多时的丈夫，坐上大门外早已等候的小轿，跟在仇鳌的官轿后面，颤悠悠地在热闹的街道上前行。

不一会轿子就停在周南女子学校大门口，仇鳌下轿为秀秀掀起轿帘，扶她出轿。"周南女子学校"六个大字悬挂在校园拱门上。这时门外已停靠了几顶颜色不同的凉轿。

"仇支部长，夫人，这边请!"学校老门房迎出校门，揖手致意，很客气地说，"朱校长已预先关照过，请支部长和夫人先到办公室休息。请随我来。"

仇鳌与秀秀并肩跟随老门房走进红漆地板、朱红窗棂的校长办公室，刚坐下，招待员就送来茶水，仇鳌向秀秀小声说："这里不错吧!"

秀秀抬起一直低垂的眼睛观看，黑亮宽大的办公桌，安置在满装书籍、字典、报刊的书柜一侧，素白壁上，挂着对联和一幅《雪松图》，窗台前摆放着一盆碧绿挺硕的兰花，显得格外高雅素净。

仇鳌指着《雪松图》说："苍松劲枝，在冰雪寒风中顽强地挺伸向前。展示着朱校长及周南女校的傲骨风范。"

过了好一会，朱剑凡拱手走进办公室："久等了！久等了！"

仇鳌与秀秀同时从座椅上站起，秀秀向朱剑凡行了个规规矩矩的万福礼。朱剑凡急忙摆手："嫂夫人，免礼，请坐！请坐！"他和气地说："现已是民国，时行鞠躬、握手。欢迎你来我们学校读书。"又转脸对仇鳌说："估计今日报名人数不少，但只有我们革命党人才有胆量，请出原配、正统夫人抛头露面上新学堂。嫂夫人是第一名。"

仇鳌说："今日有人突破，明日必有人跟进，家纯兄，这雪松在为你表白。"

"哈哈！那好！亦山兄！现请嫂夫人到报名处报到、交费吧！"朱剑凡说完，有礼貌地说了一声，"请！"

秀秀生平第一次受到男人的恭请，不知先迈哪条腿，向哪方走才好。这时早已站在办公室门外的招待员，马上向前鞠躬说："请夫人随我来。"秀秀走到门口，回头胆怯地望着自己的丈夫。

朱剑凡与仇鳌相对而笑，理解地点点头，相隔丈多远随后而行。

秀秀走到报名桌前，办事员持笔濡墨，非常客气地问："贵姓？尊姓大名？"

秀秀慌张得不知所措，脑子中空白一遍，半天才细声回答："我不会写字！我姓刘，名仇刘氏。"

办事员和气地解释："新学堂，不讲究这称呼，讲究男女平等，需报出尊姓大名。"

秀秀慌了神，忙分辩说："我爹妈从小就叫我秀秀，不知大名。"

办事员也着了急说："这……那……怎么是好！"

秀秀急得泪水在眼眶中打转转，只感觉周围几十双不同神情的眼睛在看着自己，恨不得找个缝缝钻进地里去。朱剑凡看到这僵局，忙扯着仇鳌的袖子，一同走到桌前解围。

仇鳌一看报名册上空白行，马上就明白了，机智地介绍说："这是湘阴汨罗上乡第一名进新式学堂读书的女生，姓刘，名庄先。"

朱剑凡领头鼓掌，报名处内响起一片掌声，所有男女也都向脸涨得通红的乡下女人投以羡慕赞许的目光。仇鳌伸手接过办事员濡满墨汁的毛笔，在报名簿上工整地写下"刘庄先，湖南湘阴上乡人，芳龄二十九岁"。

招待员、办事员及在场的同学老师都起立祝贺，与仇鳌和夫人刘庄先相互鞠躬，敬礼致意。

此事传开，湖南的革命党人纷纷响应，送自己的夫人、亲属进周南念书成为时尚。此风延传几十年。我的母亲彭平轩、姨彭德轩、姑姑仇士怡、表姐郑博文等都是周南女校的毕业生。

我的祖母刘庄先读书识字认真，学会打码子记账。

好景不长，我祖母刘庄先只念了半年多书。遇上袁世凯篡国夺权，复辟。1913 年 3 月宋教仁被刺身亡。二次革命讨袁失败。孙中山、黄兴等纷纷出走国外。袁世凯政府张榜全国通缉捉拿革命党人。早已是袁世凯心腹之祸的湖南国民党人首当其冲，被诬称为凤（指谭人凤）、鳞（指周震鳞）、龟（指仇鳌"海中大龟"也）、龙（指龙璋）"四凶"，下令缉拿。1913 年底，仇鳌送省议长龙璋离湖南往上海长住后，送妻子刘庄先带儿女回偏僻老家避居，自己撤离湖南，避往日本。

必有贵人参加留日同学聚会

1916 年 3 月 22 日，仅存活 83 天的洪宪帝制，在一片喧哗、咒骂声中，被迫撤销。窃国大盗袁世凯于 6 月 6 日暴病而亡。

孙中山、黄兴等革命党人陆续回国。仇鳌受中山先生派遣，日夜兼程回国，从事国会复会及反对段祺瑞北洋军阀武力统一中国的斗争。他返乡回到湖南，深感劫后团圆的难得，离散的艰辛苦涩，肩负英烈遗愿的重任，满怀救国豪情，锁农舍老屋，携妻子儿女，迁居长沙文星桥三号。

1916 年 8 月，段祺瑞政府任命谭延闿为湖南省长兼署督军之职。仇鳌以国民党中央执行委员身份主持湖南党务，任国民党党报《国民日报》报社总理，接任湖南长、岳关税监督及湖南地方涉外事务联络处长官。长沙的社会团体、省立师范、专科学校、船山学社等单位纷纷都上门请仇鳌演说时事，宣讲孙先生的三民主义、五族共和，谈论南北统一、法政教育等全民关切的事务。

湖南第一师范的毛泽东、蔡和森、张昆弟，长沙长郡中学的李立三、郑泽、萧三、李维汉，湖南商科学校的易礼容等爱国学生，赶往船山学社等处听仇鳌授课、演讲。会间休息时仇鳌尽力解答青年学生和到会者的提问，与大家共同切磋，研讨疑难问题，把学识和经验，不失时机地传授给青年一代还想方设法创造条件办学校，培育、发掘人才，深受社会各界欢迎、支持。

一日，仇鳌应留学日本归国的学友杨昌济之约，同李肖聃、朱剑凡、江海宗等到长沙岳麓书院杨昌济的屋里聚会。

仇鳌清早起床开窗，望着淅淅沥沥下了一夜雨的天空说："下个不停的雨，爬泥泞山路，上岳麓书院，真有难于上青天之感。肖聃、剑凡今日约我同行，到现在还没来，定会迟到了！"说时迟，那时快，雨停了，太阳出来了！夫人刘庄先大声赞美："老天爷显灵了！为你们促兴！今日必有贵人参加留日同学聚会哟。"就听得刚巧收伞进院门的李肖聃说："我们来也！托福！托福！"朱剑凡大声回应："老天爷有眼呀！贵客必到！嫂夫人有眼力！哈哈！"刘庄先赶紧迎接："朱校长请进！各位都休息一下再走吧。"

朱剑凡催促着说："路不好走，雨天乘船渡河又慢，更要提速，遵守秩序，不可迟到。"

仇鳌赶紧套上雨鞋，拿着油布伞同行，三人兴致勃勃地匆匆而去。

老同学，老朋友相会格外高兴。相对而视，在饱经风霜的十几年里，各自的脸上都已增添了皱纹，感叹岁月不饶人，人人心气却不减当年，大

附
录

243

家坐在一起谈笑风生好不快活。

杨昌济兴致勃勃地介绍起他在湖南第一师范持教以来的得意学生蔡和森、毛泽东等，说："毛泽东是个农家子弟……读书破万卷……文章《心之力》最佳，我给了他一百分。他是个很有前途的学生。我曾听王季范在言谈中说起毛润之走出湘潭之初的立志诗：孩儿立志出乡关，学不成名誓不还。埋骨何须桑梓地，人生无处不青山……"

仇鳌对"农家子弟"四个字更有感触，兴奋地高声说："我们深山野岭中奋斗出来的农家子弟，就是有骨气！怀中兄，我们是否能会会你的好学生呀？"

杨昌济马上高兴地说："学生们怕扰了我们几个的雅兴，早已在隔壁书房等候多时了。"

仇鳌更是欢喜："怀中兄，怎可藏龙卧虎而不露？快请出来相见！"

不一会，毛泽东、蔡和森一同走进屋里。杨昌济向众人介绍："这就是第一师范的毛泽东、蔡和森同学。"毛泽东、蔡和森向在座的长者施礼，在一旁坐下。

杨昌济十分欣慰，谦逊地说："余一生以修身为本，以教育为天职，尽力为之。欲栽大木拄长天，是我生平一大乐事也！"

一长者老当益壮，挑战似的说："先生教学生修身之道，成正果绝非一日，当前乱世，正是英雄辈出，功名成就之时，豪杰施展宏图，造世之日，不得迟误。老将黄忠宝刀不老，天下兴亡定不分老少也！"

话声刚落地，毛泽东条理清晰地说："孔子曰：'见贤思齐，见不贤而内自省也。'孟子曰：'治人不治，反其智；礼人不答，反其敬。'曾文正公云：'正己为先、逐日检点而得修身、齐家、治国、平天下。'今修身立志为救国，无先后可言。为平天下，吾辈才不胜今人，不足以为才，学不胜古人，不足以为学。当必以身心之修养，学问之研究为主，切入圣贤之境界。"

另一长者插话提问："何为你心目中的圣贤豪杰？"

毛泽东豪气十足地说："豪杰，欠于品德，而只有大功大名者也。圣贤，德业俱全者。世界上有豪杰而不圣贤者，未有圣贤而不豪杰者也。"

一时间，在场的长者都为这敢对豪杰、圣贤评头品足，又能准确评定圣贤、豪杰的毛泽东鼓掌叫好。

又一长者细声探问："如何收拾中国这烂摊子？"

毛泽东有条不紊地说："从中外事态略作比较，觉得中国人积弊太深，思想太旧，道德太坏。五千年流毒至今，早已根深蒂固。非有大力，不易摧陷廓清。欲动天下者，当先动天下之心。为天下民生尽责，是永恒之真理，以此大本大源为号召天下之心，其有不动乎？天下之事可为，国家有不富强幸福者乎？我从今起，全副功夫向大本大源处探讨。"毛泽东引申中国贫弱、军阀混战现况，昂声讲道："必破旧立新，以强国富民为己任。催中华睡狮速醒，屹立世界之巅。"

这时蔡和森已按捺不住，抢先说："要改变中国现存的软弱可欺，贫穷落后之面貌，只有革命，寻求一条能赢的路。"

蔡和森话中的"赢"字，重重地撞击着仇鳌滴血的心，好似触到一种蓄势待发的力量在涌现，欣喜喊出："结束此败局，伊谁任仔肩？"

蔡和森、毛泽东几乎同时说道："国家兴亡，匹夫有责。当之无愧是我们！"

这时仇鳌只觉眼前一亮，肃然起身站立，高声呼应："后生不畏前贤，长者何惧后人！"他郑重承诺："只要你是救中国，我就扶掖于你！"

毛泽东马上挺胸肃立，恭敬地说："先生在上，受学生一礼！"他向仇鳌深深一鞠躬。

杨昌济对毛泽东、蔡和森说："我的学友亦山先生跟随孙中山、黄兴反清救国，革命十几年的实践经验难能可贵，是我所不及的。你等可常向亦山先生请教这书本里少有、讲堂中学不到的理念，历练于社会，探寻为民救国方策。"

仇鳌握着杨昌济的手说："你我共同尽责，奋力铺路搭桥吧！"

毛泽东、蔡和森一同向杨昌济、仇鳌鞠躬。

在座的几位长者深为杨昌济师生的识见闳通，博大气魄所折服，起立

鼓掌赞贺。

兴奋之余，仇鳌非常谦和，说出了肺腑之言："成功不必在我！"他鼓励年轻学子们："今日各位，有所不为而后可以有为！"

在这一诺千金的相识中，毛泽东、蔡和森与仇鳌结下了师友情缘，忘年交谊。此后，毛泽东常到仇鳌先生家中拜访请教。五十年后我的祖母刘庄先在北京长住时，还得意地笑谈"今日必有贵人参加留日同学聚会"这一预言。

"毛先生最懂我的意思"

在杨昌济、仇鳌、李肖聃等参加的留日同学聚会后的星期日，清晨，毛泽东由长沙城南书院坪的湖南第一师范，徒步到城北的文星桥五号仇宅，已近晌午。正在院中洗衣服的仇夫人刘庄先听到敲门声，忙用围裙擦着手上的肥皂沫，从后院快步走来开门，问："你找谁？"

"我是湖南第一师范学生毛泽东，找仇亦山先生。"

"孩子他爹曾提起你好几回了，毛先生快请进！"仇夫人客气地说，"他一大早就被人喊走了，也该回来了。莫客气，请到客厅坐。"

"师母，不必客气！我就坐在屋檐阴凉处等等吧。"毛泽东礼貌地说。

仇鳌的儿子仇东吾懂事地端杯凉茶双手递给毛泽东，很是佩服地说："我爹说，您能坐到吵得要死的城门口静心读书，真了不起！"

毛泽东摸着小东吾的光头笑着说："这圆脑壳，得赶快学些长沙话，才好上学读书哟。"刘庄先边洗衣服边说："是啰，我们乡下穷苦，乡里学校比长沙差得远哟，连这么大的屋院都冒得。"

毛泽东环视四周——这是一处面积阔大，中间被圆门隔开的两进深精致宅院——关心地探问："这么大的宅院冒请个女工帮忙？"

"我娘舍不得，我和姐姐每天只分吃一个荷包蛋，储钱买田地。"小东吾淘气地插嘴。刘庄先轻轻叹口气，不作声。

"亦山先生乡里冒置田盖房？"毛泽东和气地问。

"有！"仇夫人特实在地答，"都分给伯伯、叔叔们了。"

"为什么？"

"公爹活着的时候我们家穷，靠租佃田度日，四兄弟种田供孩子他爹一人读书，中了秀才，出来教书，做事赚钱，盖了房，买了地。这回他从日本回老家，公爹过世了，孩子爹说要知恩图报，先人后己，就把房子、田地一点不留全都分给各弟兄了。还好大伯疼我们，跟大家说：留下三间老瓦屋给老四避风险。"

"避风险？"毛泽东不解地问。

"是呀，"刘庄先认真地说，"避风险。当年清朝皇帝抓他，袁世凯捉他时，我们母子就回老家乡下种地，织布度日。如今兵荒马乱，时局老变，只有田是打不烂，地是拿不走的。买几亩田地在乡里最稳妥。预防下回再冒出个袁大头、汤屠夫什么的，我和仔妹子也好有个安身处。毛先生，你说我想得对吧？"

毛泽东看着这饱受惊吓的农村女人，同情地点头。

这时大门口传来黄包车踏铃声。小东吾高兴地喊："爹回来了！"

仇鳌喜出望外地接待年轻的毛泽东，刘庄先却感到与毛先生的谈话兴致未尽，冲着仇鳌说："毛先生最懂我的意思，在乡里买点田地，防备下个袁世凯，多妥当。"

"润之头一回到我们家，你就这么信任他，把心里话全盘托出来了，"仇鳌向毛泽东会意一笑，高兴地对夫人说，"那好吧，就添几个菜，留润之吃饭吧。"刘庄先高兴地答应。

仇鳌请毛泽东到书房交谈，结合自身经历，分析了华兴会、甲辰起义失败原因，就歧视贫苦民众，引申提出读书人与农工如何相处等问题进行探讨，两人交谈到夕阳西下，刘庄先轻轻推门进房，细声说："我已让孩子们先吃了晚饭，你们俩的饭菜都在灶上温着呢。"

仇鳌伸手示意说："润之，请！尝尝湘阴婆娘做的饭菜。"

"家乡老屋的饭菜最可口。"毛泽东憨厚地讲。

仇鳌见毛泽东为人朴实大方，通情达理，更是喜欢，关切地说："润之，第一师范离文星桥太远，今晚就不要回学校了吧？"

附 录

247

刘庄先开口邀请："一个人黑天赶路太危险，就住下吧！我们家有一个孩子他爹从日本带回国的行军床，开在客厅里就能睡觉。"

毛泽东心中泛起到家的感觉，风趣地说："睡在这儿了，接着听亦山先生纵论天下大事吧。"

从此以后，毛泽东不辞辛苦，经常由长沙城南步行赶到城北文星桥仇宅，听仇鳌讲评辛亥革命往事，针对各类现象发表独树一帜的看法，进行不拘一格的研讨。他提出新问题，向仇鳌请教，谈辛亥革命的感受、二次革命失败亡命异国后，革命党内部的分歧及中山先生成立中华革命党的情况，问询亦山先生当时的考虑和选择……

官至极品，漫不过乡情

1921年7月，中国共产党成立。毛泽东、何叔衡（字玉衡，1875年出生于湖南宁乡）在上海参加中国共产党成立大会后，回到军阀赵恒惕统治下的湖南。

毛泽东等人遵照中共一大精神，研究迅速发展壮大共产党队伍的方策，深感正处襁褓中的中国共产党，首先应选择安全可靠，能掩护党活动的公开场所，建立理论学习研究、培养教育革命干部的基地。

毛泽东和何叔衡不约而同地想到船山学社的董事长仇鳌。

何叔衡心存顾虑地对毛泽东说："亦山先生是同盟会、国民党元老，官居高位。那些守旧耄耋也惧怕他几分。现在我俩只是一厢情愿，到船山学社找他商量此事，不知亦山先生能否愿意。"

"到僻静的文星桥仇宅洽谈，会有收效的。"毛泽东顶有把握地说。

何叔衡按习俗给毛泽东出主意："听说亦山先生平日爱喝两盅，我们求人办事，带两瓶好酒去吧。"

毛泽东摇摇头，意味深长地说："送酒不会领情，空手更显真诚。"

两人准时赴约，一起到长沙文星桥三号仇公馆。一进大门，就见刘庄先正端起装满萝卜条的篾盘，搬向墙边背阴处晾晒。毛泽东眼灵脚快，招手喊道："慢着！我来！"小跑向前，伸手接过篾盘，迈开大步走到墙边，稳稳地把篾盘放到长木凳上，伸开五指熟练地扒匀白萝卜条。

"多谢！多谢！"刘庄先欢喜地说，"毛先生你在乡下种田时，一定是干农活的好把式，晒萝卜干的里手。"

"我在家乡时，年年帮我娘打猪草、舂米、晒萝卜干。"毛泽东边扒匀萝卜条边笑着搭话。

"擦擦手，等辣椒萝卜干腌好了，给你装一瓶带回去吃。"刘庄先从肩上拿下土布汗巾递给毛泽东。

毛泽东很随意地接过土布汗巾，称赞道："好厚实的土布汗巾。"

刘庄先听到这朴实乡下土话，欣喜得不得了，絮叨着："这是我在乡下亲手织的，还织了点彩色花纹……"她突然想起了什么似的，不好意思地说："毛先生，擦干净手，快领这位先生到书房，他已等你们多时了。"

毛泽东领着何叔衡轻车熟路地来到书房，开门见山地向仇鳌讲明来意："要办一所以自学为主的自修大学。取古代书院的形式，纳入现代学院的内容，适合人性，便利研究的一种特别组织，以期发现真理，选就人才。目的是改造社会。"

"正合我意！"仇鳌毫不迟疑地赞同创办一所这样新型的自修大学。

毛泽东非常坦诚地说："要想做好这件大事，无屋，无钱，光凭一身力气，办不成。有屋，有钱，还需好汉帮才能成气候哟。"

"可以腾出船山学社里的房屋供你们使用。但是在船山学社举办的讲学活动不能停。我会常去讲学听会的。我将尽力从省政府争取些款额，给你们做办学经费。"仇鳌思考一阵，郑重表态，"我觉得应在这'自修大学'四个字前面再加上'湖南'两个字，就气派多了。"毛泽东和何叔衡看到让自己担心的事，此时总算有了眉目。何叔衡马上诚恳地提出："请仇总理兼任我湖南自修大学校长！"思维敏捷的毛泽东郑重其事地邀请："诚请亦山先生出任自修大学校长，是顺理成章的事。"

"好！"仇鳌点头答应，认真考虑后说，"赵恒惕已接受由我任审察长（国民党）主持制定湖南省宪法的动议，不久湖南人办事时就有法律可依了，因此我的日常政务更加繁忙。湖南自修大学内的教务事宜，一定要由

附
录

249

润之来主持操办，我才放心。平日与政府打交道，联络取款等事项，我会叫船山中学的贺民范老先生协助你们。当然，遇到棘手大事，我定会亲自出面维持的。"

应毛泽东、何叔衡之请，仇鳌挥毫写下了"湖南自修大学"六个刚劲有力的校牌大字。何叔衡对着墨迹未干的"湖南自修大学"六个大字，颇为感慨地说："黄兴领导华兴会革命时的基地——明德学堂，那块四字校匾，就是校董胡元倓请清朝在籍刑部侍郎龙湛霖题写的，有了这块牌匾，减除了不少社会麻烦。不久，明德学堂就得到一笔政府支持办学款。能维持至今的明德学堂，实为不易。"

"润之，你们要办湖南自修大学，重负千斤，立顶天穹，更为不易啊！"仇鳌语重心长地说。

"与先生合力维护，我们必不惜余力。事业必有成效。"毛泽东认真表示。

毛泽东、何叔衡、仇鳌在书房里认真研究办学方案和应付不测情况的方策。

时已午夜。刘庄先下厨房煮了三大碗葱油热汤面，添配自家腌制的雪里蕻、油炸豆瓣酱和一碟麻菌，外加几支朝天小辣椒，一小壶谷酒送到书房，请三位吃夜宵。

何叔衡用筷子点着那碟麻菌说："润之，你尝尝！这是你们湘潭乡下吃不到的。"毛泽东用筷子夹了好几下，才夹起一个溜滑的小麻菌，送到嘴里一嚼，连声称赞。刘庄先看着毛先生夹麻菌很费劲，上前拿起瓷勺从碟中舀出几只麻菌，放进毛泽东的汤面里说："这是长沙九如斋的。多吃些！"吃到最后，毛泽东不客气地端起碟中剩下的麻菌，连麻油一起统统倒进自己碗里，还用筷子夹面条，在碟子里扫荡一圈，笑着说："糟蹋了太可惜！"连面汤也喝得精光。

毛泽东向何叔衡兴致勃勃地介绍："亦山先生家乡自酿的谷酒，味道醇正清香，纯厚柔和，喝了不上头，舒胃提神，每回我都能陪喝一两盅。还有仇夫人沏的汨罗姜盐芝麻豆子茶，咸香可口，去湿解乏，每次也要喝上五六碗呢。"

时光如棱，时代变迁，1949 年新中国成立，毛主席邀请仇鳌入京。仇鳌赴京前，在书房里踱来踱去，想不出给久别重逢，当了中华人民共和国主席的毛泽东带点什么礼物合适。

刘庄先豁达地说："官至极品，漫不过乡情。毛先生最爱吃麻菌！"

"好！好！"仇鳌连声赞同。

1950 年新年过后，毛主席由莫斯科归来，在中南海颐年堂设宴，为仇鳌接风洗尘。仇鳌乘坐的黑色小车在鹅毛大雪中穿行。飞雪纷纷，洗净人间尘埃；瑞雪片片，喜贺丰年吉祥。银装素裹的北京城，显得分外妖娆。到达中南海时，毛主席早就在丰泽园门前迎候。

毛主席亲手为仇鳌打开车门，搀扶老人下车，细语问候："先生一路劳顿，辛苦了！"两双手久久紧握。仇鳌深情地说："老朽让毛主席费心了！"

毛主席望着已是两鬓苍苍的古稀老人，用浓厚的湖南口音意味深长而又风趣地说："哦！与先生一别数年，您老人家怎么忘记了我的名字？我是毛泽东，毛润之，可没改名叫毛主席呀！"

看到昔日在长沙共同探讨中国前途的青年学子毛润之，久经革命历练，已成新中国的领袖，仇鳌欣慰无比地说："好！好！还是称呼润之的好！"

毛主席搀扶仇鳌走进颐年堂内。仇鳌与早到的章士钊、符定一、林伯渠、李维汉一一握手问候，转身从秘书陈曼若手中取过一对红蜡光纸封面的黑篾皮小篓，双手平托赠给毛主席，情意温纯地说："内人再三叮嘱：润之主席最爱吃长沙九如斋这味香甘甜的麻菌。"

毛泽东双手接过这传递馨香祷祝的双篓，连声答谢："盛情难却，盛情难却呀！谢谢老夫人惦记！收下了！"

身材魁伟的毛主席亲扶仇鳌坐在自己身旁。

自从仇鳌携全家迁来北京草厂胡同定居后，毛主席更是惦记着仇鳌老人的健康，常派工作人员送一些全国各地、各兄弟民族的特产，内蒙古的

附
录

奶酪、云南的普洱茶、贵州的麝香、山东的阿胶、长白山的人参鹿茸、新疆葡萄酒，等等，各式各样的瓶上、盒上都贴有"赠送敬爱毛主席""毛主席万岁"等字样。每次解放军小战士把毛主席送来的礼物放到桌上，向仇鳌行军礼后一定要说："毛主席送给您老补养身体，愿仇老健康长寿！"仇老夫人刘庄先总是起立向小战士弯腰鞠躬致谢。

儿孙们围在桌边观赏，仇鳌将玻璃瓶中的马奶酒倒给儿孙们品赏，家人都小心翼翼地品尝着散发着奇特芳香、来自蒙古草原上的头等马奶酒。

仇老夫人刘庄先格外珍惜每一件礼品，抚摸着礼品上贴的字条，嘴里不停地念叨："这些都是难得的，看看都补养！"她不由分说，提着、抱着礼品，快步移动她那双小脚，收藏到大柜子里去了。

毛泽东慰访仇鳌夫妇

1965 年秋，天高云淡，碧空万里，宁静的草园小院被高大粗壮、浓密的枣树枝叶遮蔽得凉爽宜人，大红枣挂满枝头，喜鹊在高枝上跳跃，不时发出吉祥的欢鸣。仇鳌围坐在书房中的书桌前，用越来越不听使唤、总是要颤抖的手紧持毛笔，全神贯注地对《半肺老人吟草》诗稿进行最后圈点校核。

这时，两辆黑色小轿车缓缓驶进东直门草厂胡同，停在十四号大门前，毛主席从车中走出，抬头看了看门牌号，确认无误后抬步进大门，沿花砖曲径大步缓行走到院中，示意警卫人员在院中等候，自己上前敲房门。

轻缓的敲门声，没能让仇鳌从诗的意境中抬起头，只随口说了一声："请进！"

"亦山先生，贵体安康！"这句熟悉、亲切，带着浓浓湖南湘潭音的问候，惊醒了仇鳌。他急停笔回头，喜出望外地亲切称呼："毛主席！润之！"起身相迎。

毛主席阔步向前，伸出双手搀扶："亦山先生！慢起！慢起！今日我是顺路来看望您老人家的。"

"不敢当！不敢当！主席！请上坐。"仇鳌扭头向卧室中高声吩咐："娛驰！毛主席来了！沏香片茶！"

"莫客气！您老人家也请坐！"毛主席随意地与仇鳌相对坐于沙发上。

仇老夫人刘庄先得知毛主席来了，亲手端出香喷喷的浓茶放到毛主席面前说："请！"毛泽东起身双手接茶，很客气地问候："几十年冒见了，老夫人身体可好！"

仇老夫人非常恭敬地回答："托主席的福！托主席的福！主席请坐！"又心存感激地说："真让毛主席费心了，在国事繁忙中，还记得我们夫妇俩的重偕花烛六十年，专程派人送来贺礼。主席的盛情，实在不敢当！谢谢！谢谢！"

毛主席客气地说："老夫人不必久记心中，薄礼聊表心意！"

仇鳌地说："润之主席的贺礼，让我们这对古柏老夫妻，心填蜜意，盛情难却。感谢！感谢！"

刘庄先向毛主席真诚地弯腰致谢。毛主席礼貌地起身，目送仇老夫人转身回卧室休息……

湖南汨罗仇鳌诗碑林园

五四时期毛泽东与长沙周南女校

赵广军①

1903 年 3 月，胡元倓、龙璋、黄忠浩在长沙设立的明德学堂，实为湖南私立学堂之始。1903 年湘绅龙绂瑞、俞蕃等在长沙开办湖南民立第一女学堂，"为湖南开办女学之始"。

1905 年朱剑凡辟长沙泰安里私宅创女子学堂——周氏家塾，是为周南之始。五四之前，周南女校经历了：周氏家塾（1905—1907）、周南女学堂（1907—1912）、湖南私立周南女子师范学校（1912—1916）、湖南私立周南女子中学（1916—1920）等四个阶段。在毛泽东领导长沙五四运动期间，他与周南女校的联系很是密切，周南是此时与毛泽东交往最为频繁的学校之一。

1. 新民学会的女会员共有 19 人，她们多是长沙各女校的学生和教员，其中来自周南的最多。

19 人中 14 人是周南毕业或在读的学生：向警予、蔡畅、陶毅、劳君展、魏璧、周敦祥、熊季光、熊叔彬、吴家瑛、贺延祐、吴毓珍、戴毓本、周毓明、许文煊等。这些女会员"每次到会，较男会员为守时间，可见她们的精神实未弱于男会员"。另外，还有曾经执教周南的教员陈书农、李云杭、钟国陶等也是新民学会会员。

早在 1915 年，在湖南第一师范读书的毛泽东写征友启事分寄到长沙各个学校，同时也寄到了周南女校。

毛泽东与蔡和森等进步青年经常活动。蔡的妹妹蔡畅 1916 年已经在

---

① 本文选自《船山学刊》2009 年第 2 期，有删改。作者赵广军，系河南大学近代中国研究所副教授。

周南附设的小学里执教。通过蔡畅，毛泽东与周南女校进步教员和学生相识。1918年4月14日，毛泽东、蔡和森、萧子升所组织的新民学会成立。学会成立后，陆续在长沙各学校的进步学生和青年教师中发展会员。作为长沙较为重要的学校，周南师生是新民学会物色的重点。周南学生魏璧、周敦祥、劳君展和女教员陶毅一起加入新民学会，"新民学会有女会员是从她们四人开始的"。

1919年4月6日，毛泽东从上海回到长沙，组织团结青年，广泛联系对张敬尧表示不满的教育界人士。毛泽东与周南女校诸人关系密切，曾频繁与周南教员陶毅、钟国陶、李云杭及学生李一纯（1920年2月毛泽东致陶毅信中提到与李的通信）等通信。另外与周南学生劳君展、周敦祥、魏璧、周毓明、戴毓林等交往很多，她们都是新民学会会员。而周南校长朱剑凡则与毛泽东关系更为密切。

毛泽东在新民学会组织留法勤工俭学、组织文化书社等活动中，通过书信与周南的诸会员密切联系、互通声息。

1918年6月，在长沙第一师范附小新民学会召开的一次会员会上，确定进行留法运动，由萧子升和蔡和森负责进行，"毛主席在湖南则进行号召和组织工作"。1919年9月，在蔡和森、毛泽东的推动下，长沙青年学生、教育界联合组织华法教育会湖南分会，在长沙开办留法预备班。向警予和蔡畅、陶毅等人也开展湖南妇女赴法勤工俭学的筹备工作，利用周南女校组织学生暑假同乐会的机会，积极宣传赴法勤工俭学的意义。朱剑凡也帮助设立了法文班，为志愿赴法的学生补习法文。1919年10月，向警予她们先以周南女校为试点，成立了周南女子勤工俭学会。11月，在周南召开湖南女子勤工俭学会成立大会，拟订简章，分发到全省各女校，并在湖南《大公报》发表，推动了湖南女子留法勤工俭学运动，积极响应了毛泽东所发起的留法活动号召。1919年12月，"湖南女子留法勤工俭学会，现已在周南女校内成立"。1920年初，又成立"湖南女子留法预备团"。新民学会会员先后有18人赴法勤工俭学，来自周南的有熊叔彬、向警予、蔡畅、熊季光等四人。

附录

255

　　毛泽东于 1920 年 8 月发起创办文化书社，参加发起和投资的有多名新民学会会员，"新民学会的得力人物，就是文化书社的得力人物"。文化书社初设，周南诸人就成为第一批的投资者，朱剑凡投光洋一元、纸洋九元，陶毅投光洋十元，陈书农纸洋十元，都是主要投资人之一，也是书社的总社社员。毛泽东发起驱张运动，也多次与陶毅等周南师生通信。长期的交往，周南的新民学会会员在政治社会主张上几乎与毛泽东保持着一致。1921 年 1 月 1 日，新民学会长沙二十余会员在文化书社聚会讨论问题，陈启民、陶毅、钟楚生、贺延祐等周南师生在"改造中国与世界"和"改造世界"的争论中，都与毛泽东观点相同，在改造方法争论中周南诸会员仍旧与毛泽东一致。

　　到 1921 年 7 月，"新民学会实际上就停止了活动"。此后，毛泽东与周南女校各会员的联系多属私谊。

　　2. 五四学生运动中毛泽东与周南女校。

　　周南女校师生在五四前就已具备进步的学生运动传统。1907 年，周南全体师生首先罢课，反对清政府将民办铁路国有再将主权转送帝国主义的政策，得到全城公私立学堂的响应，这是长沙城最早的一次罢课行动。1911 年，朱剑凡带领师生开展光复湖南的斗争，后来又在校内开展反对袁世凯称帝的斗争。

　　随着新文化运动在湖南的展开，1919 年 5 月，"与新思想表同情"的校长朱剑凡团结教育界配合学生开展反军阀总罢课斗争，同时担任毛泽东等人发起的湖南留法勤工俭学生筹款组织的负责人，鼓励周南学生积极参加。

　　1919 年暑假朱剑凡对周南女校进行革新，提倡学生自治，鼓励学生参加社会活动。此时，"周南学生意志发皇，很有朝气"。在朱剑凡的支持下和毛泽东的组织下，周南女校在长沙的学生运动中发挥了很大的作用。

　　毛泽东对周南学生运动的领导主要表现在指导周南学生创办周刊、指导学生运动、领导周南师生驱张等几个方面。

1919 年 5 月 25 日，毛泽东主持为来长沙开展学生爱国斗争工作的邓中夏所召开的欢迎会，周南女校代表魏璧和劳君展参加，会后组成湖南学生联合会。各校学生会也纷纷出版自己的刊物，并成立学生周报联合会。在各校先后出版的刊物中，"以湘雅医专的《新湖南》、周南女校的《女界钟》为最突出，蔚成新风"。

五四时期，张敬尧主湘，"不准学生发布，并勒令省城各印刷局不准代印"，所以很多进步学生周刊被查禁。周南女校学生组织自治会，刊行了一种名叫《女界钟》的周刊。刊物以大量的篇幅宣传反帝、反封建、反军阀，反对养童养媳，提倡妇女解放，每期发行量达五千册，在长沙群众和妇女界中影响很大。该杂志一直是在毛泽东的支持下创办和发展的。该刊总编辑周敦祥回忆，担任总编辑时很是担心办不好这个刊物，"毛泽东同志知道了，连忙来我家里，鼓励我说：'你怕什么？好好搞吧！我们支持你呢！'毛泽东同志不仅勉励我树立信心，而且还给这个周刊写文章，支持把它办好"。长沙赵五贞自杀事件后，"毛泽东同志建议《女界钟》出一期特刊，附于第四期"，文章主张改革父母包办的封建婚姻制度，代之以婚姻自主、自由恋爱。《女界钟》出了五期后被张敬尧借口未经登记而查封。

《新青年》称《女界钟》为"中国完全由女子倡导'妇女解放'的杂志，恐怕这'女界钟'为独一无二的了"。

五四运动京沪各学校罢课风潮入湖南后，长沙各校在毛泽东的领导下首先成立学生联合会，再领导学生运动。1919 年 6 月 3 日成立"湖南学生联合会"，周南女校学生劳君展任学联宣传部长，周南女校的代表有魏璧等。学联会址设在落星田商业专门学校，离毛泽东住的修业学校很近，他每天都到这里来和学联负责人研究问题。这年暑假，他日间多在商专，随时指导学联工作。

在毛泽东和学联的领导下，1919 年 6 月 3 日长沙各校罢课。长沙女校学生在 6 月 5 日开始罢课，周南学生率先参加。6 月 6 日长沙《大公报》报道："顷闻周南女校及省立第一女校学生，以近日省垣各男校学生纷纷罢课，独女校未有罢课之举，遂开会议决自昨日始两校全体（师范部）罢课。另派代表向湖南学生联合会会议进行办法，务期一致进行。""周南女校罢课后，各女生遂仿各男校办法，组织演讲、调查、交际、编辑各部，分股办事，无稍懈怠。"

在周南女校学生运动的影响下，长沙各女校学生运动广泛展开。1919年6月10日成立长沙女学生联合会，对于提倡国货、翻译白话等事，均积极进行。6月17日改组为长沙女学生励进会，"以增进女学界之幸福及提倡女子服务社会之责任"，已经不再以提倡国货为限。湖南女校积极参加各种爱国活动，周南学生更是积极主动，俨然为长沙女界的表率。6月24日周南学生参加湖南学生联合会在湖南省教育会处召开的四烈士追悼会。1920年1月进步女学生团体旭旦学会成立，成员多是周南女校和湖南第一女子师范学校的学生。2月，毛泽东建议旭旦学会会友应该经常开谈话会。

毛泽东还引导周南师生参加驱张运动。1920年，毛泽东任一师附小主事时寄宿于周南女校，而周南女校校长朱剑凡对于驱张更是表示某种程度的支持。1919年12月在驱逐张敬尧运动中，12月6日，周南等校首先宣布罢课。不到一个星期，长沙全体专门学校、中学、师范和一部分小学都一致罢课。罢课之后毛泽东等人离开长沙分赴北京、上海等地进行驱张宣传和活动。1920年1月赴外省请愿驱张的代表从长沙出发后，由各校留校学生组成的驻省驱张团的团部就设在周南女校三楼的一间小房子里。

3. 五四妇女解放运动中毛泽东与周南女校。

辛亥革命后，湖南第一份妇女报刊《女权日报》由留日学生丁龙夫妇和唐群英等女权主义者创办，内容以鼓吹妇女参政为主，较少关注妇女生活状态。新文化运动首先在北京、上海、天津、汉口等大城市兴起，并迅速影响到湖南的知识界。五四运动中，"妇女解放运动，湖南亦不后于他省，首惹人注意者为婚姻问题"。妇女解放思潮的突起，是五四新文化运动道德启蒙和伦理转型的一个重要环节。随着五四新文化的推进，湖南"当时的一般知识分子已感到社会变革、民族自决、妇女解放等问题的解决刻不容缓"。

新文化运动勃兴时期，毛泽东在第一师范学校读书时就帮助同学解除旧式婚姻。五四运动期，毛泽东对妇女运动更加关注，《毛泽东早期文稿》收录 1919 年 7 月至 12 月的文章 58 篇，其中 13 篇专门或部分论述妇女问题。毛泽东此时从事妇女运动最为积极的活动是运用专门的妇女运动刊物——周南女校《女界钟》，从理论上推动妇女运动，号召和组织周南女校学生从事学生、妇女解放等社会运动。

五四时期，湖南的学生刊物自觉地担负起新文化启蒙的历史和文化责任，为新文化人提供相对宽松的言说空间，成为介绍新文化、新思想、新知识，反对封建旧思想文化的重要阵地。

作为长沙最为重要的女子专门学校，周南女校对妇女运动更是表现出极大的热情，毛泽东在其中更是起着推动作用。周南学生自治会发行的《女界钟》"集中力量讨论了妇女解放的问题。她们认为妇女要想得到解放，必须首先做到婚姻自由和经济独立"，"大大推动了妇女解放运动"。五四时期，长沙先后发生两起女子自杀事件，一是赵五贞，一是袁舜英，在五四妇女运动史上都是具有标志性的事件。《女界钟》号召妇女界来讨论这两个惨剧。后来在《女界钟》发表的文章多指出赵、袁两人之死，是死于"父母之命、媒妁之言"的封建婚姻制度；是死于妇女不能参加生产劳动，经济不能自主，完全依靠男人生活的习惯。因此认为要解放妇女，必须改造社会制度，打倒包办婚姻，实行婚姻自由；开辟劳动门路，使妇女都能自食其力。

无论是《女界钟》开始筹划发行还是具体编辑、撰写文章，毛泽东都给予了极大的支持。《女界钟》的创刊，发出了湖南女界自己争平等、求解放的怒吼。在《湘江评论》中，毛泽东号召女界联合起来摧毁吃人的旧礼教的文章非常具有感染力。在《湘江评论》被封闭后，有人建议《湘江评论》停刊后，可以换一个名字出版，有人建议出一个女子刊物，得到大家的赞同，讨论后取名《女界钟》，1919 年 10 月出刊。《女界钟》担负起向妇女传播新思想、新文化的任务，唤起更多的妇女冲破孔孟之

道、"三纲五常"、"三从四德"的藩篱，走上为自由解放而斗争的道路。"我们在周南办了《女界钟》……毛泽东同志很支持，他在《女界钟》上写过文章、诗"。赵五贞事件发生后，毛泽东建议《女界钟》出一特刊附于《女界钟》第四期。周敦祥回忆：他（毛泽东）给《女界钟》写的第一篇文章的中心思想，是论述妇女要实现经济独立；第二篇文章是为赵五贞自杀事件而出特刊时写的。1919年11月21日，毛泽东《女子自立问题》一文发表在《女界钟》特刊第1号（该号在"关于赵女士自刎以后的言论"总标题下，发表了一组文章，共10篇，该文是其中的一篇），号召人们针对"千年不正当的礼教习俗"高呼"女子解放"时，应该"研究一个拔本塞源的方法，使今后不再有这样同类的惨事发现为好"。

毛泽东对于周南学生的妇女运动多有建议和指导。李思安回忆，赵五贞事件发生后，"毛泽东立即要我们调查，他还亲自写了好几篇关于妇女解放的文章，在当时长沙的报纸上发表，影响很大"。当时毛泽东就住在周南女校附近的奎星楼，他找向警予、蔡畅商量：赵五贞自杀是件大事，提醒她们应该开个大会，表示女界的态度。蔡畅等人立刻和周南女校的同学筹备召开了纪念赵五贞大会。这个大会控诉了封建社会的罪恶，号召妇女起来争取自身的解放。

继赵五贞事件后，1920年10月19日，周南女校学生袁舜英投河自杀。袁舜英事件，是继长沙赵五贞反抗包办婚姻自刎身亡后，又一起轰动全国的自杀事件。"杨开慧烈士曾经根据毛泽东同志的指示，围绕这一事件进行了广泛的宣传，愤怒揭露和深入批判封建包办婚姻制度的罪恶"。接连的女子反封建婚姻自杀事件也促使当时的湖南政府做出反应。1920年10月，长沙地方检查长曾经专门发布《劝戒自杀文》，称"查近日以来，省垣内外男妇自缢身死之案，屡见不鲜"，为此劝戒"幸勿轻生自缢"云云。

在毛泽东的支持下，《女界钟》对推动妇女解放运动产生了广泛的影响。《女界钟》敲响了捣毁"孔家店"，砸碎"三纲五常""三从四德"的枷锁的斗争钟声。"有人曾这样说：《女界钟》的声音，震惊了腐朽的封建社会，也唤醒了一部分沉睡的妇女"。也正是在毛泽东和《女界钟》等报刊的推动下，赵五贞事件在五四新文化运动话语中，逐渐成为妇女反抗旧婚姻制度牺牲者的典型事例，具有了深刻影响的五四新内涵。

在长沙新文化运动中，"当时的长沙楚怡学校、周南学校、修业学校等，可以说是提倡新思潮，组织革命进步活动的大本营"。特别是作为女校的周南，在毛泽东的影响下更成为长沙女子新文化运动的中心。1920年2月18日，北京《晨报》关于长沙新文化运动的报道也称："（长沙）女子组合底学会，长沙女子最高要求的机关只有周南和第一女师范，所以女子最高底程度就是两校底毕业生女子；文化底中心也在他们身上。"。该报道肯定了周南女学生的社会影响。

在周南女校的带动下，长沙各女校也共同组织了女学生励进会，以"增进女界的幸福，提倡女子服务社会的能力"为宗旨。"这些女校学生对于妇女解放运动虽不如周南学生那样旗帜鲜明，声音响亮，但都在新文化高潮的推动下，投入了爱国运动的斗争，对改变风气，推动妇女解放，发生了巨大影响"。张敬尧政府对于女校进步活动的污蔑也可以从反面肯定女校对妇女解放潮流的作用："至于女校隳落，亦有所闻，固由办理学务者未得其人，实缘邪说流行，借口解放，以济其足俞闲荡检之行，如道德陵夷风俗败坏，亦非主张新学说者始愿所及料也。"

五四时期，毛泽东与周南女校建立了良好的合作关系，并一直指导着周南师生中新民学会会员的革命活动和周南的学生运动，推动着周南女校的妇女解放运动。当然，这些运动地密切地配合了毛泽东在湖南所发动的新文化运动，使湖南的五四运动成为全国较有成效的一次政治文化运动。

附
录

毛主席对我的教诲

孙 燕①

一九五四年至一九五七年，我在周南读初中。周南是个有光荣革命传统的学校，是革命家、教育家朱剑凡先生创办的。她培育了革命烈士向警予、革命前辈蔡畅、女作家丁玲等一批女中豪杰，她们都为国家做出了卓越的贡献。我在周南求学三年，受到了良好的教育，给我留下了深刻的印象。尤其是我初中毕业前夕，收到了毛主席鼓励我考学校的亲笔信，令我终生难忘。

一九五七年六月十二日中午，我与平日一样，经过学校传达室。工友叫住我："有你的信。"我一看，是个大信封，中共中央办公厅寄来的。我的心呀，怦怦地跳，因为我正等着这封信的到来，是毛主席寄给我的。主席为什么写这封信给我，缘由是这样：一九五七年五月我在周南即将初中毕业，同学们都有各种理想，有的想升学，有的想参加工作。我在班上爱好音乐、美术、体育。美术老师汪仲琼在班上表扬我，说我有美术天赋，他动员我考中南美专；音乐老师王聪之叫我考中南音专。我在班上常参加演剧等文艺活动，所以选择了考中南音专。当时我想，中南音专在什么地方？条件怎样？需考些什么科目和范围？这些我一无所知，想求得主席的帮助和指点。初中生的天真、幼稚使我贸然写下了这封信。当我看到主席的回信，溢出了幸福的泪花。我拿着信马上就往教室跑，生怕别人抢去似的，一个人静静地读起来。毛主席在信中写道："五月十六日的信收到。已在初中毕业，甚慰。升学的事，我不宜于向学校写信，能否考取，

---

① 孙燕，女，1954 年至 1957 年就读于周南初中。其母陈玉英是湖南宁乡县一个贫苦农民的女儿，曾在毛泽东家做工，抚养杨开慧的三个孩子长大。

听凭学校。如不能升学，可在家温课。寄上三百元，给你母亲，以后还可寄一些。不要忧虑。毛泽东，一九五七年六月八日。"

当我读完信，我感到羞愧，信中似乎在委婉地批评我，他表明了不能向学校去问情况，不能写信，我能否考取，听凭学校。言下之意，要我自力更生，应该以自己的真实成绩，凭本事去考学校。但是我又过细看这封信，里面充满了关怀、教导和慈父般的感情。平日主席写信给我们都是寄到家里，唯独这封信寄到学校，他是有用意的。这封信我一直收藏着，直到一九七六年毛主席逝世以后，中央文献资料部门要收集主席的亲笔信时，当时我本来不肯作为文献资料而上缴这封信。中央的同志说："您想错了，这封信是一封最有意义的信，您将来就会知道的。"他们对我做思想工作，我才不情愿地交出了这封宝贵的信。的确，后来，上海、北京、武汉等许多报刊都发表了毛主席写给我一个普通初中毕业生的这封亲笔信，并做了高度评价。谈到毛主席这封信的字字句句，不但是教导关怀我一个人，而且对每个学生、每个青年、每个做家长的都是一个很好的教育。

我报考的中南音专，1957 年没有在长沙招生，王聪之老师叫我等一年再考。这一年，我就在家努力复习功课，请王老师指导我唱歌、练声，辅导我乐理知识，做好考试前的准备。

一九五八年春节前夕，毛主席把我接到北京，他一见到我就说："你是个娃娃样，就想参加工作，我看你应再学习一个时期。"因来京之前我曾写信给毛主席，想参加工作。他还亲切地说："你长得很像你妈妈，你妈妈受了很多苦，她是个好人哩。"我妈妈陈玉英曾在毛主席家中工作，帮杨开慧带他们的三个孩子。1930 年和杨开慧与毛岸英一起坐过牢，在狱中数月，经受了严刑拷打。毛主席在 1951 年 12 月 23 日给她的信中说："已有人告诉我，你过去在反革命面前，表现很坚决，没有屈服。这是很好的。"新中国成立后，党和政府对我妈妈和我们一家给予了亲切关怀和照顾，毛主席多次接我妈妈去北京，陪她一起进餐，和她亲切交谈。一九五七年六月，我妈妈去北京时，我写了封信给主席，说明我非常希望见到

他老人家，当时主席当着妈妈的面答应了我的要求。

这一天终于来到了。

一九五八年二月四日上午，是我第一次见到毛主席的日子，他拉着我的小手，亲切地和我谈了整整一个上午的话，询问了学校的许多情况，问我学些什么功课，喜欢那些课程，老师态度好不好，同学们上课纪律好不好，发言踊跃不踊跃等。谈到我喜欢上体育课时，我说喜欢跳远、跳高、爬竿、跳绳，有时还能爬到窗舍前面的大树顶上，并达到了劳卫制二级。又谈到陈嘉钧老师教我们做藤圈操，很好看的。音乐方面，我说，每次班上开文娱晚会都要欢迎我唱歌，总是唱了一首又一首。主席说："那你唱个歌给我听。"我一下子愣住了，一时慌了手脚，感到全身紧张，但我还是壮着胆子说："唱个《看见了毛主席》？""不要唱我嘛！"主席说。"那就唱'天上太阳红彤彤，中国出了个毛泽东'。"主席说："说了不要唱我，这不行。"脑子里浮现平时爱唱的《美丽的姑娘》《天涯歌女》《四季歌》……自己又马上否定了。越想越紧张，感觉脸上发烫，耳根都红了。主席马上缓和这紧张的局面："还没唱歌脸就这么红，将来要当演员，在台上也紧张，那怎么能唱歌呢？"我马上说："老师教我唱我一定唱。"主席抓到了我的把柄："我不是老师，所以你就不唱？"我的脸更红了。这时主席拉着我的手，我感觉到了一种慈父的爱。"真像你妈妈的倔强。"主席望着我通红的脸说。

主席的话突然放慢了速度，他说："在延安，演白毛女时，台下的观众丢石头打黄世仁，说明戏演成功了，观众喜欢喜儿，恨死了黄世仁。所以当演员有个过程，要大胆，不要怕，要多锻炼，才能当个好演员。"这时，他将话题转到一九五七年给我的信："我去年给你的信收到了吗？""收到了"。我回答。"你生气了吗？""我非常感谢您，哪会生您的气呢，您还寄了300元钱给我们，并且安慰我，真谢谢您了。"这一次他还问了学校的许多情况，我都一一做了回答。午饭后，主席叫李敏陪我玩，李敏陪我在中南海里面转了一圈，介绍了周围生长的树木，看了主席的游泳池。从主席房里出来时，他吩咐秘书高智派一个人陪我去参观北京的名胜古迹，还叫进来一个女同志王敏，主席叫秘书拿二百元钱给她，托她给我买了一套好的，大些长些的呢子衣服，他说长大了还能穿。主席又吩咐下次去时，一定穿给他看看。

二月十一日，我穿了一件翠绿色的呢子上衣，深蓝色呢子裤站在毛主席面前，他高兴地看看我，端详了一会，"很好"。他给我脱下呢子衣，叫我坐在沙发上，又和我谈了整整半天的话。这次他安排我，要我考学校，继续学习。他叫我回长沙经过武汉时，自己去中南音专看看，看看长江大桥。回长途中我在汉口下了车，汉口交际处处长和王淑贤同志接待了我，王大姐陪我玩了几天，并一起到了中南音专，曹岑教授听我唱了《看见了毛主席》等几首歌，他当时很满意，评价我音色好，并介绍当时在湖南广播电台的李习人老师辅导我的乐理。李老师当时下乡了，就请王老师辅导我，我自己也加紧复习文化课，一九五八年秋季，我考取了中南音专。这年十二月九日，我又一次在武昌洪山宾馆见到了毛主席，主席问我为什么在洪山宾馆？我告诉他在中南音专读书，是王淑贤同志叫我来玩的。毛主席批评我考上了学校也不告诉他一声，他还不知道我们母女情况怎样，总挂念着。当时大厅里站满了参加八届六中全会的中央领导和会议代表，有周总理、刘少奇、邓小平等，主席在百忙中不断地问我学校的情况和我母亲的情况，他还加重语气吩咐我：要经常给他写信，告知我母亲的生活、工作和健康情况及我的学习情况，叫我努力学习，将来好好为人民服务。以后主席寄学费给我上学，寄信鼓励我，寄书给我学习，寄生活费给我母亲，对我们关怀备至。还向湖南去见他的人那里多次问我妈妈的近况，说我母亲是个好人。

我遵循主席的教导，在湖北美术学院（现在的武汉音乐学院）毕业后，参加了工作，经历了各种风风雨雨的运动，几十年来，在单位曾多次被评为先进工作者，曾被授予长沙市宣传系统优秀党员的光荣称号，还陪母亲一起在长沙、武汉、北京等地做过宣传革命前辈、革命烈士的传统教育报告一百多场。1978年由周南谢念武教师邀请我妈妈和我回到了母校，我代妈妈向同学们讲述了毛主席、杨开慧的革命事迹，受到了老师和同学

们的热烈欢迎。

更使我难以忘怀的是，一九七七年十月一日我陪妈妈和毛岸青、邵华一家参加了国庆观礼，还在天安门观礼台上观看焰火，百花齐放、万紫千红的动人场面，深印脑海。

后来我又陪邵华、毛新宇、李讷、刘松林、王景清和江总书记一行在韶山参加了毛主席诞辰一百周年铜像落成揭幕典礼。

毛主席一九五七年写给我的那封信是我在人生道路上的指南，是教育我、指示我、鼓励我前进的动力。他要我自力更生、奋发图强，凭本事、不依靠别人，自己取得成绩。我凭着周南的革命传统，周南的校风，老师教给我的知识，在人生道路上拼搏，获得成绩，获得荣誉。

毛泽东在周南的日子①

《湖南日报》记者：文热心　　通讯员：符笑汀、黄柏强

今年 2 月中旬，北京传来消息，北京友谊医院原院长、中国作协会员、全国政协原委员朱仲丽，因病医治无效，于 2 月 8 日在北京逝世，享年 100 岁。如此说来，"周南"——在人们眼中私家花园和名牌学校合二为一"地域范围"的第三代主人——朱氏八兄妹全都走了。

"朱家、国家、社会"，"皇族、革命、传奇"这些词儿经常萦绕在脑海，让记者不由得将寻访的脚步伸向"周南"。7 月中旬，记者在周南中学校史馆获取资料，向文史专家讨教朱家历史，更在琢磨"周南"创办人朱剑凡的传奇人生：他毁家兴学、"磨血革命"与他"家国天下"理念的关系，他与青年毛泽东的关系……

主人朱剑凡

朱剑凡，是清末民初湖南乃至中国教育史上有名的人物。

朱剑凡没有加入共产党，却是个"老革命"。他成为共产党人的真诚朋友，是时代潮流汹涌向前的必然。但他与青年毛泽东相识、相知是偶然中的必然。

朱剑凡，皇族后裔，留学日本；一校之长，桃李遍地；德才兼备，人脉广泛。这样一个人物相对于师范毕业，尚无固定工作，穷得吃不上饭，年龄也小一截的毛泽东来说，按理是得抬头仰望的。可他们成了好朋友，

① 本文刊载在 2014 年 8 月 16 日《湖南日报》第八版上。

附

录

267

什么原因？

毛泽东什么时候和朱剑凡相识，现在已查不到详细资料。就连朱剑凡的长子朱伯深也说："先父何地何时第一次见到毛泽东同志，我不清楚。"

毛泽东与朱剑凡相交的起因还是杨昌济。朱伯深说："先父和杨昌济有留日同学的友谊。早在袁世凯称帝期间就知道了毛泽东同志。当时我还是小学生，杨老在省立第一师范执教时常来访先父。我有时陪侍吃饭。曾不止一次听杨老谈毛泽东同志在一师学习的情况。"这就是说，朱剑凡未见毛泽东其人，先闻毛泽东其名。

空谷的足音

朱剑凡的子女在回忆中说：朱剑凡"虽年长毛泽东近 10 岁，却对毛泽东相当佩服，认为此人学识不凡，心胸高阔，必为安邦济世之才……两人惺惺相惜，每逢相聚，必登长沙岳麓山，吟诗作文，抒发胸际豪情。夜晚则在灯下谈论时政古今，每每至东方破晓。在长期的接触中两人结下了深厚的友谊。毛泽东对朱剑凡也有很高的评价，认为他有见识，有信仰，品行端正，学识渊博"。

但两人亲密交往更多原因还是志同道合。1918 年 6 月，就任湖南赴法俭学学生"驻京办"主任之前，毛泽东就接到蔡和森从北京的来信，要求他在湖南青年中广为发动，培训准备赴法的青年，筹集赴法的经费等。毛泽东接信后，马上向省会几大教育巨头陈润霖、朱剑凡等"汇报"，得到赤诚的支持。陈、朱不仅成立了湖南法华教育分会，而且在各自执掌的楚怡、周南办起了赴法培训班，给准备赴法的青年补习法语、传授实用技术，还联络地方政府，给赴法学生发放路费。朱剑凡做了其中最棘手的筹款委员会主任。

1919 年，朱剑凡、徐特立为首的教育界人士，组成了健学会，探索真理，改革教育。毛泽东著文称赞这个组织为"东方的曙光，空谷的足音"。

还是 1919 年，为扩大毛泽东发表在《湘江评论》上的《民众的大联合》的影响，朱剑凡在健学会发表《排除己见、团结一致、服从真理》的演讲，予以推介。他写的《论中国人"生的观念"与"死的观念"的谬误》，也被毛泽东转载在《湘江评论》上。

兄妹记润之

毛泽东在"驱张"胜利后，于1920年7月7日回到长沙。他虽然受到了英雄般的欢迎，却好几个月没有"饭碗"，直到他的老师易培基接任一师校长后，于10月份聘他为一师附小主事。在两三个月的时间里，没有任何收入的毛泽东怎么生活？是朱剑凡伸出了援助之手。

据朱仲丽回忆：她七八岁时，曾见过一个又瘦又高的青年来她家看望她父亲，那青年便是毛泽东。朱仲丽清楚地记得她童年时就"二十八画生"问题与毛泽东的一次对话："我两眼瞪着，问：'毛叔叔，你为什么要取一个怪名字，叫二十八画生呢，真不好听。'毛泽东笑道：'我是喜欢来新花样，用数目字代替名字，节约呀，省事呀！'"

对于这段友情，抗战时期毛泽东在延安遇到朱仲丽还提起："我年轻时，穷得没有饭吃，是你爸爸叫我住在周南女校校园内，吃饭不叫出钱，一天还吃三顿。"朱伯深也记得："1920年夏，毛泽东同志作为先父的客人，住在我家后面周南校园。在校园里，他时常闲步，凝目四望，若有所思……在毛泽东同志的影响下，先父自觉地支持了'五四'运动后湖南的历次进步学生活动……"

朱伯深回忆说："我当时还是一个17岁而又较腼腆的青年，没有和他交谈。有一天，我独坐书房内温习功课，听见房外大厅里有人打电话刚完，又听见打破瓷器的声音，并有向外疾走的脚步声，从带湘乡语尾的湘潭话来判断，我已知道打电话的是毛泽东同志。我正在纳罕，传达室的苏树藩师傅进来，手拿铜钱20枚向我说：'住在学校里的毛先生要我找个补碗匠将打破的痰盂锔好。'我才知道毛泽东同志打电话时失手将电话机下面的瓷痰盂打破了。"

附录

曾为"大本营"

周南无疑是毛泽东早期革命活动的一个"营地"。

新民学会第一批会员中就有周南学生，这中间有后来成为中共第一个女中央委员的向警予，还有陶斯咏。

后来，第一批新民学会会员如蔡和森、萧子升等赴法勤工俭学，这个组织在国内的力量已显单薄。两个问题已提到负责人面前：一是原来确定的"向外发展"方略已实现了，但如何有一个组织中心呢？这个中心又设在哪里？二是既然国内的力量单薄，那么就要再补充发展。经过毛泽东与蔡和森书信联络，决定这个中心就设在国内，就在长沙。

虽然我们没有看到这方面的详细资料，但在毛泽东心目中的这个总部就是"周南"。为何？最重要的原因是校长朱剑凡"可靠"。他"自觉地支持了'五四'运动后湖南的历次进步学生活动"。"朱剑凡领导的周南女校有许多女生都报名参加了毛泽东创办的新民学会，并积极为《湘江评论》等革命启蒙刊物撰稿"。

毛泽东之所以要把这里作为基地，是因为"周南是安全的，也是热情的"。他在这里不仅发展了新民学会第二批会员，还在这里召开了新民学会年会，留下的那张照片可以作证。

如果不是易培基将毛泽东"扯"到了一师，使得"大本营"移动，那么"周南"将是毛泽东一个较长时间的革命营地。

朱氏八兄妹

朱剑凡不仅自己投身革命中，而且8个子女中竟有6个是共产党员。

朱剑凡和妻子魏湘若（清两江总督魏光焘之女）所育的8个子女，分别是长子伯深，次子仲硕，三子叔平，四子竟之，长女佛根，二女仲芷，三女声韦，四女仲丽。

朱仲丽，是朱氏八兄妹中的老满，也是最传奇的一个，还是与毛泽东接触最多的一个。记者在出版社看过她全集的清样，摞起来有米把高，其题材涉及中共一个时期高层的各个生活层面。她出幼稚园进小学时就见过毛泽东，后来学医，做过毛泽东的保健医生，与毛泽东的接触就更多了。她后来成为中共重要领导人王稼祥的夫人。

朱伯深早年投身革命，新中国成立后曾任外交部欧美司司长、中国人民对外文化协会副秘书长、中调部科技局副局长。朱仲硕投身革命后，曾在国民革命军第六师政治部工作，这个师的党代表是萧劲光，新中国成立后在外贸部工作。朱叔平在同济大学毕业后参加革命，后进入鄂豫皖根据地担任兵工厂党总支书记，1932 年牺牲，时年 21 岁。朱竟之早年投身革命，新中国成立后做过广东省商业厅厅长、粮食部办公厅主任等。只有朱佛根搞了一辈子教育，她最初当幼师，是父亲安排的。朱剑凡认为，幼稚园实在重要，可当时又"太少太少了"，所以就把"大女儿佛根送到周南的幼稚园当老师了"。朱仲芷，金陵女子大学毕业后投身革命，曾为萧劲光大将夫人。朱声韦比起其他兄弟姐妹来，名声要小一点。

虽然，子女的选择并不能代表父亲的意志，但起码受父亲的影响。这就是说，在朱剑凡的心目中，"家是最小的国，国是最大的家"，也寄托着对毛泽东等中国共产党人挽救民族、国家危亡和光耀"周南"的希望。

【读后有感】

我读《毛泽东与周南中学》

卢鸿鸣①

20 年前，我有幸跻身于长沙教育工作者的行列，第一站便是周南。周南的历史、风情和文化，丰富和深化了我对社会与人生的感受和认识；在周南的八年间，我从班主任、教研组长、年级组长到教务主任，再到副校长，在政治上和业务上逐步走向成熟。

周南中学为纪念 110 周年校庆，将编撰的《毛泽东与周南中学》书稿送我，嘱我写点读后感。出于对伟人的景仰及对周南的追念，我不揣浅陋，谈点感受。

一

马克思说，人在本质上是一切社会关系的总和。对于学校而言，这一经典名言应该尤为贴切而精准。在通常的情况下，每个人都会因着生活圈子的限定或生活轨迹的延伸，跟学校发生或深或浅，或长或短的交集，交集一发生，往往便有了故事。一所有着百年历史的学校，故事，是肯定讲不完的。

周南中学，便是这样一个岁月悠长、故事繁多的学校。而在这些浩如烟海的故事里，最具传奇色彩和经典意味的，当推毛泽东与周南的故事。

---

① 卢鸿鸣，1995 年至 2004 年在周南工作，现为长沙市教育局党委书记、局长，在阅读完《毛泽东与周南中学》书稿后，以一个周南校友的名义，欣然命笔，应邀写下本文。

这个故事本身就有一个令人费解的问题：朱剑凡是皇族后裔，教育专家，他创建的周南是女子学校，深闺重地，而毛泽东只是身无分文的一介书生。两者之间的交集，似乎缺乏一条因果的纽带。这个问题之所以费解，是因为我们在按通常的情况生发思绪。

　　而故事恰恰发生在一个十分特别的历史时期和社会状态中。当时的中国，一方面是封建的末世、乱世，另一方面，各种新思潮、新文化、新的社会追求蜂拥而起。毛泽东"改造中国与世界"的伟大理想与妇女解放的崇高目标，与朱剑凡的"教育救国""男女平权"理念，有着某种程度的契合。要把解放妇女的目标付诸实践，就必须选择最佳园地或平台，周南女校，无疑便是当年的最佳选择。而毛泽东的见解、才华与风采，自可冲破世俗的藩篱，令朱剑凡和万千学子倾倒。在时代的风云里，毛泽东与朱剑凡结下了深厚的友谊。因此，毛泽东得以凭借周南这块"安全"而"热情"的园地，成功地进行了宣传革命思想、组建新民学会和文化书社、发动赴法勤工俭学、声援五四运动、驱逐反动军阀张敬尧等一系列早期革命实践。

二

　　周南在特定的历史时期，帮助青年毛泽东渡过了一些难关、完成了一些使命，这是周南人的缘分和骄傲。毛泽东则给周南人留下了前进的灯塔与航标，带来了蜕变和新生的契机，这是周南人更大的精神财富。

　　所以，周南中学编撰这本《毛泽东与周南中学》，以此作为学校110周年校庆的纪念，我想，其主要目的应该是以此激励全校师生，通过认识伟人的风采、名校的风华，从而自觉地立德树人，薪火传承，永不休歇。

　　全书主要介绍了革命教育家朱剑凡先生创建周南女校的历史，青年毛泽东心忧天下的博大胸怀，毛泽东与朱剑凡、徐特立、周世钊等周南名师及学子英才的交谊，毛泽东对周南女校参加新民学会、五四爱国运动、赴法勤工俭学、驱张运动的重大推动作用。这对今人了解中国革命史和中国教育史，肯定具有重要的史料价值。另外，还有对湘湖文化历史地位的探

附
录

讨及较为精辟而系统的归纳，并附有媒体的文件和采访的记录来佐证当年的人事，可谓洋洋大观。特别值得一提的是，有些资料很可能是在其他出版物中难以读到的。

衷心祝福周南，衷心祝福长沙所有的学校，衷心祝福长沙的教育事业！

后　记

　　《毛泽东与周南中学》的成书，不是心血来潮，亦非哗众取宠。

　　"周南"二字，于中国文化并不陌生，翻开《诗经》，首章即显其名。《诗经》是中国现实主义诗歌的源头，《国风·周南》则是这个源头最精彩的第一页。这里至少可传达出两个信息：其一，"周南"二字与现实紧密相连，是劳动者的写照，是耕耘者的心声；其二，"周南"二字又饱含着诗意，是先民的吟唱，是岁月的抒怀。当年朱剑凡先生以此为校名，其无此用心哉？这个深藏于古书中的名字，被朱先生重新提出，赋予它破天荒般的女学色彩，经历史的打磨，终于再次熠熠生辉。

　　历史常常以意料不到的手法，将人事捏合。周南女校的发展时期，正是青年毛泽东在长沙的求学和革命时期，也是毛泽东革命思想的形成时期。一个是首开女禁、再破天荒、社会影响日隆的周南女校，一个是指点江山、激扬文字、风华正茂的青年毛泽东。因为新民学会，二者迅速走近。新民学会是毛泽东领导中国革命的有组织的尝试，其中19个女会员中，14个来自于周南；再加上在周南任教的陈书农、李云杭、钟国陶、周世钊等人，新民学会前后共有70余名会员，周南人就占了近1/4。于是，在那风雨如晦的日子里，涌现出了一段段荡气回肠的峥嵘往事，一章章血火交辉的浪漫诗篇。这是历史留传给周南的宝贵财富，却又被历史尘封在了它的烟

后
记

275

云迷雾之中。

于周南建校百十周年之际，翁光龙校长敏锐地发现了这一历史的玄机，并着手整理和开掘被尘封了的周南往事。他的这一构想迅速得到了周南教师和校友的热切支持：语文老师胡锦云、蒋春华、周小友，历史老师武松健，校友会主席成波文，对周南校史最为熟悉的符笑汀老师、刘正华老师等。因为他们的支持和加入，《毛泽东与周南中学》一书的写作班底逐渐成形。

从来写书非易事，更何况是写一本与万人景仰的伟人有关的书籍呢！写什么？如何写？到哪里去寻找更多的资料？如何辨析资料的真伪？这些问题纷至沓来。在这里，要特别感谢湖南教育电视台蓝斌先生的鼎力支持。在了解我们的困惑之后，他在我们思路的基础上，为书稿的定纲定调提出了建设性的意见。经大家多次讨论，最后书稿定为六章一附，即"蜕园惊艳、女界洪钟、新民史话、海国图志、师友情缘、湘水余波"六章，后加一个附录，主要包括"文献资料、人物访谈、媒体报道、读后有感"四部分。考虑到这是一项前无古人的工作，寻找相关资料、史料线索等工作量巨大，我们又相继邀请了现任教于周南的宋婧、朱兴萍、陈宁尧、邓赛红、梁欢、向羚翔、李娟、李智、李欢、周婷等老师加盟创作和收集资料的团队，让书稿的编创迈入正轨。

毛泽东与周南的联系主要有两部分。第一部分也是最主要的一部分，即青年毛泽东与周南女校的联系，时间主要集中在1915年毛泽东以"二十八画生"之名将征友启事寄到周南女校开始，至1921年7月"新民学会实际上停止了活动"为止，其间主要通过新民学会这一平台，与周南师生频繁联系，指导妇女解放运动，开展各项革命活动。毛泽东与周南的联系第二部分主要是指毛泽东与周南师生的个人情谊，不止于在周南求学期间，有些周南人与毛泽东有着一生的交往，如周震鳞、徐特立、杨树达、周世钊、朱仲丽、丁玲等人。

针对第一部分的内容，我们以毛泽东创办新民学会并开展系列活动为切入口，将毛泽东与周南的关系进行再创性叙述，内容主要集中在书的第二、三、四章，这也是本书的主体部分；针对第二部分的内容，我们选择了毛泽东与部分周南人的交往故事，汇编入第五章"师友情缘"之中。本书第一章"蜕园惊艳"类似于书的引子，将周南的创办以及其女学特征进行交代；而书的第六章"湘水余波"相当于全书的总结，将毛泽东在周南的活动及与周南人的交往进行了概括提炼，集中论述了周南对毛泽东的教育思想、新民主主义革命思想和妇女解放思想的影响；最后的附录带有资料性质，与前面六章的内容形成呼应和互证，其中有些资料如"周世钊与毛泽东的一次诗书往来""回忆我的祖父祖母"等，属于当事人亲属的回忆，披露了一些不为人知的历史事件细节，是珍贵的研究资料。

本书让我们了解到在毛泽东的青年时期，还有周南这么一个重要的活动平台，从而为我们了解、研究毛泽东增加了一个新的角度，改换了一个不同的侧面，加深了对一代伟人的产生，其人际交往、社会环境与历史背景的认识。在这一点上，本书具有一定的参考价值。

在此书付梓之际，要特别感谢热心的周南校友们，朱佳石（朱剑凡之孙）听闻我们资料难寻后，给我们寄来了其伯父朱伯深的遗作，提供了毛泽东与朱剑凡等人的珍贵资料；周彦瑜（周世钊之女）、吴美潮夫妇，不远万里，从美国传发过来第一手资料；仇君妤（仇鳌孙女）从北京邮寄过来亲笔书写的回忆文章；李士璜老师接受本书编写者采访，提供了大量有价值的资料；要感谢湖南人民出版社的编辑人员辛勤的付出，特别是莫金莲主任对这部书的顺利出版献计献策，龙妍洁妮老师为这部书稿精心校改；感谢湖南舵手

后记

277

文化传播有限公司为本书在组稿创作阶段所做出的辛勤努力；还要感谢周南中学的同仁们，热心地给我们提供线索，寻找资料；感谢长沙市教育局卢鸿鸣先生，在读完书稿后，提出了宝贵的建议，并以老校友的名义，为书稿写下了读后感；感谢所有为本书的创作和出版而贡献自己智慧和力量的朋友，因为有你们的热心支持，我们才能勇敢地去追溯历史的流光，发掘尘封的史实，终至于能寻径探幽，缀章成书。

但毕竟我们并非专业史学人员，也无专著创作经验，只凭一腔热血和无限景仰，在工作之余笔耕不辍；惜乎往事已矣，资料难觅，文章疏漏甚至错误，也在所难免，尚请识者不吝指教，万分感激。

《毛泽东与周南中学》编委会
2015 年 7 月 8 日

图书在版编目（CIP）数据

毛泽东与周南中学 / 翁光龙主编. —长沙：湖南人民出版社，2015.10
ISBN 978-7-5561-1119-0

I. ①毛… II. ①翁… III. ①周南中学—校史 IV. ①G639.286.41

中国版本图书馆CIP数据核字（2015）第237423号

毛泽东与周南中学

主　　编　翁光龙
责任编辑　龙妍洁妮
装帧设计　蒋寅春

出版发行　湖南人民出版社［http://www.hnppp.com］
地　　址　长沙市营盘东路3号
邮　　编　410005

印　　刷　湖南关山美印有限公司
版　　次　2015年10月第1版
　　　　　2015年10月第1次印刷
开　　本　710 mm × 1000 mm　　1/16
印　　张　18.25
字　　数　300千字
书　　号　ISBN 978-7-5561-1119-0
定　　价　48.00元

营销电话：0731-82683348　　（如发现印装质量问题请与出版社调换）